Simple Wahrheiten

und warum ihnen nicht zu trauen ist

W0344262

MARIANNE GRONEMEYER

Simple Wahrheiten

und warum ihnen

nicht zu trauen ist

Die Deutsche Nationalbibliothek verzeichnet diese Publikation in der Deutschen Nationalbibliografie; detaillierte bibliografische Daten sind im Internet über http://dnb.d-nb.de abrufbar.

Das Werk ist in allen seinen Teilen urheberrechtlich geschützt. Jede Verwertung ist ohne Zustimmung des Verlags unzulässig. Das gilt insbesondere für Vervielfältigungen, Übersetzungen, Mikroverfilmungen und die Einspeicherung in und Verarbeitung durch elektronische Systeme.

© 2006 by Primus Verlag, Darmstadt

Die Herausgabe des Werkes wurde durch die Vereinsmitglieder der WBG ermöglicht.
Gedruckt auf säurefreiem und alterungsbeständigem Papier
Einbandgestaltung: Jutta Schneider, Frankfurt
Gestaltung und Satz: Johannes Steil, Karlsruhe
Printed in Germany

www.primusverlag.de

ISBN-10: 3-89678-294-0
ISBN-13: 978-3-89678-294-6

Inhalt

Ulrich Senftleben, caro amico

Vorwort

Die hier vorliegenden Texte sind ein Exerzitium in Ungläubigkeit. Nicht dass ich den Unglauben gegenüber der Suche nach der letzten Wahrheit kultivieren wollte, die so wenig gefunden werden kann, wie die Suche nach ihr aufgegeben werden darf. Unglauben will ich vielmehr gegenüber jenen verteufelt plausiblen Satzwahrheiten schüren, die sich so harmlos und selbstverständlich geben und so oft wiederholt wurden, dass es der Mühe, sie zu bezweifeln, kaum zu lohnen scheint.

Sie sind Legion und haben sich in den Köpfen eingenistet, so dass sie der Aufmerksamkeit listig entgehen. Das eine oder andere ‚Versteck der Selbstverständlichkeiten' (Elias Canetti) habe ich durchstöbert und versucht herauszufinden, wie sich das ganz und gar Fraglose ausnimmt, wenn man es für höchst fragwürdig hält. Dass dabei mehr Fragen als Antworten herauskommen, versteht sich von selbst, denn das ist ja der Zweck der Übung.

Die Texte sind in den letzten 10 Jahren entstanden, und es freut mich sehr, dass der Primus Verlag mir zum Ende meiner ‚Dienstreise' die Gelegenheit gibt, dieses Konvolut in größerem Zusammenhang zur Diskussion zu stellen. Meinen besonderen Dank für eine gute und gedeihliche Zusammenarbeit im Verlag sage ich Frau Regine Gamm. Dann ist, wie immer, ein inniger Dank an Reimer Gronemeyer fällig, den unermüdlichen Ersthörer der geschriebenen Texte. Wie sehr ich mich darüber freue, dass wir in der allmontäglichen Runde der ‚Philosophischen Fragmente' nun seit 20 Jahren zusammenkommen und uns im Textstudium gegenseitig inspirieren zu weiterem Nachdenken, kann ich gar nicht genug beteuern. Und dann geht ein ganz besonders aufrichtiger Dank an Isabell Schreiber und Sabrina Decho, die die meisten Aufsätze gründlich gelesen und mit manchen hilfreichen Anmerkungen und Korrekturen versehen haben.

1 Sicherheit und Sorge im Alltag

Dass wir umso *sorgloser* sein können, je besser für unsere *Versorgung gesorgt* ist, und je mehr wir für uns *vorgesorgt* haben, das gehört zu den Selbstverständlichkeiten, die nicht groß diskutiert werden müssen. Diskussionswürdig ist allenfalls, wie dieser sorgenfreie Zustand sichergestellt werden kann.

Aber auch da wird man sich schnell einig: mit Geld. Sorglosigkeit ist eine Frage des Geldes. Wer davon genug hat, kann leidlich unbesorgt in die Zukunft sehen. Denn für Geld kann man kaufen, was der Sicherheit dient: das täglich Brot, medizinische Versorgung, ein sicheres Auto, eine solide Ausbildung, allerlei Versicherungen gegen beliebige Unwägbarkeiten des Lebens, sogar das Wohlwollen bedrohlicher Fremder. Aus den meisten Bedrängnissen kann man sich mit Geld herauskaufen.

Und weil das so ist, gilt heutzutage die allererste Sorge dem sicheren Arbeitsplatz, denn der ist der Garant dafür, dass das notwendige Kleingeld zur Sicherung des Alltags zur Hand ist.

Genau die Arbeit aber wird vor unseren Augen besorgniserregend knapp. Und darum wird allenthalben ‚Wachstum' propagiert, denn nur durch Wachstum könne die Arbeit wieder vermehrt werden.

Wie nun aber, wenn es ganz anders ist?

- *Wenn die Versorgung und die Vorsorge die Sorgen vermehren?*
- *Wenn Geld ein ganz ungeeignetes Mittel ist, um uns Sicherheit zu gewähren?*
- *Wenn die Arbeit gar nicht knapp ist?*
- *Und wenn – schließlich – Wachstum Arbeitsplätze vernichtet?*

Vertrauen ist gut – Garantie ist besser

„Denn alle Lust will Ewigkeit ..." (Friedrich Nietzsche), das ist natürlich ein vermessener Wunsch, über dessen Unerfüllbarkeit sich alle klar sind. Aber ebenso sicher scheint es, dass diese Sehnsucht eine Gemeinsamkeit ist, die alle Menschen aller Zeiten und allerorten verbindet, dass sie nämlich Verlangen tragen nach der Unvergänglichkeit des gelungenen und genossenen Augenblicks. Und man könnte alles menschliche Treiben, die ganze so genannte Fortschrittsgeschichte als das Bemühen ansehen, Lust – oder sagen wir es anders, weniger missverständlich und bedeutungsoffener: Leichtigkeit des Seins – auf Dauer zu stellen.

Worum es in der ganzen Geschichte der technischen und sozialen Errungenschaften geht, ist, dass das, was *einmal* gelungen ist, *garantiert* wieder möglich sein soll. Die garantierte Wiederholungsmöglichkeit ist ja eine Art kleiner Verewigung im Diesseits. Und so entstehen Rezepturen, Verfahren, Methoden, Techniken, Automaten. Jedes Kuchenrezept ein Versuch, dem Gelingen das Zufällige zu nehmen, jedes Verfahren soll reibungslosen Ablauf wieder und wieder sicherstellen, jede Methode soll meinen Handlungserfolg voraussehbar und kalkulierbar machen, jeder Automat ist ein Wunderwerk der Präzision der in die Maschine eingeschriebenen Wiederholbarkeit. Und hier ahnen wir bereits etwas von der Trübsinnigkeit der ‚verewigten Lust'.

Stellen wir uns vor, durch eine glückliche Fügung ist mir aus der Patsche geholfen worden. Ich habe zum Beispiel nicht auf meinen Benzinanzeiger geschaut, weil ich beim Autofahren auf eine Radiosendung gehört habe. Auf einmal fängt das Auto bedenklich zu rucken an, gibt ein paar gurgelnde Laute von sich, stottert, tottert, bleibt stehen. Ein freundlicher Autofahrer, den ich durch Winken auf meine Misere aufmerksam mache, hilft mir mit seinem Benzinkanister aus. Er lässt sich das Benzin noch nicht einmal bezahlen. Ich bin über diese wunderbare Erfahrung zutiefst beglückt. Sie gibt mir für einen Augenblick den Glauben an die Menschheit zurück. Und nun ziehe ich meine Konsequenzen: Ich fahre an die nächste Tankstelle, um mir nun meinerseits einen Benzinkanister zu kaufen, teils weil ich mich bei gegebener Gelegenheit revanchieren können möchte, wenn auch nicht gegenüber meinem Wohltäter, aber doch in der gleichen Situation; teils aber und vor allem, damit ich nie wieder in eine so peinliche Bedrängnis gerate. Das Glück, das ich gerade gehabt habe, soll nun nicht mehr dem Zufall überlassen bleiben. Ich will doch lieber darüber verfügen können und packe es mir als eiserne Ration in den Kofferraum. Jetzt kann es mir nicht mehr entkommen, ich habe es in Sicherheitsverwahrung genommen.

Es wäre ja aber auch eine ganz andere Schlussfolgerung denkbar. Die Tatsache meiner wunderbaren Errettung aus bedrängter Lage könnte mich ja auch in einer Art Sorglosigkeit bestärken, in dem Vertrauen darauf, dass das Leben offenbar so eingerichtet ist, dass es im *Normalfall* irgendwie weitergeht. Nun könnte man einwenden, das sei doch eine Art höheren Leichtsinns, denn wer wolle mir das garantieren, und außerdem sei es auch parasitär, sich immer auf die Wohltaten anderer zu verlassen. In der Tat, nichts garantiert mir, dass sich das Vertrauen in die gute Fügung rechtfertigt. Das kann allemal schief gehen; und auch das ist richtig, dass es ohne Gegenseitigkeit nicht geht. Aber wohlgemerkt: Gegenseitigkeit müsste ganz anders verstanden werden als das allfällige ‚Do ut des': Ich gebe dir, damit du mir zurückgibst. Gegenseitigkeit hieße im Gegenzug, verlässlich zu sein für ‚dich', wer immer und wo immer ‚du' auch seiest in deiner Misere.

Diesen Unterschied zwischen dem rechenhaften, buchhalterischen ‚Do ut des' und der Gegenseitigkeit habe ich auf eine bestürzende Weise auf einer Reise in das von Aids heimgesuchte Namibia leibhaftig erfahren. Rauna, diese gute Seele, die sich in unermüdlichem Einsatz um ihre kranken und desolaten Patienten kümmert, hat ihn mich gelehrt. Sie selbst ist nicht eben reichlich mit den Gütern des Lebens gesegnet, aber sie praktiziert mit einer unglaublichen Selbstverständlichkeit eine in ihrer Sorglosigkeit schon beinahe ärgerliche Freigebigkeit. Sie sagte dazu: „Es ist nun einmal so: Wenn ich alles weggegeben habe, dann kommt unverhofft von irgendwoher etwas Neues." Aber das klang nicht so, als empfinde sie das als Belohnung für eine gute Tat. Es war einfach eine oft bewährte Erfahrung, dass sich immer wieder *Gelegenheit* bietet. Ich könnte geradezu den Gegensatz zwischen *wiederkehrender Gelegenheit* und *Garantie*, deren Zweck ja darin besteht, dass etwas ein für allemal erledigt und geregelt ist, zum unterscheidenden Merkmal der subsistenten und der konsumistischen Gesellschaft machen. Keine Frage: die sich bietende Gelegenheit muss man beherzt beim Schopfe packen. Der Faulheit und dem Laissez-faire würde Rauna keinesfalls huldigen. Aber man muss die guten Gelegenheiten nicht festnageln wollen, sie haben einen unerhörten Freiheitsdrang. Man kann sie nicht kommandieren, und wenn man es doch versucht, büßen sie ihre Segenskräfte ein und werden unweigerlich zur Institution. In Institutionen haben Gelegenheiten nichts zu suchen. Hier wird geplant und kalkuliert und prognostiziert. Institutionen sind dazu da, dass es kommt wie vorgesehen.

Es gibt eine ganze Literatur, die das Staunen der Europäer über seltsame Gewohnheiten der so genannten Primitiven belegt. Sie haben viel darüber gegrübelt, die Europäer, warum in Jäger- und Sammlergesellschaften, in denen doch allemal prekäre Lebenslagen den Alltag kennzeichnen, eine solche unvernünftige Verschwendungssucht herrschte. Waren die Jäger an einem Tag erfolgreich auf der Jagd, brachten sie also reichlich Beute heim, dann fand ein ungeheurer Festschmaus statt. Nicht dass sie einen Teil der Beute für die nächsten Tage, in denen ihnen das Jagdglück womöglich weniger hold wäre, aufbewahrten, nein, sie gaben alles her, sie schlugen sich die Bäuche voll, sie ‚fraßen' bis zur völligen Erschöpfung alles auf, gingen von einem Gelage zum andern, bis nichts mehr übrig war. Man hat sich dieses unsinnige Verhalten erklärt als eine Strategie der Neidvermeidung, als Vernichtung des Reichtums, damit niemand den Neid anderer auf sich zöge. Mag sein. Aber mindestens ebenso plausibel ist eine ganz andere Deutung. Sie brachten ganz intuitiv die Beute in Windeseile zum Verschwinden, so dass die Vorstellung, Lust könne Ewigkeit wollen, sie nicht ereilte. Der bei weitem längste Abschnitt der Menschheitsgeschichte könnte frei gewesen sein von der Idee, dass Leichtigkeit des Seins auf Verewigung drängt.

Die Jäger und Sammlerinnen ‚vernichteten' den eben erworbenen Reichtum, um nicht das Vertrauen in die Unerschöpflichkeit, in die allzeitige Gegenwart der guten Gaben des Lebens, zu gefährden. Sie waren vielleicht ‚besorgt' um ihre Sorglosigkeit. Jede Vorsorge für die nähere und fernere Zukunft, alles Horten, alle Rationierung, alle Bestandssicherung bedroht diese Sorglosigkeit. Das ist eine uns widersinnig anmutende Logik, eine ganz unerhörte Zumutung für unsere Vernunft, dass die Möglichkeit, sorglos zu sein, auf Gedeih und Verderb daran hängt, dass wir *nicht* versorgt sind. Wir sind im Gegenteil zutiefst durchdrungen von der Überzeugung, dass Sorglosigkeit und abgesicherte Versorgungsansprüche Hand in Hand gehen. Aber das ist nur die Folge davon, dass wir dem *Zufall* und den *eigenen Fähigkeiten* nichts zutrauen. Was heißt Zufall? Ist nicht der Zufall das schlechthin Unzuverlässigste, was es im Leben gibt, der Inbegriff der bösen Überraschung, manchmal zugegebenermaßen auch der guten – aber auch auf die sind wir nur bedingt scharf, denn sie stören allemal unsere Pläne.

Also der Zufall erscheint uns in jedem Fall als Anlass ernster Sorge. Zufälle sind doch nichts, worauf man bauen könnte. Sie stehen für Beliebigkeit, Willkür, für das Grundlose. Sie repräsentieren die kalte Gleichgültigkeit des Schicksals gegenüber unseren menschlichen Belangen. Wie nun aber, wenn der Zufall dasjenige ist, was uns zufällt, ganz einfach so, ohne unser Zutun, ohne dass wir es uns erleisten müssen? Der Zufall ist das ‚Umsonst', das ‚Von Selbst', gratis, *gratuito*. Also nicht das blinde *Schicksal*, sondern das *Geschick*, das, was uns geschickt wird, was freilich bedeuten würde, dass wir mit einem Absender rechnen. Nicht auszudenken, was sich ändern würde, wenn wir uns dem Zufall dieses Sinnes überließen. Dann würde sich in Windeseile herumsprechen, dass da etwas nicht stimmt mit der Behauptung, Menschen wären umso besser dran, je mehr Institutionen sich ihrer annehmen. Denn in Institutionen ist nichts umsonst, und da gibt es keine Zufälle, oder falls doch, dann sind sie außerordentlich störend und müssen schleunigst ausgeschaltet werden. In Institutionen muss gezahlt werden, teils cash, teils mit Wohlverhalten gegenüber dem Reglement der Institution. *Eine* Voraussetzung wäre allerdings zu machen, damit der Zufall als unerschöpfliches ‚Umsonst' wirksam werden kann: jeder und jede müsste darauf gefasst und willens sein, des Anderen ‚Zufall' zu werden. Das würde eine wundersame Vermehrung der tagtäglichen Wunder bedeuten. In Institutionen hingegen sind auch Wunder unerwünscht.

Kommen wir noch einmal zurück auf die Geschichte mit dem Benzinkanister. Ich hätte sie mir für mein Argument ausdenken können. Tatsächlich ist sie mir passiert. Was ist verwerflich daran, dass ich in Reaktion auf diesen ‚Zu-Fall' mich meinerseits mit einem Benzinkanister versehen habe? (Inzwischen habe ich wieder keinen mehr). Der junge Mann, der mir aus der Verlegenheit half, mir also zum Engel wurde, konnte das ja nur tun, weil er selbst so vorsorglich war. Ich bin zugegebenermaßen um Antwort verlegen. Ganz gewiss macht es einen Unterschied, ob ich den Kanister kaufte, um selbst im Bedarfsfall Engel spielen zu können, oder ob ich ihn nur kaufe, um meine eigene Sicherheitslücke zu schließen. Aber das kann nicht die ganze Pointe der Geschichte sein.

Ich vermute, dass der Ankauf von Benzinkanistern das Vertrauen in der Welt dezimiert oder gar aussterben lässt. Gegenüber dem Benzinkanister ist Vertrauen völlig unangebracht. Er ist eine Garantie. Vertrauen aber kann sich nur dadurch bewähren, dass man es hat. Es ist ja nicht so, dass Zeichen und Wunder geschehen und wir deshalb uns trauen zu vertrauen. Es ist vielmehr so, dass wir vertrauen und deshalb Zeichen und Wunder geschehen. Das Vertrauen ist die generierende Kraft der Wunder, nicht umgekehrt; oder meinetwegen, in zweiter Instanz, *auch* umgekehrt. Wenn ich also frage, was ist verderblich am Benzinkanister, dann will ich antworten: dass er die Wunder, die sich zwischen Menschen ereignen, wenn sie aufeinander angewiesen sind, knapp werden lässt. Er lässt Begegnung knapp werden und die Gelegenheit zur Übung, zum Exerzitium der Freundlichkeit.

Oder anders gesagt: Wenn wir nicht aufeinander angewiesen sind, weil wir mit allem versorgt werden, dann können wir einander nicht zum Zu-Fall werden. Die Sorge, die ich ein für allemal los bin, weil ich für alles vorgesorgt habe und rundum versorgt bin, hat mit dem ‚Sorget nicht' der Bergpredigt (Mt 6,26/34) nichts zu tun. Da steht: „Seht die Vögel unter dem Himmel an, sie säen nicht, sie ernten nicht, sie sammeln nicht in die Scheunen; und euer himmlischer Vater ernährt sie doch ... Darum sorgt nicht für morgen, denn der morgige Tag wird für das Seine sorgen. Es ist genug, dass jeder Tag seine eigene Plage hat."

Die Sorglosigkeit, die hier empfohlen wird, ist für die Konsumgesellschaft inakzeptabel. Aber sie bildet vielleicht den Kern dessen, was ‚Daseinsmächtigkeit' meint. Daseinsmächtigkeit ist eben keine Überlebens*technik*, sondern eine *Haltung*. Um einen Zipfel davon zu fassen zu kriegen, müssen wir nicht nur in diesem oder jenem geschickter werden, diese oder jene Fähigkeit zurückgewinnen. Wir müssen uns vielmehr verwandeln, vielleicht nicht gleich gänzlich, aber doch in dem Bewusstsein leben, dass eine Verwandlung die Aufgabe ist.

Die Konsumgesellschaft hat eine Kultur der Garantie entwickelt, sie will beileibe nichts dem Zufall überlassen. Sie will ihre Angelegenheiten ein für allemal sicherstellen bis in alle Zukunft. Sie überspringt die Gegenwart und eilt sich selbst voraus, der Zukunft (man könnte auch sagen dem Tode) entgegen. Die Angewiesenheit aufeinander ist ihr ein Gräuel, und die Abhängigkeit vom Ganzen verklärt sie zur Freiheit. Subsistenz dagegen ist eine Kultur des Vertrauens, der Gegenwärtigkeit und der Angewiesenheit aufeinander.

Wachstum schafft Arbeit

„Eine seltsame Sucht beherrscht die Arbeiterklasse aller Länder ... Es ist dies die Liebe zur Arbeit, die rasende, bis zur Erschöpfung der Individuen und ihrer Nachkommenschaft gehende *Arbeitssucht*. Statt gegen diese geistige Verirrung anzukämpfen, haben die Priester, die Ökonomen und die Moralisten die Arbeit heilig gesprochen. Blinde und beschränkte Menschen, haben sie weiser sein wollen als ihr Gott ... haben sie das, was ihr Gott verflucht hat, wiederum zu Ehren zu bringen gesucht."[1]

Wer diesen Text heute in prekärer Lage, also von Arbeitslosigkeit bedroht oder betroffen, liest, der wird ihn frivol oder zynisch finden. Als ob, was verzweifelte Angewiesenheit ist, nur eine verirrte Neigung, eine fehlgeleitete Begierde, kurz eine ‚seltsame Sucht' sei. Als sei das die tiefere Ursache der gegenwärtigen Krise der Arbeit, dass wir so verteufelt vernarrt in sie sind, dass wir so versessen darauf sind, Arbeit zu verrichten, statt dem edlen Müßiggang zu frönen; und als sei die Arbeit nur deshalb so knapp, weil sich alle so nach ihr drängeln. Dabei wird, andererseits, den Arbeitsuchenden von den modernen Zynikern ganz anderes eingeschärft: „Wer Arbeit will, der kriegt auch welche." Was nun also: Ist die Mehrheit der modernen Lohnsklaven arbeitssüchtig oder arbeitsscheu?

Aber ist Lafargue (Sozialist und Marx' Schwiegersohn) denn wirklich ein Zyniker? Oder können wir mit seiner Hilfe einige der unumstößlichen Satzwahrheiten in Frage stellen, welche uns tagtäglich als die Quintessenz der ökonomischen Vernunft eingebläut werden? – Einer besonderen Abteilung von Vernunft übrigens, die sich im allgemeinen Bewusstsein längst als *die* Vernunft schlechthin etabliert hat. Was sind das für Doktrinen, die, allen Ungereimtheiten zum Trotz, allen so selbstverständlich gültig erscheinen, dass niemand mehr Anstoß daran nimmt?

Die Glücksversprechen, mit denen die so genannte ökonomische

Vernunft aufwartet, sind im Wesentlichen auf sechs ziemlich dreiste Behauptungen gegründet:

1. Es ist zuerst die Behauptung, dass Arbeit *verehrungswürdig,* weil heilig sei.
2. Dann das Versprechen, dass Wachstum Arbeit schaffe.
3. Drittens, dass nur *Innovation* unsere Lage verbessern könne, weil sie Wachstum fördere und folglich Arbeit schaffe.
4. Viertens, dass Wachstum und Innovation der Königsweg in die ungeahnten Möglichkeiten einer *offenen Zukunft* seien.
5. Fünftens, dass die Verschärfung der *Konkurrenz* dazu führen werde, dass sich die Besten und das Beste durchsetzen und dass unsere ‚Eliten' nur im Konkurrenzkampf bewährt und gehärtet werden können.
6. Und schließlich sechstens, dass *Bildung* die Grundlage des ökonomischen Erfolges und deshalb eine ‚Investition in die Zukunft' sei.

Die Heiligung der Arbeit

Lafargue sagt der Arbeit nach, sie sei die „Ursache des geistigen Verkommens und körperlicher Verunstaltung". Das mag in dieser zugespitzten Form ein Spezifikum der Zeit der Frühindustrialisierung gewesen sein, aber gleichwohl ist doch den allermeisten auch heute die Arbeit eine solche Last, dass sie sie von der eigentlichen Lebenszeit als Zeit des Nicht-Lebens abziehen. Das Leben findet außerhalb der Arbeit statt, wenn es denn stattfindet. Und trotzdem steht ‚Arbeit' den Umfragen zufolge an der ersten Stelle der Lebenshoffnungen. Was macht die Lohnarbeit so attraktiv, dass niemand auf die Idee verfällt, sie zu ächten, wie man einst die Sklavenarbeit ächtete, nicht einmal die, die sich abrackern, um ein karges Entgelt als Tausch für ihre verlorene Lebenszeit einzuhandeln, und noch weniger die, denen der Zugang zur Arbeit überhaupt verweigert wird? Niemand würde es wagen, auf die Arbeit zu pfeifen. Denn sie ist heutzutage nahezu die einzige Möglichkeit, sein Auskommen zu finden. Eigentlich garantiert nur verrichtete Lohnarbeit den Lebensunterhalt. Also könnte man meinen, dass die Verehrung, die die Arbeit genießt, gar nicht ihr selbst gilt, sondern dem Lohn, der dabei abfällt. Das würde aber nicht erklären, warum diejenigen, die aus dem Arbeitsprozess herausfallen, sich nicht nur materiell geschädigt, sondern vor allem ausgestoßen fühlen, nicht mehr zugehörig. Warum also löst Arbeitslosigkeit solche dramatischen Sinnkrisen aus?

Arbeit ist knapp oder besser: sie ist künstlich verknappt und wird tagtäglich rarer. Man braucht sich nur die mit düsterer Stimme vorgetragenen Nachrichten über Firmenzusammenlegungen und die sie begleitende ‚Freisetzung' der Arbeitenden zu Tausenden zu vergegenwärtigen, um diese Tendenz allen anderslautenden Beschwörungen zum Trotz für unumkehrbar zu halten. Wir leben aber in einer Gesellschaft, in der alles, was knapp ist, in höchstem Ansehen steht, während das überreichlich Vorhandene naserümpfend für minderwertig erklärt wird. Das führt zu der perversen Situation, dass die Verehrungswürdigkeit der Arbeit in dem Maße steigt, in dem sie immer knapper wird, obwohl durch diese Verknappung der Arbeits- und Leistungsdruck und die zeitliche Beanspruchung für den einzelnen immer mehr anwachsen, obwohl also moderne Arbeitsverhältnisse immer mehr Ähnlichkeit mit überwunden geglaubter Sklavenhalterschaft annehmen.

Während ich dies schreibe, kommt der lange und ungeduldig erwartete Techniker des Telefon-Störungsdienstes ins Haus, um den Schaden, den ein Blitz angerichtet hat, zu beheben. Er kommt gewissermaßen im Laufschritt. Den ihm angebotenen Kaffee akzeptiert er beinah widerwillig und kippt ihn hastig hinunter, während er schon mit fliegenden Händen die notwendigen Verrichtungen erledigt. Er wirkt geradezu schweißgebadet und macht – das sei zu seiner Ehre gesagt – es dennoch möglich, freundlich zu bleiben, ja uns sogar bei der Diagnose weiterer Schäden zu helfen, die ihn wegen der strikten Auftragsaufteilung und -erteilung gar nichts angehen oder angehen dürfen. Ihm unterläuft bei seiner hastigen Arbeit ein Fehler, den er mit einem nervösen Blick auf die Uhr korrigiert. Sein Kommentar: „Je schneller das gehen muss, desto ineffektiver werde ich." Nach Erledigung seines Auftrages hetzt er zu seinem Auto, um weitere Kundenaufträge ‚abzuarbeiten'. Er ist gewiss ein guter und verständiger Techniker, und ich habe enormen Respekt davor, dass er es sich leistete, sich um unsere Belange zu kümmern, die ihn nur in noch größere zeitliche Bedrängnis brachten. Als er fortfährt, frage ich mich, wie lange der Mittvierziger das noch durchhalten kann, und ich bin gar nicht mehr so sicher, dass die körperliche Zermürbung der Arbeitenden ein Spezifikum der Frühindustrialisierung war. Dennoch wird auch dieser gejagte Techniker in den Chor derer einstimmen, die die Arbeit als das höchste Gut besingen. Denn noch einmal: Je knapper und zugleich zwingender die Arbeit wird, desto heiliger und unantastbarer steht sie da.

Spätestens an diesem Punkt müsste die Frage nach den Profiteuren dieser irrigen Anschauung ins Spiel kommen. Aber so sehr verbindet sich schon jetzt mit dem Besitz eines Arbeitsplatzes die Vorstellung, einer Elite anzugehören, dass sich diese mickerigen Eliten der niederen Ränge hineinphantasieren in die Zugehörigkeit zu den ‚Happy few' und deshalb ihre ‚Privilegien' mit Zähnen und Klauen gegen die ‚Habenichtse' verteidigen. Und die wiederum verfügen nicht über so viel Definitionsmacht, dass sie den Spieß einfach umdrehen und daran erinnern könnten, dass in der antiken Gesellschaft überhaupt nur derjenige den Bürgerstatus erwerben, also Ansehen genießen konnte, der *nicht* zur Verrichtung von schwerer Arbeit genötigt war. Nicht auszudenken, was passieren würde, wenn sich dies als das neue Selbstbewusstsein der Arbeitslosen durchsetzen würde, statt dass sie beschämt und gedemütigt ein möglichst unauffälliges Schattendasein führen, das Schattendasein der viel zu vielen, die ihrer Vielheit wegen nicht nur nichts wert, sondern eine gesellschaftliche Zumutung sind. Sie wären dann zwar immer noch materiell schlecht dran, aber sie könnten selbstbewusst eine neue kritische Öffentlichkeit begründen, in der sie sogar den im Arbeitsprozess drangsalierten und vollständig erpressbaren Mitbürgern die kritische Stimme der nicht mehr Erpressbaren leihen könnten. Darin könnten sie übrigens von den Alten unterstützt werden, die auch keine Arbeit mehr zu verlieren haben: eine große Koalition der nicht-erpressbaren Nichteinverstandenen.

Ich bin mir vollständig darüber im Klaren, dass ich mir mit diesem Szenario den Vorwurf des Sozialromantizismus einhandele. Also: Mit welchen liebgewordenen Denkgewohnheiten müssten wir noch brechen, um dieser abwegigen Vorstellung zur Glaubwürdigkeit zu verhelfen? Wir müssten uns abgewöhnen, den Arbeitslosen das ihnen vom Noch-Sozialstaat gewährte karge Salär zu missgönnen, wir müssten aufhören, sie ihres Nichtstuns wegen scheel anzusehen. Tatsächlich hätten wir allen Grund, die Nicht-Arbeiter fürstlich zu honorieren[2], denn sie schädigen die Gesellschaft bei weitem weniger als diejenigen, die ihre Arbeitskraft in den Dienst des großen ‚Weltverbesserungsprojekts' der Moderne stellen, das in Wahrheit unsere Lebensgrundlagen vollständig zerstört. Aber ebenso tatsächlich gehört es natürlich zu den Spielregeln in der modernen Gesellschaft, gerade denjenigen Macht, Autorität und Erfolg zuzuerkennen, die die Gesellschaft am nachhaltigsten schädigen, die den meisten das meiste vorzuenthalten vermögen. Wir müssten also die Verteilung von Schaden und Nutzen neu bedenken.

Schädigend in diesem Sinn sind nicht nur die 220 Reichsten der Welt, die sich den halben Globus unter den Nagel gerissen haben, nicht nur die Tausende von Wissenschaftlern, die ihren Lebenssinn und ihren Ruhm darin suchen, fieberhaft die militärischen Vernichtungspotenziale zu raffinieren; auch nicht nur die ‚exzellenten Köpfe' in den Biotechnologien, die die Menschen und alles, was sonst wächst und gedeiht, aller Kreatürlichkeit berauben, um sie zum Rohstoff ihrer hybriden Konstruktionsabsichten zu machen; und auch nicht nur die neuen Zyniker im großen Agrobusiness, die eine Apokalypse des Hungers vorbereiten, indem sie das Saatgut so manipulieren, dass es nach *einer* Ernte tot, also nicht mehr keimfähig ist und Jahr für Jahr neu gekauft werden muss bei diesen Herren der Erde. Wohlgemerkt, sie alle stehen in hohem gesellschaftlichem Ansehen.

‚Schädlinge' sind jedoch auch die Betreiber jener Professionen, die nach wie vor moralisch einen guten Ruf genießen, die Repräsentanten der Dienstleistungsberufe, die heilenden, lehrenden und helfenden Berufe eingeschlossen, die sich schmeicheln, nichts als segensreich zu sein in ihrem Wirken, während sie in Wahrheit eine „entmündigende Expertenherrschaft" (Ivan Illich) aufrichten, die die Menschen um Verfügungsgewalt über ihre eigenen Belange bringt. Ich muss mich nur in meiner eigenen Lebensgeschichte umsehen, um mich darüber zu entsetzen, wie viele von den Lebens- und Sterbensverrichtungen, die in meiner Kindheit noch ganz selbstverständlich in der Verfügung von jedermann und jederfrau waren – von der Reparatur der Dinge des täglichen Bedarfs über die Kurierung von Kinderkrankheiten bis zum Sterbebeistand –, heute in die Zuständigkeit von so genannten Experten fallen, die sie als Dienstleistungsware feilbieten und jeden Versuch, davon *keinen* Gebrauch zu machen, nicht nur mit professioneller Strenge entmutigen, sondern sogar scharf sanktionieren.

Kurzum: Bei genauerem Hinsehen wird man feststellen, dass beinahe alles, was heute berufsmäßig an Arbeit verrichtet wird, schädigend ist, und zwar durch die Bank. Tatsächlich müssen nicht die Arbeitslosen sich die Sinnfrage stellen lassen, sondern die Arbeitenden, und sorgfältige Selbstprüfung würde sie mit einem eher bestürzenden Eindruck von der Sinnhaftigkeit ihres geschäftigen Tuns konfrontieren.

Kommt noch hinzu, dass die Arbeitslosen, ihrer bescheidenen Alimentierung wegen, die schlechteren Konsumenten sind, und auch das macht sie, wiederum gegen den Richtungssinn der ökonomischen Propaganda, zu ‚besseren', will sagen verträglicheren Menschen. Denn ohne Frage verhält sich, aufs Große und Ganze und auf lange Sicht gesehen, derjenige am freundlichsten gegenüber den Nachkommen, der am wenigsten von dem verbraucht, was sich nicht von selbst erneuert.

Wäre aber so die Ehre der Arbeitslosen wiederhergestellt, dann bliebe immer noch zu fragen, wie sie ihre zunehmende materielle Misere verbessern könnten. Die einzige Antwort, die mir einleuchtet, lautet: ‚Eigenarbeit'. Eigenarbeit, das heißt, den Geldbedarf und die Geldabhängigkeit zu mindern durch eigenes Tun und durch die Schaffung unmittelbar nützlicher Gebrauchsgüter für den eigenen oder den nachbarschaftlichen Bedarf. Es wäre ein anderer Gebrauch als der ‚Ein-Euro-Arbeitsdienst' von der überreichlich vorhandenen Zeit der Arbeitslosen zu machen. Die viel zu viele Zeit wird von den Arbeitslosen ja in der überwältigenden Mehrheit der Fälle gerade als peinigend und peinlich empfunden und die Pflicht, sie totzuschlagen, als noch belastender als die Maloche. Aber in ihr könnte eine reelle Chance stecken. Denn Arbeit an sich ist ja keineswegs knapp – im Gegenteil, sie liegt überall herum, man muss sie nur in Angriff nehmen. Knapp ist nur die bezahlte Arbeit, könnte man meinen. Und so scheint es doch nahe liegend, die notwendigen Verrichtungen, in denen man sich als Lohnarbeiter durch andere vertreten ließ, die wiederum *damit* ihren Lebensunterhalt verdienten, wieder selbst in die Hand zu nehmen; und sei es auch aus Ungeübtheit zunächst ein wenig stümperhaft. Aber Vorsicht, so einfach ist das nicht.

Welche Möglichkeiten zur Eigentätigkeit und zur Minderung des Geldbedarfs gibt es denn in den Bereichen Nahrung, Kleidung, Wohnung, Mobilität und Bildung in den modernen Gesellschaften überhaupt? Die deprimierende Antwort: Die konsumistische Gesellschaft hat die beiden in ihr favorisierten Existenzweisen, nämlich Produktion und Konsumtion, so totalisiert, dass beinahe jede andere nicht von Warenproduktion und Warenkonsum beherrschte Tätigkeit erstorben ist. Nicht zuletzt dadurch, dass es schlichtweg kaum noch Eigenarbeit gibt, die ihren Einsatz lohnte. Jede Eigenarbeit wird durch Billigprodukte von vornherein ins Unrecht gesetzt oder entmutigt. Einige Beispiele dafür:

- Meine Großmutter konnte noch aus zwei oder drei aufgerebbelten Pullovern einen neuen stricken, der nichts kostete. Der war keinesfallls modisch, aber warm, praktisch und haltbar. Heute kann man keinen gekauften Pullover mehr aufrebbeln. Und die Wolle, um einen zu stricken, kostet das Dreifache von einem modischen Fertigteil aus chinesischer oder indischer Produktion.
- Die Bauern führen Klage, dass sie Milch nicht mehr zu dem Preis produzieren können, den die Käufer im Supermarkt dafür entrichten müssen.
- Man kann so beschwerlich und asketisch reisen, wie man will, es wird immer noch teurer sein als ein Last-Minute-Schnäppchen vom Reiseanbieter auf Luxusniveau.

Es ist nicht mehr einfach, mit seiner Hände und seines Hirnes Arbeit etwas herzustellen, das nichts oder weniger kostet, als was im Supermarkt der Billigangebote zu haben ist. Ernüchtert und illusionslos ist also festzustellen, dass die Eigenarbeit in der konsumistischen Gesellschaft nahezu chancenlos ist, und doch plädiere ich dafür, alle Anstrengungen der Phantasie und alle Kraft des Gedankens darauf zu richten, wie wir uns denn aus dem Würgegriff der großen Erpressung befreien können, die uns mit dem Arbeitsplatzargument jegliches Wohlverhalten und jegliche Unterwerfung abnötigen kann. Und Freiheitsspielräume können wir nur zurückgewinnen, wenn wir unseren Geldbedarf einschränken, auch wenn es so scheinen mag, als würden wir Unabhängigkeit durch mehr Geld gewinnen. Mehr Geld hält uns aber in der barbarischen Logik dessen gefangen, was der Literaturwissenschaftler und Kulturkritiker George Steiner beschwört, wenn er warnend sagt: „Ein Faschismus des Geldes und der Medien regt sich in Europa."[3]

Warum die Bäume nicht in den Himmel wachsen

‚Wachstum', das erweckt Erinnerungen an Frühlingsduft, es gemahnt an den Samen, der der Erde anvertraut wird und das Wunder einer fruchttragenden Pflanze hervorbringt. Aber natürlich wissen wir auch, dass die Bäume nicht in den Himmel wachsen, irgendwann sind sie ausgewachsen, *sie* haben ihr Maß. Nicht so das Wachstum, das tagtäglich in den Wirtschaftsnachrichten herbeigefleht wird. Es hat sich vollkommen von der Frage nach dem guten Leben und dem rechten Maß emanzipiert. Wachstum wird sich selbst zum Ziel. Wer die Frage stellt, was denn wachsen solle, damit es besser bestellt wäre um unsere irdische Existenz, der wird die verblüffende Auskunft erhalten, dass das Wachstum wachsen müsse. Kleinliche Erwägungen über Schädlichkeit oder Nützlichkeit des Produzierten müssen zurückstehen gegenüber der Wachstumsforderung, die absoluten Vorrang genießt. Alles, was zunimmt, ist per se im Recht. Und so können sich die Produzenten von Tretminen, von gen-verseuchten Nahrungsmitteln, von Babywindeln und Sahnetrüffeln gleichermaßen als Menschheitsbeglücker fühlen, solange sie Wachstumsraten vermelden, die aber denen, die ihres Arbeitsplatzes wegen darauf hoffen, auch nichts nützen. Denn das ist ja der große Etikettenschwindel, dass Wachstum Arbeitsplätze schafft. Im Gegenteil: Wachstum vernichtet Arbeitsplätze. Ungebremstes Wachstum und Beschleunigung aller Arbeitsvollzüge bedingen sich gegenseitig. Beschleunigung aber ist jenseits einer bestimmten Schwelle nur dadurch zu erreichen, dass menschliche Arbeitskraft, die wie alles Ding *ihre Zeit,* also ihr Tempo hat, durch Maschinenkraft ersetzt wird. Und da wir um der Optimierung und der Beschleunigung willen längst nicht mehr in erster Linie solche Maschinen einsetzen, *mit* denen wir arbeiten, sondern solche, die immer perfekter *statt* unserer und gänzlich ohne menschliches Zutun arbeiten, wird durch die Maschinerie immer mehr menschliche Arbeit entbehrlich. Der Preis ist hoch: nicht nur, dass dadurch immer mehr Menschen für überflüssig erklärt werden, sondern auch, dass die Maschinerie einen so unvorstellbaren Energieeinsatz fordert, dass die Quellen in absehbarer Zeit zu versiegen drohen und das Klima kollabiert. Ein Reisfeld gegebener Größe bringt in industrieller Bewirtschaftung nach amerikanischem Muster den vierfachen Ertrag eines in Indonesien traditionell bewirtschafteten, aber es erfordert den 350fachen Energieeinsatz; und ein in Deutschland hergestelltes Kilogramm Brot braucht zu seiner Verfertigung einen Liter Erdöl. [4]

Innovation ist schöpferisch

Der Begriff ‚Innovation', darüber belehren mich meine Wörterbücher, war noch bis vor wenigen Jahren nahezu ausschließlich im Gebrauch für die wundersamen Selbstheilungskräfte der Pflanzen, die ein abgestorbenes Glied durch Neuaustrieb ersetzen können. Im ökonomisch-technischen Kalkül meint Innovation den umgekehrten Prozess, es wird etwas Neues in die Welt gesetzt, *damit* etwas absterbe, *damit* man das Alte ausmerzen kann. Innovation *dient* der systematischen Veraltung, der Verüberflüssigung, der Ausmusterung der gegenwärtigen Bestände, die immer nur augenblicksweise für tauglich befunden werden und sofort wieder zur Überbietung und Optimierung anstehen.

Ihre Vorwärtsbewegung kann die moderne Gesellschaft sich nur als ‚Weg von ...' vorstellen, nein, noch drastischer: als ‚Weg damit!' Sie verwirft das Gestrige und stößt es ab wie einen unbrauchbar gewordenen Rest. So entsteht Müll, Zivilisationsmüll; Erfahrung, Tradition, soziale Verbindlichkeiten, unmoderne Dinge, überholte Technik: ‚Weg damit!' Diese Devise macht nicht bei den Dingen Halt, sie hat längst auch die Menschen im Visier. Immer größere Anteile der Gesellschaftsmitglieder werden mit der harten Realität konfrontiert, dass es auf sie nicht nur nicht ankommt, sondern dass sie, für überflüssig erklärt, nur noch ein *eingeschränktes* Daseinsrecht geltend machen können. Dennoch: Jede so genannte Innovation, unabhängig von ihren Zielsetzungen, wird mit einem Gütesiegel versehen und das umso mehr, je rasender der von ihr in Gang gesetzte Verschleiß ist. Dabei steht außer Frage, dass alle heutzutage getätigten Innovationen, auch die so genannten sozialen, nur den einen Zweck verfolgen, den äußerst störanfälligen ‚Faktor Mensch' aus der geölten Maschinerie auszuklinken, ihn maschinell oder verfahrensmäßig zu ersetzen, ihn bestenfalls als Funktionspartikel im Apparat zu dulden. Nicht *eine* technische oder soziale Innovation, die nicht die Ersetzbarkeit, die Austauschbarkeit, die Überbietung des Individuums im Sinn hätte: vom Menschenersatz bis hin zum Ersatzmenschen.

Wachstum weitet die Zukunft

Von Zukunft ist allenthalben die Rede, von den ungeahnten Möglichkeiten, die in ihr schlummern, wenn wir nur nicht müde werden in dem Bestreben, zukunftsfähig zu werden. Das Teuflische daran ist, dass, wo sich die zu machende Zukunft so machtvoll in den Köpfen festgesetzt hat, die Gegenwart, das Hier und das Jetzt, ihr gegenüber vollkommen belanglos erscheint und gleichzeitig die Gegenwart der kommenden Generationen schon jetzt gänzlich verplant und mit Beschlag belegt ist. Zukunft als das, was ungemacht und ungeplant auf uns zukommt, soll ausgelöscht werden. Alle Anstrengung von heute gilt einer präzise angepeilten und dann auch realisierten Zukunft, und das Gegenwärtige ist jeweils nur die Vorstufe, die Voraussetzung, die notwendige Bedingung des Grandioseren, das erst folgen soll. Alles hört auf, seinen Daseinszweck, sein Ende in sich selbst zu haben. Es wird zum Mittel für weitere vorläufige Optima erniedrigt.

Diese Zukunft ist gerade nicht offen. Sie bewährt sich daran, „dass es so kommt wie man denkt, weil man kann, was man will“[5]. Sie ähnelt nicht einem gewundenen Pfad, der an jeder Wegbiegung mit neuen Überraschungen aufwartet, sondern einer vierspurigen Autobahn, die sich über alle Besonderheiten des durchquerten Geländes souverän hinwegsetzt. Zukunft enthält eben nicht mehr die Möglichkeit des ganz Anderen und Unvorhersehbaren, sondern sie ist beschränkt auf die Raffinierung des Gegenwärtigen. Durch dies unendlich gesteigerte Raffinement hofft man einen qualitativen Sprung zu erreichen, so dass sich, was heute sonnenklar als das Falsche erkennbar ist (wenn auch die Falschheit des Falschen unter Vergewaltigung der Vernunft beharrlich geleugnet wird), durch Verfeinerung irgendwann zum Richtigen mausert, nach dem „moralischen Grundsatz: Wir irren uns empor“[6].

Konkurrenz kürt die Besten

Die Konkurrenz spielt Nullsummenspiele. Der Erfolg des Einen ist die Niederlage des Anderen, mehr noch, je mehr Niederlagen ich anderen zufüge, desto besser stehe ich da. Mein Erfolg bemisst sich im täglichen Wirtschaftskampf gerade nicht nach der Qualität der erzeugten

Produkte, sondern nach der Zahl der aus dem Felde geschlagenen Konkurrenten. Je härter die Konkurrenz, desto mehr werden der Notwendigkeit, auf diesem Schlachtfeld zu siegen, alle Ziele, alle Inhalte, und alles Gemeinwohl geopfert. Eine Vergleichgültigung unvorstellbaren Ausmaßes findet statt. Es kommt nurmehr darauf an, wie ich mich ins Bild setze. Unter dem Konkurrenzdruck wird Imagepflege zum ersten Erfordernis, weshalb viele Unternehmen längst mehr Geld in die Werbung und Akzeptanzforschung stecken als in die eigentliche Produktion. Aber nicht nur Unternehmen, auch Politiker und Kirchenführer, Künstler, Entertainer und Wissenschaftler strampeln sich ab in diesem Metier, um in die ‚Bestsellerlisten' zu gelangen, sich besser zu verkaufen als andere. Der Konkurrenzkampf kürt nicht die Besten und das Beste, sondern die Raffiniertesten und Skrupellosesten, die die Verführungs- und Verdummungskünste am virtuosesten beherrschen. Und er befördert nicht das beste Produkt, sondern dasjenige, dem mit Hilfe raffiniertester Werbestrategien der Nimbus, dass es beneidenswert mache, verpasst werden konnte.

Bildung ist die Grundlage des ökonomischen Erfolgs

Das hätten sie gern, die ökonomischen Eliten, dass sie sich ihres Reichtums wegen gebildet wähnen dürften, so wie einst die Calvinisten am Reichtum ihre Aussicht auf himmlische Glückseligkeit ablesen wollten. Dass die Bildung darüber entscheidet, wie gut sich ein Land in der Weltmarktkonkurrenz platziert, darüber ist man sich spätestens seit der unsäglichen PISA-Studie landauf, landab einig.

Tatsächlich muss man ein ganz anderes Bedingungsgefüge für wahrscheinlich halten. Nicht Bildung ist die Grundlage des ökonomischen Erfolgs, sondern krassester Unverstand, schreiende Unvernunft und moralische Bedenkenlosigkeit.

Es ist gerade die Dummheit, verstanden als bösartige Verweigerung des Gedankens, die die Bedingung der Entstehung von Reichtum ist. Was bedauerlicherweise nicht den Umkehrschluss zulässt, dass die Armen notwendigerweise klug seien.

Zur Bildung gehört das Nachdenken, die Zeit für Um- und Abwege, das Bedenken der Folgen des Gedachten, die Kritik und die Kritik der Kritik, das Schlendern und Flanieren, die Umkehr und der

Neuanfang, die verzweifelte Einsicht, der ungegängelte Dialog, die Ziellosigkeit der Gedankenwege, die Lust am folgenlosen Experimentieren, der beharrliche Zweifel und vieles mehr. Zur Bildung und zur Erkenntnis gehört es, dass man ihr im Kreis von Freunden und nicht im Umfeld von Konkurrenten nachgeht. Sobald ich meine Bildung mit dem scheelen Blick auf den beargwöhnten Nebenbuhler ‚vorantreibe', habe ich die Möglichkeit, mich zu bilden, Einsicht und Erkenntnis zu gewinnen, bereits verspielt. Die Neugier, der Durst nach Erklärung, Einsicht und Sinn weicht dann dem eisernen Willen zu siegen, Vorteil zu ergattern und Position zu gewinnen. Folglich: Bildung und kapitalistische ‚Vernunft' schließen einander kategorisch aus.

Was kost' die Welt?

Wie aber ist es möglich, dass die ökonomische Unvernunft sich so unangefochten als Vernunft behaupten kann? Wie ist es möglich, dass Wachstum, Innovation, Arbeit und Konkurrenz sich in der *opinio communis* so unbestritten als das Rettende, als der Königsweg in eine lebenswerte Zukunft festsetzen konnten? Wie kommt es zu dieser gespenstischen Dynamik, die mit dem Gutsein und Gutwerden der Welt und ihrer Bewohner gar nichts mehr zu tun hat? Die Antwort auf diese Frage kann kurz ausfallen. Sie braucht nur vier Buchstaben: GELD. Die Unterstellung, es könne alles, was von dieser – und jener – Welt ist, mit einem Geldwert belegt werden, macht alles miteinander vergleichbar, gegeneinander austauschbar, durcheinander ersetzbar, in seiner Verwertbarkeit kalkulierbar und in seinem Daseinsrecht bestimmbar. Die Geldbewertung macht die Beliebigkeit zum Prinzip.

Geld, das ursprünglich selbst ein materielles Ding war, „wird zum Realsymbol aller Güter, für die es in den Tausch gegeben werden kann. Gibt es erst einmal das Geld, dann wird alles, womit es in Berührung kommt, verhext. Es lässt sich nun nach seinem Wert taxieren, ob das nun eine Perlenkette, eine Grabrede oder der wechselseitige Gebrauch der Geschlechtswerkzeuge ist. Das Geld ist jenes Zaubermittel, das die Welt insgesamt in ein (etwas) verwandelt, das nach seinem Wert taxiert und darum auch verwertet werden kann ... Das Geld dringt in jeden noch so verborgenen Winkel der Welt, es kann alles mit allem verbinden, so disparate Dinge wie eine Bibel und eine Flasche Branntwein."[7] Indem alles solchermaßen bewertet wird, unterliegt es einer radikalen Entwertung. Das heißt, es wird seiner Einzigartigkeit, seiner Besonderheit, seiner Gültigkeit und Sinnhaftigkeit entkleidet. An ihm gilt nur, was sich als Geldwert realisieren lässt. Diese Vergeldlichung macht auch nicht Halt vor dem Menschen. Sie schätzt längst auch nicht mehr nur den ‚Wert' seiner Arbeitskraft ab. Sie ist eingewandert in die privatesten Belange und dreht sich im Wesentlichen um die Frage, wie viel man sich denn die unprofitablen Gesellschaftsmitglieder noch kosten lassen will, kann oder soll.

Aber diese Geldwerte, die allem und jedem angeheftet werden, sind nicht real, sie haben keine Wirklichkeit, sie konstituieren eine Gespensterwelt, die wie ein Verhängnis auf der Welt der realen Dinge und Wesen liegt und eine von der Wirklichkeit losgelöste Eigendynamik hat, eine Eigendynamik, die unter dem Imperativ Wachstum und Innovation steht, koste es, was es wolle; Wachstum bis zur völligen Erschöpfung unserer selbst und unserer Lebensgrundlagen: des Feuers (der Energie), des Wassers, der Erde und der Luft.

‚Was kost' die Welt?', diese Frage hat ein Stab von Wissenschaftlern der Elite-Universität Stanford in Kalifornien wörtlich genommen. Die klugen Köpfe haben ausgerechnet, was das so genannte Ökosystem wert sei, und sind dabei auf die erstaunliche Summe von 33 Trilliarden Dollar gekommen. Das bedeutet zum Beispiel, dass eine Quadratmeile Ozean mit 60 000 Dollar zu Buche schlägt.[8] Man muss natürlich solchen offenbaren Unsinn nicht ernst nehmen, nur ist er eben außerordentlich wirkmächtig und repräsentiert die ‚ökonomische Vernunft', die sich machtvoll Geltung verschafft.

Diese daseinslosen Geldwerte verfügen trotz oder gerade wegen ihrer Leere über die Macht, die Wirklichkeit in sich einzusaugen und sich höchst wirksam an deren Stelle zu setzen. Es bedarf aller Anstrengung des widerborstigen Gedankens, um sich von dieser Logik mit ihren tödlichen Folgen nicht ganz und gar irremachen zu lassen.

Vom Arbeiter zum Unternehmer

Nur in der Logik des Geldes konnte die Arbeit zu dem werden, was sie heute – noch! – ist, zur Ware. Allerdings stellen wir jetzt fest, dass sie noch weiter herunterkommen kann. Ihre Warenförmigkeit ist noch nicht das Endstadium ihrer Verunstaltung: Der Techniker, der meine Telefonanlage reparierte, ist schon nicht mehr nur ein Arbeitnehmer, der seine Arbeitskraft einem Unternehmer gegen einen schäbigen Gegenwert verkauft. Er gehört bereits dem neuen Typus des „Arbeitskraft-Unternehmers“ an. Der Arbeitskraft-Unternehmer darf sich schmeicheln, zur Unternehmerkaste zu gehören. Er ist Unternehmer seiner selbst. Ihm wird Autonomie versprochen, und er glaubt, was er glauben soll, dass er sein Arbeitsschicksal ganz in die eigene Hand nehmen könne. Was sind aber die wirklichen Beweggründe derer, die eine so genannte Existenzgründung versuchen (obwohl sie, genau genommen, natürlich auch vor ihrer Existenzgründung schon existieren, aber offenbar auf eine gesellschaftlich nicht anerkannte Weise)? Wie verfallen sie darauf, Unternehmer zu werden und sich ‚selbstständig‘ zu machen?

Nun, die nahe liegendste Antwort wäre: aus Unternehmungslust, aus Freiheits- oder Unabhängigkeitsdrang, aus Risikofreude oder um ihre Chance auf dem Markt der Möglichkeiten nicht ungenutzt zu lassen. Es mag wohl die Eine oder den Anderen geben, für die diese Beweggründe zutreffen, insbesondere dann, wenn sie aus gesicherten Verhältnissen aufbrechen, ausgestattet vielleicht mit einem soliden Startkapital, mit einer Top-Ausbildung und unternehmerischem Enthusiasmus sowie einer Prise Skrupellosigkeit gegenüber den möglichen gesellschaftlichen und ökologischen Folgen ihrer Unternehmungen.

Aber das Gros derjenigen, die heute zu Unternehmern ihrer Arbeitskraft werden, hat andere Beweggründe. Sie antizipieren ihre Verüberflüssigung, ihr Ausgeschieden-Werden aus dem Arbeitsprozess. Oder aber sie sind bereits für überzählig erklärt worden und müssen nun aus eigener Anstrengung das Gegenteil beweisen. Sie müssen attraktiv werden für diejenigen, die sie als Arbeitnehmer nicht mehr brauchen konnten. Sie müssen selbst herausfinden, wie sie ihre Brauchbarkeit auf eigene Rechnung wieder herstellen können. Ihnen wird Eigenverantwortung, wie es heißt, zugemutet. Sie müssen dem Eroberungszug der Maschinenwelt immer eine Nasenlänge voraus sein und herausfinden, wo die immer spärlicher werdenden Aufgaben, die noch nicht von Maschinen bewältigt werden können, zu finden sind. Aber dank der Innovationen, die allenthalben gefordert werden, werden immer mehr genuin menschliche Tätigkeiten von diesen störanfälligen Arbeitskräften abgezogen. Und so gibt es einen Wettlauf zwischen dem um seine Verwendungsfähigkeit kämpfenden Menschenwesen und dem immer schneller Terrain gewinnenden Maschinenwesen.

‚Ick bün all hier', das ist die tägliche Botschaft des Apparats an Menschen, die sich des Tauschwertes ihres Arbeitsvermögens gestern noch einigermaßen sicher sein konnten. Die Maschine ist effizienzüberlegen und hat gesiegt. Dass sie auch nicht umsonst arbeitet, sondern einen unersättlichen Energiebedarf hat und uns die Luft zum Atmen und das Wasser gegen den Durst streitig macht, wird dabei als ‚Kollateralschaden' angesehen.

Die nun zur ‚Verantwortlichkeit' berufenen ‚Arbeitskraft-Unternehmer' werden in die unablässige Selbstoptimierung hineingenötigt, um ihr Daseinsrecht zu behaupten, das heißt ihrer Überflüssigkeit zu entgehen. Was noch nicht allzu lange her von Seiten der Sozialwissenschaften als entfremdete Lohnarbeit im Dienste eines von ihr profitierenden, den Mehrwert abschöpfenden Unternehmers angeprangert wurde, erscheint heute derselben Soziologenzunft als eine soziale Hängematte, in der sich die Arbeitnehmer, versehen mit tariflich verbrieften Sicherheiten und Garantien, allzu behaglich eingerichtet haben. In diesen nun für kontraproduktiv erklärten Arbeitsverhältnissen bleiben, bedingt durch die Errungenschaften der Arbeiterbewegung, an den Unternehmern zu viel Fürsorgepflichten hängen, die sie in ihrem Konkurrenzkampf auf dem Weltmarkt ins Hintertreffen bringen. Diese Fürsorgepflichten werden nüchtern unter dem Stichwort ‚Lohnnebenkosten' abgehandelt.

Und so wird nun die Selbstsorge zum Leitmotiv der neuen Erwerbspersonen. Jeder soll seines Glückes Schmied sein und darin neue Möglichkeiten der Gestaltungsfreiheit und der Erweiterung von Handlungsspielräumen wittern. Der Übergang wird beschrieben als einer vom alten Typus des *Arbeitnehmers* zum neuen, den modernen Verhältnissen angepassten Typus des *Arbeitskraft-Unternehmers.*[9] Und tatsächlich firmiert dieser Übergang unter dem Begriff der „Autonomisierung" und „Subjektivierung" von Arbeit.

Hier wird nun dem Autonomie-Begriff wirklich Gewalt angetan und diejenigen, die mit der Verheißung von Autonomie ermuntert werden sollen, werden betrogen. Wer ‚autonom' handelt, der handelt in eigenem Namen. Aber genau das ist den ‚Arbeitskraft-Unternehmern‘ verwehrt. Dass hier der schöne Schein bemüht wird, geben sogar die Befürworter der neuen Arbeitsformen unumwunden zu. Ich lese: „Es geht dabei nicht um wirklich neue ‚Freiheiten‘ für die Betroffenen, in einem emphatischen Sinn ..., sondern um betrieblich bewusst eingeräumte Gestaltungsspielräume, die im Interesse der Unternehmen genutzt werden sollen, mit meist ... klaren Grenzen und bei erheblich steigendem Leistungsdruck. Trotzdem sind das Ausmaß und die Qualität der neuen Möglichkeiten nicht selten erstaunlich. Ziel der Betriebe ist zum einen die Reduktion der Kosten; vor allem aber ist das Ziel eine erweiterte Innovativität und Flexibilität der Mitarbeiter, also eine steigende Leistungsqualität.“ [10]

Nun, was ist hier über die Autonomie des neuen Erwerbstätigen gesagt? Dass sich daraus für ihn ein erheblich gestiegener Leistungsdruck ergibt, nicht ein Ansporn, der aus eigenen Zielsetzungen kommt, nicht die Mühe und Anstrengung, die man auf sich nimmt, um einer guten Sache zum Gelingen zu verhelfen. Autonomie heißt hier, dass ich mich mit Haut und Haaren fremder Zielsetzung verschreibe. Was aber ist die fremde Zielsetzung? Dass ich weniger Kosten verursache und dass ich immer verfügbarer werde. Daran soll ich mit Handlungsspielraum tatkräftig mitwirken. Früher wurden die Arbeiter wenigstens noch ausgebeutet, heute müssen sie auch das noch selber machen. Ich fühle mich an einen Satz von Günther Anders erinnert, der mich vor Jahren wie ein Keulenschlag getroffen hat. „Die zum Tode Verurteilten“, schreibt Anders, „konnten frei entscheiden, ob sie bei ihrer letzten Mahlzeit die Bohnen lieber süß-sauer oder salzig zubereitet haben wollten.“ Das ist die Art von Freiheit, die sich in diesem Zusammenhang den Begriff der Autonomie ausgeliehen hat.

„Seid Subjekte, lautet der neue Befehl, der in den westlichen Gesellschaften allenthalben ertönt ...“[11] – aber nur, so muss man hinzufügen, damit ihr als ganze Person in Dienst gestellt werden könnt. Die ganze Person soll ‚ihren Horizont auf den des Betriebes reduzieren‘. „Die Subjektivität, die sich in diesem Rahmen entwickelt, ist das Gegenteil einer freien Subjektivität ... Es bleibt hier kein physischer oder psychischer Raum, der nicht durch die Unternehmenslogik besetzt wäre ...“[12] Und diese Unternehmenslogik ist zu allem Überfluss inhaltsleer, so dass, wer ihr Folge leistet, noch nicht einmal sagen kann, ob er dafür oder dagegen ist, ob er *contre coeur* oder im Einverständnis mit den fremden Zielen, die ihm aufgenötigt sind, handelt. Ich kann gegen Waffenproduktion oder Atomkraft sein, aber nicht gegen Wachstum und Innovation, und genau darauf werden die neuen Erwerbstätigen ja verpflichtet.

Was also gehört zu den Obliegenheiten des neuen Typus des Arbeitskraft-Unternehmers? Ich lasse mich wieder bei meinen Kollegen von der Soziologie belehren: „Sie müssen zunehmend ihre Fähigkeiten und Leistungen ... zweckgerichtet und kostenbewusst aktiv herstellen ... Zum anderen müssen sie ihre Fähigkeiten und Leistungen zunehmend auf betrieblichen und überbetrieblichen Märkten für Arbeit aktiv vermarkten. Konkret: Sie müssen sicherstellen, dass ihre Fähigkeiten und Leistungen gebraucht, gekauft und effektiv genutzt werden." Und weiter: „Nur wer seine Fähigkeiten kontinuierlich anpasst" und dafür sorgt, dass sie vom Betrieb „profitabel genutzt werden können (und dafür sorgt, dass man das auch sieht), nur der hat in neuen Systemen eine Chance."

Aber es geht nicht nur um den Erwerbstätigen selbst, die Familie und das soziale Umfeld wird mit in Haft genommen: „Nur wer als Mitglied einer dynamischen Projektgruppe in der Lage ist, seinen gesamten Alltag flexibel und gut organisiert auf die Erfordernisse des Teamprozesses auszurichten, kann hier noch mithalten. Wer etwa während einer Stressphase auf feste Arbeits- und Urlaubszeiten pocht, wird nicht lange bleiben. Arbeitszeiten (und alles andere auch) müssen geschickt nicht nur mit den Kollegen, sondern auch mit der Familie und den Freunden koordiniert werden. Und während des Projektes muss immer schon der nächste Auftrag ... und vielleicht sogar ein neuer Job vorbereitet werden."[13] Das heißt: Wir können nur den brauchen, der sein Leben fest im Griff hat. Das Leben im Griff haben bedeutet darüber hinaus, für seine Gesundheit ‚eigenverantwortlich' Sorge zu tragen, denn Krankheit kann sich der Arbeitskraft-Unternehmer ebenso wenig leisten wie den gebuchten Urlaub. Wer in der Stressphase durch Krankheit ausfällt, hat zu erkennen gegeben, dass er den Belastungen nicht gewachsen und folglich unzuverlässig ist. Er steht also unter Gesundheitspflicht, und das, obwohl die strikteste Selbstdisziplinierung und Selbstausbeutung, die er sich auferlegen muss, nicht sehr gesundheitsförderlich ist.

Und noch einmal: das alles nicht im Dienste eigener Zielsetzungen, sondern solcher Ziele, die seine Selbstschädigung, Schaden für die Gattung und für die zukünftigen Generationen nicht nur billigend in Kauf nehmen, sondern programmatisch verfolgen.

Unser neuer Unternehmer muss also viel mehr zu Markte tragen als seine Arbeitskraft, nämlich sich selbst mit Haut und Haar inklusive seiner Familie und allem, was sein ist. Er ist sein eigener Herr, nur zwei Vorgaben stehen eisern fest: das Ziel, das ihm gesetzt ist, und der Zeitpunkt, zu dem das makellose Resultat seiner unternehmerischen Bemühungen vorzuliegen hat. „Wie Sie das machen, interessiert uns nicht." Und so wird ihm die volle Verantwortung angedreht für die Markttauglichkeit seiner Offerte. Er muss sich auf dem Laufenden halten, sein Angebot den Erfordernissen des Marktes mit seismographischem Spürsinn anpassen, er muss sein eigener Zeitmanager sein und seine Gesundheit stabil halten, er muss seine vollkommene Mobilität gewährleisten und seine Familie bei Laune halten, er muss sein ganzes Leben in den Dienst der pünktlich zu erledigenden Aufgabe stellen, mit seinen Ersparnissen die Zeiten schlechter Auftragslage überbrücken und für sein Alter vorsorgen. Wer dies Metier perfekt beherrscht, kann sogar mit ansehnlicher Entlohnung rechnen. „Viele genießen zunächst die ... Rolle des *high performer,* vor allem in jungen Jahren macht die Probe auf die eigene Belastbarkeit noch Spaß. Auch wer allmählich ahnt, dass das Tempo der ersten Berufsjahre nicht durchzuhalten ist, mutet sich und den nahe stehenden Menschen den Verzicht auf freie Zeit in der Hoffnung zu, irgendwann werde die Balance gelingen. Gefangen im Selbstbild des Könners, fühlt man sich lange als ‚Herr der Lage', verdrängt Zeitdruck und Stress wie eine peinliche Krankheit, aber schon in mittleren Jahren wächst die Angst ..."[14]

Aber damit nicht genug. Es gehört zu den Pflichten des solchermaßen an seine Leistungsgrenze Gezwungenen, auch noch ein guter Konsument zu sein. Denn was wäre das Wachstum, der unablässig gesteigerte Ausstoß von Waren und Dienstleistungen ohne den fordernden und unersättlichen Konsumenten und dessen Kaufkraft. Dem neuen Arbeitskraft-Unternehmer in seiner prekären Lage ist recht eigentlich Bescheidenheit als Ausweg aus seiner Misere nicht gestattet, obwohl er doch nur mit einer Verminderung seines Geldbedarfs seine zeitliche und kräftemäßige Überlastung reduzieren könnte. Aber unter der Wachstumsforderung ist nur ein üppig konsumierender

Bürger ein guter Bürger. Ein deutlich gesenktes Konsumniveau, etwa in der Automarke, mit der er seinen Status signalisiert, würde wiederum seine Chance auf dem Markt enorm verringern, zu sehr wäre er vom Hauch des Scheiterns umweht. Er sitzt also in jeder Hinsicht in der Falle.

Vom Glanz und der Autonomie des neuen Kleinstunternehmers ist wenig übrig. Und die Verantwortung, die ihm da angedient wird, ist ein Fluch und eine Illusion zugleich. Er soll verantworten, was er nicht entscheiden kann, und entscheiden, was nicht in seiner Verfügung ist. Ich kann den neuen Typus des Erwerbstätigen betrachten, wie ich will, ich sehe ihn immer nur in der Falle zappeln, während ihm gleichzeitig bedeutet wird, er solle sich im aufrechten Gang üben, denn das sei, was man von ihm erwarte.

Das alles ist wahrlich Grund genug, in Lafargues Verdikt über die Arbeit einzustimmen. Aber die Konsequenz, die er daraus zieht, nämlich ein „Recht auf Faulheit“ zu proklamieren, will ich nicht mitvollziehen. Faulheit können wir uns ja heute nur als das Komplement zur Arbeit vorstellen, als ein vollkommen erschöpftes Nichtstun. Aber daraus entsprießen dem Menschen keine Kräfte, Kräfte wachsen ihm vielmehr aus dem Tun, aus dem Tätigsein zu. Schon Goethe wusste, dass die reife Persönlichkeit aus dem „tätigen Weltumgang“ erwächst, und George Steiner ahnt, dass uns ohne diesen tätigen Weltumgang buchstäblich das Lachen vergeht, denn der Augenblick des großen Lachens entspringe aus überstandener Mühsal und aus dem Gelingen einer selbstgesetzten Aufgabe zum eigenen Nutzen und zum Wohle anderer.

II Lebensphasen unter dem Zwang des Konsums

Soziale und technische Errungenschaften können wir uns unter dem Regime des Konsumismus nur vorstellen als eine ununterbrochene Erweiterung und Diversifizierung der Angebotspalette, auf die die Mitglieder der Gesellschaft zugreifen können. Der Sozialstaat bewährt sich daran, dass immer mehr Menschen in immer größerem Umfang teilhaben an der staatlichen Daseinsfürsorge. Unser Wohlleben bemessen wir daran, wie viel wir von der großen Menge der Produkte, die die Güter- und Dienstleistungsindustrie ausspuckt, abkriegen. Und unsere Freiheit kommt zum Ziel, wenn wir aus dem Angebot aussuchen können, wonach uns der Sinn steht. Damit alle zufriedengestellt werden, werden die Offerten immer genauer zugeschnitten auf jeweilige Lebenslagen. Und so werden auch für die Lebensphasen spezielle Versorgungspakete geschnürt, die deren Bedürfnissen präzis entsprechen. Wie ja überhaupt die Bedürfnisse der Menschen als diejenige Instanz gelten, die der Waren- und Dienstleistungsproduktion ihre Aufträge erteilt. Was die Menschen brauchen, das sollen sie nach Möglichkeit kriegen. Kinder zum Beispiel – und ihre Eltern – brauchen Kindergärten. Familien brauchen Entlastung, Jungendliche brauchen Förderung und Unterhaltung, Alte brauchen erst Bewegung und später Pflege und Sterbende brauchen einen guten Ort, um zu sterben.

Wie nun aber, wenn es ganz anders ist?

- *Wenn eine Gesellschaft, die für ihre Kinder flächendeckend Kindergärten bereitstellt, kinderfeindlich und nicht kinderfreundlich ist.*
- *Wenn Familien nicht gefördert, sondern zerschlagen werden durch die Entlastung, die sie erfahren.*
- *Wenn Sterbeorte nicht Orte zum Sterben sind, sondern zum Gestorben-Werden.*
- *Wenn Generationen nicht mehr kommen und gehen, sondern durch Waren und Marken hergestellt und zusammengeschweißt werden?*

Generationen kommen und gehen

Im berühmten 11. Buch seiner *Confessiones* sinniert Augustinus über die Zeit: „Was ist also ‚Zeit'? Wenn mich niemand danach fragt, weiß ich es; will ich einem Fragenden es erklären, weiß ich es nicht."[1] So geht es mir mit dem Thema ‚Generationen'. Der Gegenstand, der so prall gesättigt von Erfahrung, so lebensvoll erschien, solange ich ihm keine besondere Aufmerksamkeit schenkte, verflüchtigte sich, wurde fadenscheinig, nebulös, als ich ihn genauer ins Auge zu fassen versuchte. Ja, es zeigt sich, dass diesem Begriff, mit dem so leicht und so erklärungskräftig zu hantieren ist, kein Gegenstand entspricht. Nichts, worauf ich zeigen könnte, um die Existenz des Bezeichneten zu demonstrieren: ‚Schau dort; eine Generation!' Das ist an sich nicht verwunderlich, denn alle Abstrakta sind von dieser Art. Nur, wenn ich von der ‚Generation' spreche, dann spreche ich in der Regel von einem handelnden Subjekt, die Generation tut dies und das, sie setzt etwas ins Werk, sie macht benennbare Erfahrungen und Fortschritte, sie bringt einen besonderen Geist, ihren Zeitgeist, hervor, sie lädt Schuld auf sich, sie gerät in Konflikt mit anderen Generationen, ihr stößt manches zu. Wer so aktiv ist, so geschichtsmächtig, der sollte doch *da* sein, an Ort und Stelle. Tatsächlich aber stelle ich betreten fest, der Akteur ist ein Phantom, ein Schwindel, ein Gespenst, unauffindbar, nicht dingfest zu machen. Das ist befremdlich. Warum betrügen wir uns mit der Unterstellung der Vorhandenheit von etwas, das es so offensichtlich nicht gibt? Wem und wozu nützt das Phantom? Seit wann geistert es herum, wie wurde es heraufbeschworen?

Früher bezeichnete das Wort ‚Generation' die Lebensalter, und es wurde darin zum Ausdruck gebracht, dass eines aus dem anderen durch Zeugung und Geborenwerden *(genere)* hervorgehe. Man bestimmte die Dauer einer Generation, um die Zeit nach Maßgabe der Lebensalter zu gliedern. Man durchwanderte sein Leben im Rhythmus der Generationenfolge und konnte mit der eigenen Lebensspanne an drei, äußerstenfalls vier Generationen teilhaben: Schon bei Homer verdankt Nestor seine Weisheit im Rat-Geben dem Umstand, dass er zwei Generationen sterblicher Menschen vergehen sah und nun einer dritten beiwohnte. Und Herodot unternimmt einen Versuch der geschichtlichen Periodisierung, wenn er auf ein Jahrhundert drei Menschenalter entfallen sieht.[2] Daran hat sich nicht viel geändert; auch heute meinen wir den Zeitraum von ungefähr 30 Jahren, wenn wir die Dauer einer Generation bezeichnen wollen. Es ist der Zeitraum, den die Weltneulinge erfahrungsgemäß durchschreiten müssen, ehe sie sich zutrauen können, das Heft in die Hand zu nehmen, sich in die Geschäfte der amtierenden Generation einzumischen – sie ihnen gar streitig zu machen – und ihrerseits neue Menschen in die Welt zu setzen. Kaum verwunderlich, dass die Dauer einer Generation an den Lebensrhythmen und Geschäftsgängen der Männer abgelesen wurde. Frauen wechselten in erheblich jüngerem Alter von einer Generation in die andere.

An all dem ist nichts Gespenstisches oder Phantomhaftes. Die Generationen hatten in den familiären Dramen von Angesicht zu Angesicht miteinander zu schaffen, sie waren einander segensreich oder wurden sich gegenseitig zum Fluch, sie förderten und hemmten wechselseitig ihren Tatendrang; die Passagen von einer Generation in die nächste, vom Wartestand in den ‚Vorstand' und schließlich in den Ruhestand waren dramatische Zäsuren in den Lebensgeschichten und Belastungsproben im Generationenverhältnis. Wir finden diese von Aufbruch und Abstieg, von Werden und Vergehen, von Inauguration und Abdankung geprägte Abfolge der Lebensalter in vielerlei Gestalt an den großen, dem Fortuna-Rad gleichenden Fensterrosen der romanischen und frühgotischen Kathedralen, mit der links auf dem rotierend gedachten Rad aufsteigenden Figur: „*regnabo,* ich werde herrschen", der auf dem höchsten Punkt thronenden Figur: „*regno,* ich herrsche", der sich anklammernden, abstürzenden Figur: „*regnavi,* ich habe geherrscht" und der unter dem Rad zermalmten Figur: „*sum sine regno,* ich bin ohne Herrschaft".

Heute haben wir es jedoch vorwiegend mit einem anderen Generationen-Begriff zu tun, wiewohl die alte Bedeutung nebenher immer auch noch in Geltung ist. Generationen kommen in dieser neuen Bedeutung nicht mehr durch Geburt zur Welt, sondern durch Diagnose, sie werden ernannt, durch Dekret zusammengeschmiedet, zur Einheitlichkeit und Gemeinsamkeit ihres Weltverhältnisses verurteilt. Die Generation ist eine Kopfgeburt sozialwissenschaftlicher Experten, und was bei dieser Geburt zum Vorschein kommt, ist im Wortsinn ein Wechselbalg. Nach „germanischem Volksglauben stehlen Zwerge oder Geister neugeborene Menschenkinder und tauschen sie gegen ihre eigenen hässlichen" Kreaturen, eben die Wechselbälger, aus.[3]

Was geht heute bei dieser böswilligen Vertauschung vor? An die Stelle der wirklichen, leibhaftigen, geburtlichen Menschenkinder treten entkörperte, ihres unverwechselbaren Gesichtes und ihrer Leiblichkeit beraubte, aller Besonderheit entkleidete, klapperdürre Figuren, bei denen jede Ähnlichkeit mit leibhaftigen Individuen als ein Konstruktionsfehler zu gelten hätte. Denn nur in dieser vollkommenen Abstraktion und Leere sind sie empfänglich und aufnahmebereit für jene ‚Identität', die ihnen verpasst wird, um sie zu Repräsentanten einer qua Diagnose hergestellten Generation zu machen. Um den Repräsentationszwecken zu genügen, werden sie repräsentabel ausstaffiert mit identitätsstiftenden Requisiten und Attributen und aufgepolstert mit Kennungen und Signaturen, zuguterletzt in eine kleidsame Uniform gesteckt, und dann *haben* sie eine Identität, will sagen, sie gleichen einander aufs Haar, sie sind Exemplare *einer* Art, sie sind auf den Begriff gebracht, sie fristen ihr Dasein als Merkmalsträger, sie bevölkern die Statistiken und tanzen ganz bereitwillig nach der Pfeife ihrer Erzeuger. Sie *erscheinen* als *Generation*.

Aber blutleer, leib- und seelenlos, unwirklich und gespenstisch, wie es ist, ist dieses Scheinwesen begierig, wirklich zu werden, um wirksam werden zu können. Statistische Konstrukte, diagnostisch hergestellte Tatsachen haben etwas Blutsaugerisches, Vampirhaftes; sie müssen sich leibhaftiger Menschen bemächtigen, um ihre Wirksamkeit entfalten zu können.

Also: Erst ist das Konstrukt da, das Design einer ‚Generation', und dieses Artefakt wird dann unvergleichlichen Menschen, die zunächst nichts als ihr Alter gemeinsam haben, buchstäblich ‚angedichtet'; in dem doppelten Sinn des falschen Zeugnisses und der übergroßen Nähe. Das Konstrukt wird auf lebendige, konkrete Einzelwesen ‚gemünzt', ihnen auf den Leib geschrieben, so dass sie es nicht leicht abschütteln können, seiner Prägekraft kaum standhalten, bis ihnen diese Aufschrift schließlich wie eine zweite Haut vorkommt, ein *Justaucorps,* das ihnen Halt und Haltung zu geben verspricht. Was ihnen verpasst wurde, mag sie dann ganz passend dünken, sie mögen sich sogar ‚identifizieren' mit dem, womit sie infiziert wurden. Danach gilt der mathematische Satz: Sind zwei Größen einer dritten gleich, so sind sie auch untereinander gleich. Die Individuen sind, gleichgeschaltet, statistisch verwertbar. Die Kenntlichkeit und Einhelligkeit einer Generation ist scheinbar real. Es werden in einem Akt der Kolonisierung, der Gemeinmachung, der die unverwechselbaren Gesichtszüge der Personen wegretuschiert, ‚gesichtslose Gesichter', Vakuum-Gesichter[4] aus ihnen gemacht; es wird ein Wir-Gefühl erzeugt, und aus dem kolonisierten ‚Wir' mag dann ein kolonisierendes ‚Wir' sich herausbilden, das selbstbewusst mit dem Anspruch auftritt, der Generalrepräsentant einer Epoche zu sein. Unversehens mögen sich leibhaftige Individuen so fühlen, wie sie angeblich sind. Sie mögen lernen, abzusehen von allem, was nicht ins Bild passt. Sie deuten vielleicht teils eitel, teils resigniert den Oktroy als inneren Drang und geben ihm einen Ausdruck, den sie mit Selbstausdruck verwechseln. Und so entstehen die Ausdrucksformen, die die Diagnose bestätigen: Eine ‚Generation' meldet sich auf eine für sie typische Weise zu Wort. Sie betritt ihre Bühne. Voilà.

Aber ist das nicht eine mutwillige Verdrehung von Ursache und Wirkung? Es gibt sie doch, die gemeinsamen Erfahrungen, die prägenden Ereignisse, die Erschütterungen und Verwerfungen, die Existenzbeben, die Kontinuitätsbrüche in den Ideen- und Vorstellungswelten, die die Gleichzeitigen miteinander teilen. Es gibt doch dieses von allen gespürte Wanken des Lebensgefüges und die Anstrengung, es neu zu justieren. Es gibt doch eine Art „Familienähnlichkeit"[5] der Gleichaltrigen, das ‚Gesicht' einer Epoche, die Gemeinsamkeit der ‚Anschauung', also dessen, was die Zeitgleichen gleichermaßen zu Gesicht bekommen. Es gibt den markanten Unterschied zur Vorgängergeneration und den zur nachkommenden Generation. Gewiss. Auf eine bestimmte und begrenzte Weise sind Generationen Schicksalsgemeinschaften und die ihr Angehörenden werden durch diese Gemeinsamkeit gezeichnet.

Schaue ich mir aber die ‚Generationenfolge', die im 20. Jahrhundert Karriere gemacht hat, in ihrer jeweiligen Typik und Bestimmung an, so gibt mir das zu denken. Mit dem Ende des Ersten Weltkriegs betritt die erste ‚Kriegsgeneration' die Bühne. Sie wird bald abgelöst von einer zweiten. Eine ‚Nachkriegsgeneration' wird dann erst nach dem Zweiten Weltkrieg identifiziert. Mit zu kurz geratenem Abstand tritt die ‚68er Generation' auf, gefolgt von der ‚Generation Golf'; und heute verliert sich die Bestimmung des Generationentypischen ins Unbestimmte: Die ‚Generation X' ist aufgetaucht.

Es ist doch beeindruckend, wie sich kaum merklich der Charakter der Generationensignatur ändert. Die *Kriegsgeneration* wird als Schicksalsgemeinschaft zusammengeschlossen, womit übrigens die Schuldfrage bis auf weiteres dispensiert ist. Präziser wäre es, von einer Schicksals*kohorte* zu sprechen, denn die Zwangsverbrüderten sind einander fremd, unverbunden, Monaden im dekretierten Kollektiv. Die *Nachkriegsgeneration* steht unter dem Stern des Wirtschaftswunders, sie ist eine Aufbaukohorte, die ihre diesbezüglich lustloseren Erben im Schlepptau führt: die ‚skeptische Generation'. Die 68er Generation ist diejenige der frustrierten Rebellen, die – gescheitert – reumütig in der verfemten Gesellschaft wieder untergekrochen sind und dafür mit Aufstieg belohnt wurden. Und ab den achtziger Jahren wird darauf verzichtet, die Generationenkennung überhaupt an das Tun und Erleiden, an Erfahrung und Wirksamkeit zeitgleich geborener Menschen zu heften. Generationenbildend werden sie als Konsumenten von industriellen Produkten. Ihre Gemeinsamkeit, das, was sie als Repräsentanten einer Generation charakterisiert, wird recht eigentlich nicht mehr ihnen zugeschrieben, sondern den Dingen, den marktgängigen Waren, mit denen das Gros der Zeitgenossen sein Leben ausstaffiert: Die ‚Generation Golf' ist kreiert, ein Kleinwagen aus dem Hause VW wird epochemachend.

Das ist ein entscheidender Schritt, eine buchstäbliche Umstülpung der Denkgewohnheit. Nicht weniger ist darin eingestanden, als dass die Menschen als Subjekte[6] der Geschichte marginalisiert wurden. Als Akteure in den Schatten gestellt, auf die Bediener-, Benutzer- und Konsumentenrolle fixiert, gehen sie am Gängelband ihrer industriellen Produkte, das technische Gerät dirigiert den Zeitgeist. Die Menschen werden ‚gebildet' durch ihre Geräte, ihre Apparate, ihre Medien und werden, was sie sind, durch den Umgang mit ihnen. „Sage mir, *womit* (nicht mit wem) du umgehst, und ich sage dir, wer du bist."

Alterskohorten sind vereinheitlicht dadurch, dass die ihnen Zugehörigen die Produkte ihrer siegreichen Produkte sind. Generationen vom Schlage der ‚Golf-Generation' sind folglich beliebig vermehrbar, jedes denkbare Produkt, solange es hinreichend ‚trendy' ist, kann eine Generation hervorbringen.

So realistisch es sein mag, dass der Umgang, den sie haben, nicht spurlos an den Menschen vorübergeht, sondern ihre Weltsicht und ihr Weltverhältnis nachhaltig prägt, und so richtig es ist, dass heutige Menschen mehr Zeit in Mensch-Maschine-Gespannen verbringen als sonstwo; so wenig davon abgesehen werden kann, dass ihr Weltbild immer weniger ihrer staunenden An-Schauung entspringt als vielmehr den stereotypen Bildern der Welt, die ihnen präsentiert oder vorgegaukelt werden, so gilt doch auch hier, dass der diagnostische Blick nur das an ihnen zu sehen bekommt, worauf er es abgesehen hat. Die Charakterisierung ist immer ein Attentat auf die Charaktere.

Nachdem einmal die Zeitgenossen als Produkte ihrer Produkte dingfest gemacht wurden, bedarf es nur noch eines kleinen Schrittes, um sie ganz aus der Generationenfolge hinauszukatapultieren und den Generationenwandel den Geräten aufzutragen, die ihn ungleich beschleunigter zuwege bringen und die die Adaption ihrer Bediener und Benutzer an ihre Systemerfordernisse wirksamer und verlässlicher erzwingen können als jede expertokratische Diagnose. Nun ist also offenkundig, dass die Technostruktur Geschichte macht und die Menschen antiquiert sind durch und durch. Schrittweise wurden sie in der diagnostizierten Generationenfolge entmachtet, bis sie schließlich als ersetzbar gelten können.

Anders die ‚Generation X'[7], sie meldet sich in einer Selbstkundgabe zu Wort und verweigert sich, indem sie sich zur Unbekannten in der Gleichung deklariert, ihrer kategorialen Erfassung. Ihr Element ist das Bunte, Schillernde, das Phantastische, die Erzählfreude, der spöttische Witz, die Gelassenheit. Fraglich nur, ob nicht, indem sie als Unbekannte der Gleichung figuriert, die Rechnung mit ihr doch aufgeht. Ein Typus, dem das Typische abgeht, ist ein Unding. Man kann wohl nicht ‚Generation' (im modernen Sinn des Wortes) und zugleich ‚X' (unbekannt) sein. Tatsächlich wurde ihr Inkognito bald gelüftet. Die Generation X hält der Definitionswut der Generationenerfinder nicht stand. Als „Kinder der Freiheit"[8] wurden sie hierzulande auf den Begriff gebracht und in anbiedernder Manier beklatscht. Ihr Markenzeichen, so ist zu lesen, ist das Spaßbegehren, das von den Claqueuren zur Basisopposition hochgejubelt wird. Ihre Abstinenz in allen politischen Fragen wird ihnen als widerständige Anti-Politik ausgelegt. Sie werden doppelt festgestellt durch Definition und durch einen Applaus, mit dem sich die Diagnostiker, ihrer Generosität wegen, selbst akklamieren.

Was also macht das Konzept der Generationen so verführerisch, worin liegt seine Anziehungskraft und Plausibilität? Es kann Macht damit ausgeübt werden, Definitionsmacht, diagnostische Macht. Es schafft scheinbar Übersicht in verwirrenden Verhältnissen. Es gewährt die Illusion von Erklärung, denn Wirkungen lassen sich mit seiner Hilfe auf vermeintliche Ursachen zurückführen. Vor allem aber ist es ein Konzept, mit dem *Gleichschaltung* auf eine elegante, will sagen unkenntliche, unauffällige, diskrete Weise bewerkstelligt werden kann, und Gleichschaltung, das heißt Berechenbarkeit, Erwartbarkeit, störungsfreies Funktionieren, perfekte Wiederholbarkeit, die Ausmerzung des Besonderen und der Überraschung, ist die Bedingung eines Weltverhältnisses, das die Geschichte zum programmierbaren Rohstoff machen will. Im Generationenkonzept tritt die Gleichschaltung in dreierlei Gestalt zutage.

Sie zeigt sich in der Vereinheitlichung der zu Generations-Repräsentanten begradigten Individuen. Das Prinzip ‚Uniform' wird gegen das Prinzip ‚Unikat' durchgesetzt. Damit ist verbunden eine Gleichschaltung des Geschichtsbewusstseins: die nachträgliche „Sinngebung des Sinnlosen" (Theodor Lessing), die den Gang der Entwicklung als einzig möglichen und darum richtigen erscheinen lässt. Schließlich löscht das Generationenkonstrukt die Vergangenheit aus. Während im alten Sinn des Wortes ‚Generation' in die Tiefe der Zeit führte, und einem jeden Individuum seinen Ort anwies in der endlosen Abfolge der Geschlechter, ihm *seine* Vergangenheit und *seine* Zukunft gab, ist die kopfgeborene Generation scheinbar herkunftslos, ad hoc. Sie ist aus dem Nichts aufrufbar und jederzeit abrufbar. Man kann sie in einem Akt der Mobilmachung aktivieren und umstandslos wieder außer Kraft setzen. Generationen sind so modisch wie die Moden, mit denen sie liiert werden, sie haben ihre aus der Tiefe der Zeit kommende Vorbestimmung abgeschüttelt.

Die ‚Generation' ist ein Konstrukt, das einen Raum „relativer Homogenität schafft, indem differenzierende und potenziell spaltende Merkmale unterdrückt oder geschwächt und diskriminiert werden."[9] Es dient dazu, den Anderen als Antlitz auszulöschen. Es zwingt die Einzigartigkeit und Verschiedenheit des Anderen unter die Herrschaft des verstehenden, kategorisierenden Selbst. „Erkenntnis besteht darin, das Individuum, das als einziges existiert, nicht in seiner Singularität, die nicht zählt, zu nehmen, sondern in seiner Allgemeinheit, von der allein es Wissenschaft gibt. Und hier ist der Anfang jeglicher Macht."[10]

Dem Wesen der modernen Generation kommt man vielleicht am ehesten auf die Spur, wenn man den *Repräsentanten* einer Generation mit dem *Zeitzeugen* einer Epoche vergleicht. Während der Zeitzeuge Resonanz nur hat, wenn ich *mit* ihm spreche, tritt der Generationenrepräsentant dadurch ins Bild, dass *über* ihn gesprochen wird. Über wen ich spreche, über den kann ich verfügen. Mit wem ich spreche, dem habe ich mich ausgesetzt. Er wird sich nicht fügen. Im Angesicht seiner stehe ich selbst auf dem Spiel. ‚Du sollst dir kein Bildnis machen!'

Kinder brauchen Kindergärten

Manchmal plagt mich die Vorstellung, die Noch-nicht-zur-Welt-Gekommenen könnten, von uns unbemerkt, mithören, wenn über sie gesprochen wird. Ich fürchte, sie würden dann davon Abstand nehmen, sich bei uns einzufinden, und es vorziehen zu bleiben, wo sie sind, im Zustand der Ungeborenheit. Sie würden nämlich hören, dass sie zuallererst Gegenstand eines wirtschaftlichen Kalküls sind und zu der Frage Anlass geben, ob sie sich auszahlen. Sie würden lernen, dass es eine unvermeidliche Begleiterscheinung ihrer irdischen Existenz ist, dass sie Kosten verursachen. Diese Kostspieligkeit scheint zu ihrem innersten Wesen zu gehören. Das ist offenbar die moderne Gestalt der Erbsünde, mit der behaftet die Weltneulinge Einlass bei uns begehren. Nicht dass man ihnen deswegen ihr Existenz- und ihr Bleiberecht gänzlich bestreitet, denn es werden nach sorgfältigen Überlegungen doch etliche gute und plausible Gründe gefunden, die ihre Ankunft trotz alledem wünschbar erscheinen lassen und die Kosten wettmachen.

In aller Freimütigkeit sagt man ihnen nach, dass sie eine ‚Investition in die Zukunft' seien. Noch bevor sie hienieden angekommen sind, hat man also etwas mit ihnen vor, sie sollen sich nützlich erweisen. Investitionen müssen sich lohnen, das ist ihr tieferer Sinn. Man will mehr aus ihnen ‚rausholen' als man ‚reingesteckt' hat. Ist das nicht garantiert, dann lässt man die Finger davon. Das Spekulieren auf die Verwertbarkeit von allem und jedem ist so sehr zur Hauptbeschäftigung modernen Denkens und Fühlens geworden, dass es auch das Verhältnis der Generationen vergiftet.

Wie also könnten die Ungeborenen rechtfertigen, dass sie auf die Welt kommen wollen? Der entscheidende Rechtfertigungsgrund, der den Platzhaltern einleuchtet, ist die drohende Überalterung der reichen Gesellschaften, ein Schreckensszenario, das die Zukunftsphantasien besetzt und alle gut eingespielten und akzeptierten Formen der sozialen Ungerechtigkeit ins Wanken zu bringen droht. Aber die Bedenken gegen ihr Zur-Welt-Kommen werden damit noch beileibe nicht zerstreut. Denjenigen, die sich als künftige Eltern zur Verfügung stellen sollen, drängt sich die besorgte Frage auf, ob sie sich Kinder leisten können. Die Weiterblickenden unter ihnen fragen vielleicht sogar, ob man in eine Welt, die so rapide und parasitengleich die Grundbestände des Humanen[11] aufzehrt wie die unsere und die einen immer rüderen Umgang der Gesellschaftsmitglieder untereinander und der Menschen mit ihren natürlichen Lebensgrundlagen nicht nur zulässt, sondern geradezu anheizt, ob man in eine solche Welt überhaupt noch Kinder entlassen könne.

Um nun also den zögernden, skeptischen künftigen Eltern, die ihre Zukunftspläne durch künftige Kinder gefährdet sehen, ‚Mut zum Kind' zu machen, verspricht man ihnen staatlicherseits, dass sie die Konsequenzen der ‚Entscheidung für das Kind' nicht in aller Härte tragen müssen. Es gehört heute zum sozialpolitischen Anstand, dass in einer Gesellschaft, die auch nur Reste von Sozialstaatlichkeit verteidigt, für 100 Prozent der in ihr lebenden Kinder ein Kindergartenplatz zur Verfügung stehen solle. Nicht dass diese soziale Errungenschaft in vollem Umfang Realität wäre, nicht dass alle Eltern tatsächlich auch Zugang zu solchen sozialstaatlichen Segnungen hätten, aber das heißt nur, dass die entsprechenden Anstrengungen erhöht werden müssen.

Was wäre gegen solch ein Politikziel zu sagen? Wer wollte daran zweifeln, dass es einen echten sozialen Fortschritt darstellt?

Veranstaltete Kindheit

Genau dieser Frage, was dagegen zu sagen ist, will ich meine Überlegungen widmen. Es gibt zunächst einmal Einwände, die noch ganz in der herrschenden Logik des ökonomischen Kalküls liegen und deshalb nicht von vornherein für närrisch gehalten werden.

So die Frage, woher denn wohl das Geld für eine derart üppige Ausstattung des Kindergartenwesens stamme. Man weiß ja schon, dass es nicht bei der Raffinierung des militärischen Equipments eingespart wird und auch nicht in der biotechnologischen Forschung oder bei der sich überschlagenden Aufrüstung im Bereich der ‚inneren Sicherheit'. Die Einsparungen werden unmittelbar nebenan, in der Nachbarschaft der gesellschaftlich Benachteiligten, vorgenommen, vorzugsweise bei den noch Schwächeren, bei den armen Alten vielleicht, ganz sicher bei den Asylsuchenden, bei den Sozialhilfeempfängern und Behinderten. Und so kann man denn mit Fug und Recht über Prioritäten streiten: Was ist vordringlicher, die Gewalt- oder Suchtgefährdung bei den arbeitslosen Jugendlichen oder die katastrophale Personalsituation im Altenpflegeheim oder die menschenunwürdige Unterbringung der Asylsuchenden? Und da haben die Kinder natürlich die besten Chancen, denn sie sind ja eine ‚Investition in die Zukunft'.

Ein weiterer Einwand, den man immerhin noch mit Anstand erheben kann, ist der, dass hier eine Bedarfsdeckung geleistet wird, die die einzelnen Einrichtungen des Kindergartenwesens, städtische, kirchliche und Privatinitiativen von Eltern, in eine scharfe Konkurrenz um die leider doch viel zu wenigen Kinder treibt, damit sie ihre Kindertagesstätte ‚voll auslasten', weil sie nur bei voller Auslastung existieren und ihr Personal bezahlen können. – Das Wort ‚Auslastung' ist in diesem Zusammenhang ebenso gebräuchlich wie entlarvend. In ihm ist das Verhältnis zu den Kindern bündig definiert: Kinder als Füllmenge für bestehende Institutionen und als gesellschaftliche Last. – Und so werden dann Kinder als ‚Problemkinder' mit spezifischem Mehrbedarf an Förderung und personeller Zuwendung diagnostiziert, ihnen wird eine Akte verpasst, die ihnen das Leben sauer machen wird, damit der so genannte Personalschlüssel wieder stimmt. Die kalkulatorisch intolerable Unausgelastetheit zeigt, dass offenbar immer noch nicht alle Eltern scharf darauf sind, ihre Kinder der öffentlichen Erziehung zu überantworten, weil sie in störrischem Eigensinn darauf beharren, dass sie ihren Kindern einen bekömmlichen Ort zum Aufwachsen auch in den eigenen vier Wänden bieten können. Also: Auch dieser Einwand, dass im Kinderverwahrbereich ein Überangebot besteht, welches notwendigerweise dazu führt, dass die jeweiligen Einrichtungen marktschreierisch und mit raffinierten Werbe- und Abwerbe-Methoden einander ausstechen oder sich wechselseitig niederkonkurrieren, ist ein anerkannter Gegenstand der öffentlichen Debatte, denn auch hier geht es um Geld.

Verdächtig macht man sich bereits mit der Frage, ob nicht angesichts der Tatsache, dass der Gesellschaft die Arbeit ausgeht, eine Maßnahme unzeitgemäß ist, die darauf abzielt, alle arbeitsfähigen Gesellschaftsmitglieder für den Arbeitsmarkt zur Verfügung zu halten, wie das in den kaum noch erinnerlichen Zeiten der Vollbeschäftigung gesellschaftspolitisch und vor allem ökonomisch sinnvoll schien. Wer so argumentiert, vergeht sich am Grundsatz der Chancengleichheit. Der Chancengleichheit der Mütter einerseits, die ihre Emanzipation in der Berufstätigkeit suchen, was ihnen schon immer schwer gemacht wurde, weil ihnen trotz zaghaften Umdenkens die Sorge für die Kinder nach wie vor obliegt. Aber auch um die Chancengleichheit der Kinder ist man ernsthaft besorgt. Denn es gilt als ausgemacht, dass diejenigen, denen die Segnungen kindergärtnerischer Förderung nicht zuteil werden, in der Schule die schlechteren Startchancen haben.

Vollends unverständlich aber wäre die Besorgnis um die *Verkindergartenung* der Kindheit überhaupt. Und sie ist mein eigentliches Anliegen. Eine Gesellschaft, die glaubt, für 100 Prozent ihrer Kinder einen pädagogisch ausgetüftelten Aufbewahrungsort zur Verfügung stellen zu müssen, ist offensichtlich in einem katastrophalen Zustand. Diese Feststellung ist zunächst einmal völlig unabhängig von der Frage nach der pädagogischen Qualität der Unterbringung, sei sie die Montessori- oder Waldorf- oder Waldkindergarten-Variante, sei sie antiautoritär oder traditionell. Die Idee, dass Kinder angemessen und mit guten Chancen nur dann aufwachsen, wenn man sie zu einem möglichst frühen Zeitpunkt ihres Lebens ver-anstaltet, und dass darum die Ver-Anstaltung ‚flächendeckend' sein müsse, ist eine relativ junge Erfindung. Sie hat sich als moderne Selbstverständlichkeit erst im Laufe meiner Lebensgeschichte etabliert. Bei einer so jungen Selbstverständlichkeit ist es vielleicht gerade noch möglich, die Bedingungen ihres Zustandekommens und ihrer Einbürgerung zu ergründen.

Ich bin ja bereits in einem Alter, in dem ich, wenn ich auf die Umstände meiner Lebensgeschichte zurückblicke, unter den Verdacht gerate, in seniler Verklärung das Vergangene als die ‚gute alte Zeit' zu vergolden, mit der verglichen das Gegenwärtige als Dekadenz, wenn nicht als Schreckensbild sich zeigt. Ich will diesen Verdacht gegen mich selber hegen und durchaus eingestehen, wie gern ich das eigene Herkommen und Gewordensein gegen die Attacke der Andersartigkeit der Jüngeren verteidige, um die eigene Lebensgeschichte als hinreichend gerechtfertigt und leidlich gelungen ansehen zu können.

Straßenkindheit

Unter diesem Vorbehalt erinnere ich mich daran, dass in meiner Kindheit im Vorschulalter an eine Wegsperrung der Kinder aus dem gesellschaftlichen Leben nicht gedacht wurde, und zwar nicht deshalb, weil das traute Familienleben zu der Zeit noch so intakt gewesen wäre, dass man dergleichen kompensatorische Maßnahmen nicht in Betracht zu ziehen gehabt hätte. Im Gegenteil, der Zustand der Familien war beklagenswert. Die Frauen waren im Wesentlichen auf sich selbst gestellt mit der Durchbringung ihrer Kinder, und das bei miserabler Versorgungslage. Viele der Männer kehrten aus dem mörderischen Krieg gar nicht oder erst nach langer Gefangenschaft heim. Die Mütter mussten also berufstätig sein.

Die Zahl der Schlüsselkinder machte in meiner Schulklasse in den ersten Schuljahren mehr als die Hälfte der Mitschüler aus, in der übrigens um die 40 Kinder saßen, ohne dass wir das als eine unzumutbare Überfüllung erlebt hätten. Dennoch breitete sich die Kindergartenidee nicht epidemisch aus. Und wenn ich mich richtig erinnere, gab es dafür auch keine Notwendigkeit. Sie haben sich die Situation im Nachkriegs-Hamburg nicht idyllisch vorzustellen: Es gab nichts zu essen und nichts zu heizen in einem Winter, der der kälteste des Jahrhunderts war. Es gab selten Strom und fast nie Gas zum Kochen. Aber eines gab es für die Kinder: Platz, Raum, der ihnen gehörte; nicht in den Wohnungen, da herrschte Gedränge. Der selbstverständliche Ort des Kinderlebens war die Straße, die ungefährlich war, weil sie den Kindern und nicht den Autos zustand. Einmal täglich fuhr um die Ecke Lokstedterweg-Tarpenbekstraße ein alter dreirädriger ‚Tempo', der gelegentlich, wenn er die Kurve zu scharf nahm, umkippte. Ansonsten bot die Fahrbahn der Straße Fläche fürs Fußballfeld, für Schlagball, für gemeinschaftliches Tauspringen am 10 Meter langen Seil, für Mannschaftsspiele aller Art, für Schottschenkarren und Pferdewagen. Und die Speicherstockwerke der Häuser, die nur durch Feuertüren getrennt über ganze Straßenzüge miteinander verbunden waren, boten Versteck- und Verschanzungsmöglichkeiten bei den ‚kriegerischen' Auseinandersetzungen und Belagerungen verfeindeter Gruppen.

Die Kinder waren der unmittelbaren Einflussnahme der Erwachsenen entzogen. Gelegentlich kam es zu Auseinandersetzungen mit ihnen, die sehr drastisch ausgetragen wurden unter Einsatz von bissigen Kötern oder verdorbener Fleischbrühe, die uns der Metzger über den Kopf goss, wenn wir nicht von der Stange vor seinem Schaufenster wichen, auf der wir, aufgereiht wie die Hühner, zum Palaver beisammensaßen. Die Kinder waren wohl der Kontrolle durch die Erwachsenen enthoben, aber sie waren doch unter Beobachtung, denn es gab eine Straßenöffentlichkeit. Passanten gingen vorüber, Fenster wurden geputzt – dabei entstand an der Nahtstelle zwischen Drinnen und Draußen ein flüchtiger Blickkontakt – Nachbarinnen blieben zu einem Tratsch stehen. Die Gemüseladenfrau trat vor den Laden, wenn keine Kundschaft sie beschäftigte, der Laternenanzünder – ja tatsächlich! – radelte vorüber, und die Streifenpolizisten der Revierwache 40, die wir namentlich kannten, machten ihre Runde. Überall waren Augen, die auf die Kinder in beiläufiger, aber schützender Weise Acht gaben. Und die Kinder passten auch aufeinander auf, verführten sich wohl auch gelegentlich zu kleinen Schurkereien oder riskanteren Unternehmungen. Sie kannten sich zu Dutzenden, Große und Kleine bildeten Spielgemeinschaften, ganz einfach, weil die größeren Geschwister die kleineren zwecks Beaufsichtigung im Schlepptau hatten. Mütter konnten also im Wesentlichen unbesorgt, soweit man eben unbesorgt sein kann, die Kinder *ihrer* Wege gehen lassen.

Um aber mit meiner Erinnerung an eine andere Kindheit nicht ganz allein dazustehen, will ich ein paar Passagen aus einem ‚offenen Brief' zitieren, den ein Anonymus an die nach 1978 Geborenen richtet unter der Überschrift: „Schade, dass Ihr das nicht erleben durftet:[12]

Wir haben es tatsächlich geschafft. Kaum zu glauben ... Nach dem heutigen Stand der Wissenschaft ... müssten wir alle, die in den Sechzigern bis Anfang Achtziger aufgewachsen sind, längst tot sein. Unsere Kinderbetten waren angemalt in strahlenden Farben voller Blei und Cadmium, Formaldehyd sickerte aus jeder Pore. ...

Steckdosen, Medizinflaschen, Schranktüren und Schubladen waren nicht kindersicher. ... Unsere Fahrräder, Roller und Rollschuhe fuhren wir ohne Schützer und Helme. Die Risiken, per Anhalter in den nächsten Ort zu fahren, waren uns unbekannt. Zum Thema Auto erinnere ich mich auch weder an einen Sicherheitsgurt noch an Airbags, ABS oder ähnliche Sicherheitsvorkehrungen ... Wasser haben wir direkt aus dem Gartenschlauch getrunken. ...

Wahnsinn! Wir aßen fettige Schmalznudeln und frisch gebackenes Brot mit fingerdick Butter drauf, dazu gab es überzuckerte Limonade und künstlich gefärbtes Tritop.

Wir gingen früh raus und haben den ganzen Tag gespielt. ...

Niemand wusste, wo wir waren – wir waren nicht zu erreichen. Keine Handys!

Ins Kino gehen war ein Ereignis ... das einem vor Vorfreude den Magen kribbeln ließ. Wir haben Fußball gespielt mit allem, was sich kicken ließ ...

Wir sind von Bäumen und Mauern gestürzt, haben uns geschnitten, aufgeschürft und haben uns die Knochen gebrochen und Zähne ausgeschlagen – und niemand wurde deswegen verklagt. Es waren eben Unfälle. ...

Wenn wir uns an Brennnesseln gebrannt haben, ... haben wir entweder draufgespuckt oder den Nachbarshund drüberlecken lassen oder draufgepinkelt. Und: geholfen hat alles!

Wir sind zu einem Freund geradelt, haben an der Tür geläutet und sind dort geblieben, nur um mit ihm zu reden. ... Ohne Termin und Wissen unserer gegenseitigen Eltern. Keiner brachte uns, keiner holte uns. ...

Unsere Eltern trauten uns zu, die richtigen Entscheidungen zu treffen! Meistens hat es geklappt. Die paar Mal, die danebengingen, zählen wir zu unseren Lebenserfahrungen."

Verglichen mit dieser Kinderwelt erscheint mir jeder Kindergartenplatz als eine Einsperrung zum Zwecke pädagogischer Maßnahmenvollstreckung: die Überführung aus der *Lernlandschaft* in die *Lernanstalt*. Die Welt meiner Kindheit, in der ich Erfahrungen machte, die mein Leben prägten und bereicherten, wurde mittlerweile zur Lernwüste. Die Städte, in denen Kinder heute aufwachsen, sind nicht in gleicher Weise verwüstet wie die Nachkriegsstädte meiner Kindheit. Aber sie sind für die Kinder Nicht-Orte, Stätten, an denen sie nichts zu suchen und nichts verloren haben. Vielmehr sind sie in ihnen verloren. Dem Raum, in dem sich meine Kindheit abspielte, konnten wir, die wir ihn belebten, unsere Spuren einzeichnen. Wir gestalteten ihn, er wurde, was er in unserer Phantasie sein sollte. Ja, er wurde als Raum durch uns erst erschaffen. Unser Dasein machte ihn zu einer Umgebung, die lernträchtig und erfahrungsträchtig war und unsere Imagination beflügelte. Die Spuren, die Kinder und Jugendliche in ihren mehr oder weniger kunstvollen Graffiti oder in ihren einfachen Schmieragen und Verunstaltungen oder in der Vermüllung und mutwilligen Zerstörung als Zeichen ihrer Anwesenheit den öffentlichen Orten heute einschreiben, sind ja nur ein hilfloser Protest dagegen, dass die *Umstände*, in denen sie sich aufhalten müssen, ihnen so absolut fertig und unverrückbar gegenüberstehen, dass sie sich jeder Gestaltung durch sie widersetzen. Das einzige, was ihnen gegenüber zu tun bleibt, ist die Zerstörung.

Nun mag man mir vorwerfen, es sei zynisch, die zerbombten Nachkriegsstädte zur Idylle städtischen Lebens und kindlicher Entfaltungsmöglichkeit zu stilisieren. Und, so werden Sie weiter sagen, es mag ja sehr bedauerlich, vielleicht sogar verhängnisvoll sein, dass der Lebensraum von Menschen überall den Maschinen zum Fraß vorgeworfen wurde, dass das Auto über die Kinder den Sieg davongetragen hat. Aber nun ist es einmal so, und wir werden es nicht ändern. Ist es daher nicht um so dringlicher, den Kindern einen Ersatzraum für den ihnen enteigneten zu schaffen, der ihnen eine immerhin anregende und pädagogisch wertvolle Bleibe bietet, in der sie die ihrem Alter gemäßen Kulturtechniken lernen und darauf eingestimmt werden, sich sozial zu verhalten?

Der Einwand besteht sicher zu Recht. Aber dann hätte ich auch mit meinem Entsetzen Recht, dass nämlich die Notwendigkeit, die Kinder heute wegzusperren aus den öffentlichen Räumen, sich daraus ergibt, dass diese zu gefährlich für ihr Überleben geworden sind. Und ich bin nicht bereit, das als eine soziale Errungenschaft zu feiern. Es wäre dann mit den Kindergärten wie mit den pharmazeutischen Präparaten. Wir lesen den Grad des Wohlbefindens einer Gesellschaft an der Höhe der Ausgaben für ihre Gesundheit ab. Man sollte es aber andersherum sehen: Wie krank müssen Menschen in einer Gesellschaft sein, die solche Unsummen für die Gesundheit verausgabt? Wobei dann noch die begründete Vermutung hinzukommt, dass ein Gutteil der Krankheiten, die man zu bekämpfen vorgibt, erst von den Gesundmachern in Medizin und pharmazeutischer Industrie hervorgerufen wurde. Iatrogenese nennt man das: krankmachende Medizin.

Wie unbekömmlich muss der Aufenthalt in den öffentlichen Räumen sein, dass man die Kinder nach Möglichkeit gänzlich aus ihnen fernzuhalten trachtet? Und gilt vielleicht auch für die Pädagogik, dass sie selber das Übel hervorbringt, das sie zu heilen vorgibt?

Konsumkindheit

Veranstaltete Kinder sind notwendig konsumistisch. Sie konsumieren pädagogische Dienstleistungen. Sie müssen beschäftigt werden. Das scheint überhaupt eine der kostspieligen Eigenheiten der Kinder zu sein, dass sie unablässig beschäftigt werden müssen. Der Terminkalender heutiger Kinder würde dem Manager eines mittleren Konzerns zur Ehre gereichen. Und die Eltern werden zu Transportunternehmern ihrer Kinder und kutschieren sie von hier nach dort, weil die Straßen unpassierbar geworden sind. Und da der Raum fehlt, den Kinder mit ihrer Anwesenheit füllen und gestalten können, können sie *sich* nicht mehr beschäftigen, sondern müssen beschäftigt *werden*. Wer *sich* nicht beschäftigen kann, wer also sein Vorhaben nicht nach eigenen Zwecksetzungen wählt, wer seinem Tun nicht den Stempel seiner eigenen Notwendigkeit aufprägt, wer mit seinem Tätigsein spurlos bleibt, der ist von der Möglichkeit der „Sinngebung durch Handlung" (Ivan Illich) abgeschnitten. Wer also beschäftigt *wird*, führt unweigerlich *sinnlose Tätigkeiten* oder sogar Zwangshandlungen aus, mag das, was ihm zu tun erlaubt wird, auch noch so vergnüglich und spaßig erscheinen. Beschäftigt werden Kinder heute nicht nur von eigens dazu autorisierten Erwachsenen, Eltern wie professionellen Pädagogen, welche ihnen Maßnahmen angedeihen lassen, von denen sie sich erwünschte Wirkungen versprechen. Zum Beispiel die, dass die Kinder zukunftstauglich würden, dass sie den Institutionen, in die sie hineingeraten werden, gewachsen seien – der Schule zum Beispiel –, dass sie den Standards, die für eine normale Kindesentwicklung festgelegt wurden, auch genügen können. Sie stehen vielmehr auch unter dem stummen Kommando der Dinge. Selbst da, wo Kinder sich selbst überlassen scheinen, sind sie am Gängelband von Beschäftigungsdirektiven.

Wenn man heutzutage ein Kinderzimmer betritt, könnte man meinen, in eine Art Vorhölle geraten zu sein. Die armen Wesen irren in einer Müllhalde von plastikenen Scheußlichkeiten herum, knallbunten Industrieerzeugnissen mit geglätteter Oberfläche, damit sich niemand verletzen kann. Großeltern väterlicher- und mütterlicherseits sowie Paten und wer sich sonst noch zuständig fühlen mag für die Kinderbeglückung, liefern sich zu jeder sich bietenden Gelegenheit einen erbitterten Konkurrenzkampf um die Menge von Plastikunrat, mit dem die Kinder zugeschüttet werden. All diesen Dingen ist gemein, dass sie auf eine so endgültige Weise fertig sind, dass an ihnen nichts mehr zu deuteln ist. Sie sind keiner Verfremdung durch die Phantasie zugänglich, ihre Bestimmung ist vollkommen eindeutig, sie sind zu nichts zu *gebrauchen*, die leiseste Spur der Verwendbarkeit für eigene Absichten ist ihnen ausgetrieben. Die geheime Botschaft, die von ihnen ausgeht und die eine Lehre für das Leben in der Industriegesellschaft enthält, lautet: ‚Ich sage dir, was du mit mir zu tun hast.' Das moderne Gerät, mit dem die Erwachsenen umgehen müssen, duldet wie das Kinderspielzeug keine Widerrede und keine Eigenmächtigkeit. So werden der Eigenwille und der Eigensinn der Kinder früh gebrochen, um ihn auf künftige Gehorsamsleistungen gegenüber der Maschinenwelt einzustimmen, ohne dass ein einziger peitschender Befehl die Ohren des Kindes beleidigt. Sie mögen sich ganz Herr der Lage glauben und können doch nichts aus eigenem Willen tun oder gestalten. Kinderspielzeug ist spurenresistent. Die moderne Kinderumgebung ist nicht erfahrungsträchtig, sie beflügelt die Imagination nicht, sie lässt die Kinder, die die Wirkung ihres eigenen Tuns erleben wollen, leer ausgehen.

Schwarzlernen und Lebensernst

Die Ver-Anstaltung von Kindheit und Jugend, vom Kindergarten über die Schule bis zu Berufs- und Hochschule ist folglich nicht nur eine Maßnahme, um die junge Generation vor den Gefahren der modernen Lebenswelten zu schützen. Sie ist die Folge ganz eigentlicher Absichten und Zwecksetzungen. Sie entspricht pädagogischen Vorstellungen und gesellschaftlichen Erwartungen.

Die Erfahrungen meiner Kindheit und das Lernen heutiger Kinder in ihren zubereiteten Lernwelten haben beinahe nichts miteinander gemein. Mit mir hatte während meiner kindlichen Welteroberungszüge niemand etwas vor. Ich war mir darin selbst überlassen und wurde nicht von mir verborgenen geheimen Absichten und Drahtziehereien gelenkt. Lernen ereignete sich als ein unvermeidliches Begleitphänomen des Lebens. Es war mir erlaubt, und das sehe ich heute als ein unerhörtes Privileg an, *mich zu bilden*, meine Persönlichkeit im tätigen Weltumgang herauszubilden. Mein außerschulisches Lernen, wenigstens das, war nicht um-zu-isiert, will sagen: nicht Mittel für Zwecke außerhalb seiner selbst.

Das soll nicht verwechselt werden mit modernen Schwärmereien von dem Recht des Kindes auf spielerischen Umgang im Schonraum der Kindheit. Es gehört mit zum Privileg meiner Kindheit, dass ich am Ernst der Erwachsenenwelt in einem substantiellen Sinne teilhatte und von der penetranten Sonderbehandlung, die heute als kindgemäß angesehen wird und der unendliche Grübeleien über Unter- und Überforderung und entwicklungspsychologische Angemessenheit vorausgegangen sind, weitgehend verschont blieb. Es war eine bedeutsame Erfahrung, dass ich schon als Sechs- oder Siebenjährige mit der Aufgabe betraut wurde, den monatlichen Postgang mit einem Gutteil der karg bemessenen Barschaft der Familie zur Einzahlung der Miete und der Stromrechnung zu machen, einfach weil die Mutter auf unsere Hilfe angewiesen war, wie übrigens auch beim stundenlangen Schlangestehen um das Maisbrot oder den halben Liter Milch. Nicht dass uns das immer gepasst hätte, aber es war ernsthaft, also ganz unpädagogisch. Ich konnte erfahren, dass es auf mich ankam. Ich lernte nicht ‚für's Leben', für irgendetwas, was danach kommt, sondern im Leben, hier und jetzt, im Augenblick und für den Augenblick.

Um also das Privileg, das ich genossen habe im Vergleich zu heute aufwachsenden Kindern, richtig zu begreifen, muss man des Unterschieds zwischen ‚sich bilden' und ‚gebildet werden' eingedenk sein.

‚Sich bilden', das ist überall möglich: Es ereignet sich, wo sich jemand wachen Sinnes und fragend in der Welt umschaut. Menschen, von denen ich irgendetwas lernen kann, begegnen mir auf Schritt und Tritt, ich muss nur herausfinden, was das jeweils ist. Jeder ist dem andern in irgendetwas überlegen, so dass er ihn etwas lehren kann. Wer lesen kann oder sich vorlesen lassen kann, hat Zugang zu dem Erfahrungsschatz, der in Jahrhunderten angesammelt wurde. Auf vieles kann ich mir selbst einen Reim machen, wenn ich hinreichend begierig bin, die Sache zu ergründen. Wichtig ist, dass ich das Staunen nicht verlerne, denn das ist die Triebfeder eigenmächtigen Lernens. Lernen also kann jeder. Und wunderbarerweise macht jemand, der auf diese

Weise lernt, es niemandem anders streitig, es auch zu tun. ‚Sich-Bilden' läuft außer Konkurrenz. Es hat allerdings einen Haken: Menschen, ob Kinder, Jugendliche, Erwachsene oder Alte, die sich auf diese eigensinnige Weise bilden, lernen so für sich hin, aber sie lernen nicht, was sie lernen *sollen*.

Um überhaupt die Profession der Pädagogen zu legitimieren, muss eine ganz andere Vorstellung vom lernenden Menschen dominant werden. Die Vorstellung, dass Menschen als lernende Wesen, die sie nun einmal sind, in ihrem Weltumgang das ihnen Gemäße und ganz und gar Eigene lernen, auf die ihnen eigene Weise, muss der Gewissheit weichen, dass sie zu ihrem menschlichen Wesen *emporentwickelt werden* müssen und dass sie ohne professionelle pädagogische Entwicklungshilfe gleichsam im Rohzustand verbleiben. Bildung erscheint jetzt als ein Vorgang, den jemand, der dazu berufen ist oder sich berufen glaubt, am anderen vollstrecken muss. Sie wird zu einer ‚Exekution'.

In dieser Lesart begann zum Beispiel meine Bildungsgeschichte erst mit dem Schuleintritt, und meine Straßenbildung ist irrelevant. Wollte ich auf sie pochen, um mir gesellschaftliche Anerkennung einzufordern, so würde ich mich lächerlich machen. Aber das entspricht überhaupt nicht meiner eigenen Erfahrung.

Ich bin überzeugt, dass ich in den Bildungsinstitutionen unendlich viel Behinderung erfahren habe, dass in ihnen Begeisterung verödete, dass mir wichtige und wissenswerte Kenntnisse verleidet wurden und dass ich das wichtigste von Lehrern lernte, die mit mir keine pädagogischen Absichten verfolgten, sondern mir an ihrem reichen Erfahrungsschatz Anteil gaben, und das waren beileibe nicht nur professionelle Pädagogen. Tatsächlich jedoch erfährt alles, was nicht in geordneten und verordneten Bildungsgängen gelernt wird, eine radikale Entwertung. Wo Kindergärten, Schulen und Hochschulen sich etablieren, bricht Bildungsdürre aus. Sie reklamieren für sich ein radikales Vertriebsmonopol in Sachen Bildung und erklären alles Lernen, das sich außerhalb ihrer Einflusssphäre ereignet, für null und nichtig. Jedes eigenmächtige Lernen erscheint unter dieser Vorgabe als ‚Schwarzlernen' und ist den Bildungmonopolisten ein Dorn im Auge.

Eigenmächtigkeit ist in der Konsumgesellschaft keine Tugend. Die Konsumgesellschaft ist absolut unduldsam gegenüber jeder Lebensäußerung, die sich nicht dem Konsum von warenförmigen Produkten oder Dienstleistungen verdankt. Auch die Kinder kommen nur als Konsumenten vor. Wenn wir ihnen wohlwollen, dann denken wir über *Angebote* nach, die wir ihnen machen können. Sie erscheinen uns als belieferungsbedürftige Mängelwesen, die zu ihrer Vervollständigung als Menschen eine unübersehbare Fülle von Leistungen benötigen, weswegen sie in den volkswirtschaftlichen und persönlichen Lebensbilanzen nur als Kostenverursacher in Erscheinung treten. Das ist so sehr zur Selbstverständlichkeit geworden, dass wir uns nur mit Mühe daran erinnern können, wie sich einst ganz andere Hoffnungen auf die Neuankömmlinge richteten.

Oh selig, ein Kind noch zu sein

Auf dem Zur-Welt-Kommen neuer Menschenwesen ruhte einmal die Verheißung, dass Neuanfänge möglich wären. Wir neigen dazu, die Möglichkeit des Neuanfangs den Katastrophen zuzutrauen. Immer wieder verbindet sich mit stattgehabten oder angekündigten Katastrophen die Hoffnung, dass die Menschen endlich zur Vernunft kämen, nun, da die beinharten Beweise ihres Irrens vorlägen. Aus der Asche, aus der Auslöschung, aus den Trümmern unserer ‚Machenschaften' soll Einsicht herauswachsen. Und aus dieser Hoffnung speist sich dann eine perverse Katastrophilie (Peter Sloterdijk), eine Begeisterung für Untergänge.

Demgegenüber können wir mit Hannah Arendt feststellen, dass mit jedem Eintritt eines neuen Geschöpfes, mit jeder Geburt, mitten im Zeitkontinuum der Welt etwas völlig Neues erscheint. Alle Neuanfänge wurzeln ihr zufolge in der Tatsache, dass Menschenwesen, neue Menschen, immer wieder durch die Geburt in die Welt treten.[13] Jeder Mensch *ist* ein Anfang. Weil er einzigartig ist, ist sein Tun und sein Dasein immer ein Neubeginn, wie ein aufgehender Stern. Er ist dem Schicksal, qua Geburt einsamer Erstling zu sein, unwiderruflich verfallen. Er schreibt seine nur ihm eigene Spur in die Welt. Das ist freilich ein ganz anderer Blick auf die Nachkommen als der abtaxierende, der schon das Kleinkind unter dem Gesichtspunkt der Eignung für künftige Verwertung mustert. So betrachtet, haben wir es in jedem Einzelnen mit einem Wunder zu tun. Nicht in dem harmlosen Sinn, in dem wir uns eingestehen, dass es mit unserer Erklärungskraft doch nicht so weit her ist. Wir sind ja durchaus bereit, gelegentlich unsere Reste von Demut zusammenzukratzen und uns im Staunen zu üben; und dann gestehen wir dieser oder jener prachtvollen Erscheinung, die nicht durch unsere Veranlassung zustande kam, den Status eines Wunders zu. „Diese Lilienblüte da ist doch ein Wunder", sagen wir und meinen: noch können wir das der Natur nicht nachmachen, Respekt! Wenn aber in einem ernsten Sinn vom Wunder gesprochen werden soll, dann ist von Einzigartigkeit und Unverwechselbarkeit und Unersetzbarkeit die Rede. Denn das Wunder ist per definitionem dasjenige, das sich nicht unter die Gesetzmäßigkeit zwingen lässt. Es ist einmalig, nicht wiederholbar, mit ihm lässt sich nicht rechnen, mit ihm kann man keine Pläne machen; denn es ist durch und durch überraschend. Man kann es nicht verwerten, denn jeder Verwertung geht eine Bewertung voraus, und die ergibt sich aus einem Vergleich. Wunder kann man ihrer Einmaligkeit wegen nicht vergleichen. Und wenn nun jeder Mensch ein Wunder ist, ist er unvergleichlich und unverkäuflich und niemals überflüssig.

Was also wäre zu tun? Warum lassen wir nicht die Kinder endlich einmal in Ruhe aufwachsen, anstatt sie vom ersten Atemzug an zu unserem *Projekt* zu machen? Vielleicht sollten wir uns wenigstens von Fall zu Fall entschließen, uns nicht an ihrer Zurichtung für unzumutbare Verhältnisse zu beteiligen, sondern die unzumutbaren Verhältnisse zu attackieren. Das wäre dann weder eine medizinische noch eine pädagogische Aufgabe, sondern eine politische. Vielleicht sollten wir davon Abstand nehmen, noch mehr Geld für ihre bessere Verwaltung einzufordern. Vielleicht ginge es den Kindern sogar besser, wenn weniger Geld für sie ausgegeben würde. Eine gewagte These, ich weiß.

Familien brauchen Förderung

„Das Familienleben ist ein Eingriff in das Privatleben." Als Karl Kraus zu seiner Zeit diesen Satz aus sich herausnörgelte, konnte er sich noch sicher sein, dass der Witz verstanden wurde. Wahrscheinlich wäre er nicht wenig irritiert, wenn er heute bei seinem Publikum auf wohlfeiles zustimmendes Verständnis stieße und ihm auf eine Weise Recht gegeben würde, die zugleich dezent und ein wenig gelangweilt kundtut, dass er nicht gerade originell ist. Er hätte sich heutzutage mit dieser Bemerkung eine Platitüde durchgehen lassen, eine Todsünde für einen Satiriker.

Dass die Familie der Hort der Privatheit war, war dazumal offenbar noch unbestritten. Und die Kraus'sche Attacke richtete sich weniger gegen diese Tatsache als gegen die muffige Zwangshaftigkeit, mit der die Familienbande die Mitglieder der schon damals klein gewordenen Sippe in ihre unausgelüfteten Gepflogenheiten und Verbindlichkeiten, in ihre sinnentleerten Rituale einspannten. Aber dennoch war die Familie der Ort des Rückzugs aus der Öffentlichkeit, wo bestimmte Selbstdarstellungszwänge sich erübrigten, wo gewisse Anstrengungen und Überanstrengungen, die der Selbstbehauptungs- und Stellungskampf den Individuen im öffentlichen Leben auferlegte, ihnen erlassen waren. ‚My Home is my castle' und ‚Hier bin ich Mensch, hier darf ich's sein'.

Die Familie war die kleinste denkbare Einheit, um Privatheit zu gestalten. Heute gibt es eine kleinere: das Individuum, den Single. Aus der Perspektive des Einzelwesens ist die Familie, und sei es auch die zur Kleinfamilie geschrumpfte Variante, selbst schon eine Art Filiale der Öffentlichkeit, die mit Ansprüchen und unliebsamen Verpflichtungen an das Individuum herantritt, die ‚Stress', wie man heute sagt, erzeugt und dem Einzelnen den Anspruch, Herr im eigenen Hause zu sein, streitig macht. Die Privatheit hat sich monadisiert. Privat bin ich nur mit mir allein.

Die so auf die Spitze getriebene Privatheit wirft eine Reihe von Fragen auf. An erster Stelle die, ob sie sich in dieser Zuspitzung nicht längst selbst abgeschafft hat; ob nicht die mit so viel Nachdruck eingeforderte Unabhängigkeit, die als Individualismus gefeiert und als Freiheit verklärt wird, die Möglichkeit, privat zu sein, das heißt ‚zu Hause', ‚für sich' und ‚befreit' zu sein, ‚abgesondert' und ‚in eigenen Angelegenheiten zuständig' zu sein – all dies sind, den Wörterbüchern zufolge, die Bedeutungen von *privatus* und *privatim* – aufzehrt, ob also nicht eine so zum äußersten getriebene Privatheit sich selbst in ihr Gegenteil verkehrt. Botho Strauß stellte schon in den achtziger Jahren des vergangenen Jahrhunderts fest, dass das Bestreben, voneinander immer unabhängiger zu werden, das unsere Epoche auszeichne, zu nichts anderem führe, als dass wir vom Ganzen immer abhängiger würden.[14] Mischt sich also das Ganze nicht viel aufdringlicher in unsere Angelegenheiten, als es die Familie je tat? Die Wände der Häuser, die einst das Private gegen das Draußen abschirmten, sind seit der Verkabelung unserer Existenz löchrig geworden wie ein Schweizer Käse. Das Öffentliche dringt ein, ungebeten oder herbeizitiert, ebenso wie umgekehrt das Private unaufhaltsam in die Öffentlichkeit sickert und diese mit allerlei bloßgestellter Intimität aufweicht.

Noch eine andere Frage drängt sich folglich auf, die Frage nach dem *quid pro quo*. Wem nützt dieser rapide Verfall der Familie, wenn denn die Diagnose, dass sie von der Bühne der Gesellschaftsakteure mehr und mehr verschwindet, richtig ist. Es scheint Einhelligkeit darüber zu geben von links bis rechts und von oben bis unten, in allen Kreisen von Wirtschaft und Gesellschaft, dass die Familie zu fördern und zu unterstützen sei, um ihr aus ihrer Agonie wieder aufzuhelfen. Der Familie wird nicht nur ein unbezweifelbares Existenzrecht zuerkannt, sondern ihr Versagen in wichtigen Lebensfragen, insbesondere in Erziehungsangelegenheiten, wird landauf, landab mit Besorgnis betrachtet. Schon stehen Scharen von Erziehungsexperten in den Startlöchern, um den ‚unbeholfenen' und mit ihrem Erziehungsauftrag offenbar gänzlich überforderten Eltern zu Hilfe zu kommen. Man denkt daran, ihnen eine Art Eltern-Führerschein zu verpassen. Der Familienverfall löst seit dem Massaker in Erfurt und seit der Pisa-Studie geradezu panische Rettungsaktivitäten aus. Also: Wem nützt ihr Zusammenbruch, welches sind die Gegenkräfte, die sich ihrem Erhalt widersetzen? Oder gibt es die gar nicht, und die Familie siecht nur einfach an Alterschwäche dahin?

Ist die Familie noch zu retten?

In ihrem eindrucksvollen Essay *10 Millionen Kinder,* der 1938, bereits in der Emigration, in New York erschien, beschreibt Erika Mann, wie in der Zeit des Dritten Reiches die Rettung der Familie lautstark propagiert wurde und wie gleichzeitig alles getan wurde, um diese Keimzelle des möglichen Widerstandes gegen die Gleichschaltung zu zerschlagen: „Die Zerstörung der Familie ist kein Nebenprodukt der Nazi-Diktatur – sie stellt die Bewältigung einer Aufgabe dar, welche das Regime sich stellen musste, wenn es sein Ziel erreichen wollte; und dieses Ziel ist die Eroberung der Welt ..."

Die Methode, mit der es gelang, die Familie auszuschalten, schildert sie mit einer Anekdote: „Der Vater kommt heim, findet niemanden zuhause. Ein Zettel liegt auf dem Tisch: ‚Bin im NS-Frauenbund. Komme spät zurück. Mutter.' Da legt er seinerseits einen Zettel hin: ‚Gehe auf die Parteiversammlung. Es wird spät werden. Vater.'

Als nächster kommt Fritz, der Sohn. Er hinterläßt einen Zettel: ‚Habe Nachtübung, wird bis morgens dauern. Fritz.'

Hilda, die Tochter, ist die letzte. Sie schreibt auf: ‚Muß auf die Nachtversammlung des BDM. Hilda.'

Als die kleine Familie sich gegen zwei Uhr morgens zusammenfindet, sind Diebe dagewesen und haben alles gestohlen, was nicht niet- und nagelfest war, – die Wohnung ist kahl und leer. Auf dem Tisch aber liegt ein fünfter Zettel: Daß wir hier stehlen konnten, danken wir dem Führer. Heil Hitler! Die Diebe."[15]

Das Kunststück, die Zersetzung der Familie unter dem Programm ihrer besonderen Förderung und Pflege zu betreiben, gelang dadurch, dass den Familienmitgliedern systematisch Zeit entzogen wurde, so dass sie sich schlichtweg immer verpassten.

Ich weiß, Vergleichen mit der Zeit des Dritten Reiches ermangelt die *political correctness.* Aber zwei Verdachtsmomente drängen sich mir doch auf. Das erste ist schon angedeutet: Es gibt die Gewinnler, die aus dem Verfall der Familie Profit schlagen. Und zweitens scheint mir, dass auch heute das Mittel der Zerstörung ihres Zusammenhalts die

Zerstreuung ist. Allerdings ist diese Methode seit damals enorm verfeinert worden. Zerstreut werden die Menschen heute nicht mehr dadurch, dass sie unter Pflicht und Kommando gestellt, also physisch auseinander getrieben werden. Zerstreuung kommt heute lockend und verführerisch und vor allem unterhaltsam daher, sie hat sich aufgeputzt und reizt die Begehrlichkeit mit allerlei erstrebenswerter Ablenkung. Die Macht, mit der sie durchgesetzt wird, ist unkenntlich geworden, in höchstem Maße elegant, so dass die ihr Unterworfenen wollen, was sie sollen. Und einen weiteren Verdacht kann ich mir nicht verkneifen. Könnte es nicht sein, dass die insgeheim betriebene Zerschlagung der Familie ihrerseits das Ziel einer Weltherrschaft verfolgt, der Weltherrschaft des Konsumismus? (Es war ein außerordentlich couragierter italienischer Intellektueller, Pier Paolo Pasolini, der schon in den siebziger Jahren des vergangenen Jahrhunderts es wagte, den Konsumismus als neuen Faschismus zu brandmarken und seine alle kulturellen Differenzen niedermachende Gewalt als weltweite ‚Gleichschaltung' zu entlarven.[16])

Sage mir, womit du umgehst ...

Schauen wir uns die schleichende Auflösung der Familie, wie sie sich in meiner Generation vollzogen hat, genauer an. Wie lässt sich beschreiben, was sich in der modernen Familie an sprengender Tendenz einnistete, da es ja doch *die* Familie gar nicht gibt. Familien sind einzigartige Gebilde, jede hat ihre eigene Biographie, und man vergreift sich an ihrer Einzigartigkeit, wenn man sie alle in einen Topf tut. Betrachten wir also nicht *die* Familie selbst, sondern fragen wir uns, was uns die Dinge erzählen, mit denen die Menschen dort, wo sie wohnen, tagtäglichen Umgang haben. Wir alle kennen den widerwärtig anmaßenden Satz: „Sage mir, mit wem du umgehst, und ich sage dir, wer du bist", als ob irgendjemand irgendjemandem sagen könnte, wer er ist, ohne sich eines Übergriffs schuldig zu machen. Ich will auf eine andere Pointe hinaus: Sage mir, *womit* du umgehst, und ich kann dir zwar immer noch nicht sagen, wer du bist, aber ich bekomme einen Eindruck davon, auf welche Weise deine Handlungsspielräume eingeschränkt sind; welche Tunsmöglichkeiten die Dinge, mit denen du Umgang hast, dir verwehren.

Denn die modernen Dinge des täglichen Umgangs legen präzise fest, wie mit ihnen verfahren werden muss. Es sind strikte Normen für ihre Behandlung in sie eingeschmolzen. Und so prägen sie die Gewohnheiten von Menschen vielleicht nachhaltiger, als Menschen es tun. Wie viele Gesten sind eingeübt und verroht worden durch die Anpassung an die Dinge. Dass Türen zugeschlagen werden, wissen wir vom Umgang mit Kühlschränken und Autos (Theodor W. Adorno). Dass man sie nicht mehr für den Mitpassanten offen hält, wurde uns durch diese famose Automatik eingeschärft, die die Türen wie von Geisterhand öffnet und schließt. Dass man sich beeilen muss beim Aussteigen aus dem U-Bahnwagen, lehrt uns nicht mehr die Rücksicht auf Mitfahrende, sondern die auf Sekundentakt eingestellte Schließautomatik der Tür, die mich ansonsten zwar nicht schmerzlich, aber lächerlich festklemmt. Hunderte von tagtäglichen Gesten stehen unter dem stummen Kommando der Dinge: der Griff nach dem Sicherheitsgurt, der Knopfdruck an der Kaffeemaschine, die zigfachen Knopfdrücke, die ihm im Laufe des Tages folgen, und der Blick zur Uhr. Nun war das schon immer so, dass die Gestik, die Gewohnheit und auch die Wahrnehmung durch die Dinge, mit denen wir uns umgeben, geprägt wurden. Was ist also neu an den modernen Dingen und historisch beispiellos? Woher beziehen sie diese Macht, die Menschen herumzukommandieren und zu vereinzeln?

Wenn ich mich in meiner eigenen Wohnung umsehe, dann stelle ich im Vergleich zur Wohnung, in der sich meine Kindheit abspielte, fest, dass es hier immer weniger Dinge gibt, mit denen ich *hantiere* und immer mehr, die ich *bediene*. Früher bekam ich, wenn ich ein Gerät kaufte, eine *Gebrauchsanweisung* dazu, heute wird mir eine *Bedienungsanleitung* in fünfzehn Sprachen beigepackt, die ich nicht einmal in meiner eigenen Sprache verstehen kann. Was ist der Unterschied zwischen hantieren und bedienen, zwischen Gebrauchsanweisung und Bedienungsanleitung? Es ist der Unterschied zwischen dem Ofen, in dem ich Feuer mache, und der Heizung, die ich aufdrehe, zwischen dem Waschbrett, auf dem ich die Wäsche rubbele, und der Waschmaschine, die ich anstelle, zwischen dem Klavier, auf dem ich spiele oder klimpere, und der Stereoanlage, die ich einschalte. Ich weiß, schon mit dieser bloßen Feststellung mache ich mich eines heillosen Romantizismus verdächtig und fordere die allfällige Frage, ob ich in die Steinzeit zurückwolle, geradezu heraus. Ich will aber trotzdem darauf bestehen, die Wirkung dieses ‚Fort-Schritts' von den Dingen meiner Kindheit zu denen meines Erwachsenendaseins genauer zu untersuchen.

Die Argumente für das jeweils modernere Gerät liegen klar auf der Hand und stützen sich auf eine Grundannahme heutiger Existenz, dass es nämlich besser sei, es bequem zu haben als unbequem, und besser, Zeit zu gewinnen als sie mit unliebsamen Tätigkeiten zu vertun. Daran scheint kein Zweifel möglich, wäre da nicht der hässliche Unterton des Wortes ‚bedienen'. Der nämlich sagt etwas aus über den Preis, den ich zu entrichten habe dafür, dass ich es bequem und zeitsparend habe. Die modernen Geräte verlangen, dass ich sie *bediene*, nicht dass ich sie *handhabe* oder *gebrauche*. Das heißt, sie fordern, dass ich mich ihnen unterwerfe, mich ihnen anbequeme, mich unter ihren Befehl stelle. Die Freiheit, die ich mir ihnen gegenüber herausnehmen kann, ist lächerlich klein. Sie ist auf einen Knopfdruck oder Tastenschlag oder eine Schalterumdrehung beschränkt. Das Gerät, das ich bediene, ist in so hohem Grade automatisiert, dass es an seiner Funktionsweise durch eine besondere Könnerschaft oder Geschicklichkeit des Bedieners nichts zu verbessern gibt. Im Gegenteil, jeder Eingriff in den automatischen Gang der Dinge zeigt ruinöse Wirkungen. Nur der Produzent, nicht der Konsument kann an der Funktionstüchtigkeit des Gerätes etwas verbessern, indem er immer neue ‚Generationen' der Apparate ins Rennen schickt. Verbesserung durch Generationenwechsel heißt, die Automatik des Automatismus so zu perfektionieren, dass er ‚idiotensicher' wird, will sagen, jede menschliche Hantierung noch strikter aus sich heraushält, jede Anforderung an den Benutzer auf das Niveau völliger Ignoranz absenkt, sich gegen jeden Eingriff noch hermetischer versiegelt, indem er ihn nicht nur untersagt, sondern automatisch unterbindet. Das Gerät lässt mich meine prinzipielle Unterlegenheit spüren und ‚verbittet sich' jede Einmischung in seine Angelegenheiten.

Das mag ja sein. Aber warum sollte ich mich darüber grämen, dass ich mir die lästigen, ewig wiederholsamen Alltagsverrichtungen aus dem Kopf schlagen kann? Je weniger Gedanken ich daran verschwenden muss, desto besser, desto mehr Zeit und Kraft gewinne ich für die wichtigen Dinge des Lebens. Und dann: Was hat diese Entwicklung unseres Dingbestandes mit dem Zusammenbruch oder Fortbestehen der Familie zu tun?

Die Spezies der Alleinunterhalter

Nun, betrachten wir die Dinge, mit denen wir uns möblieren und ausstatten! – Schwierig genug, ihnen einen Namen zu geben, denn mit dem Wort ‚Gerät'[17], das ich bisher provisorisch verwendet habe, sind sie keinesfalls treffend bezeichnet. ‚Maschinen' sind sie auch längst nicht mehr nur; wenn ich sie ‚Krempel' oder ‚Kram' nenne, verharmlose ich ihr keinesfalls harmloses Wesen. ‚Möbel' sind sie allenfalls in dem Sinn, dass wir unsere Bleibe und uns selbst mit ihnen ‚aufmöbeln'. Also nennen wir sie versuchsweise ‚Zeug' (italienisch: *la roba*).

Das moderne Zeug hat seine wesentliche Pointe und Bestimmung darin, dass es die Menschen, die mit ihm umgehen, buchstäblich und in jeder Hinsicht zu *Alleinunterhaltern* macht. Die durchindustrialisierten modernen Haushalte geben den Familienmitgliedern wenig Gelegenheit, es miteinander zu tun zu bekommen. Alle, selbst relativ kleine Kinder, können darin ganz auf sich gestellt, gleichsam solipsistisch ihr Auskommen finden. Den *Unterhalt* der Alleinunterhalter besorgen der Kühlschrank und die Mikrowelle, die *Unterhaltung* der Fernseher, die Stereoanlage und die ‚Playstation', und wer sich mit anderen *unterhalten* will, kann telefonieren oder im Internet ‚chatten'. Es gibt im Binnenraum des Familiären tatsächlich kaum Anlass für die Familienmitglieder, sich aneinander zu wenden. Wenn ich heute durch die Straßen meiner Stadt gehe und mir vorstelle, was sich hinter deren Fassaden abspielt, dann stelle ich verwundert fest, wie grundlegend sich das im Laufe meiner Lebensgeschichte, also in den letzten 40-50 Jahren, verändert hat. Früher konnte ich hinter den der Stadt zugewandten Fenstern der Häuser in der überwältigenden Mehrheit Mensch-Mensch-Verhältnisse vermuten. Heute agieren hinter den Fassaden fast ausschließlich Mensch-Maschinen-Komplexe. Der Mensch in der Zwiesprache mit seinem Computer, im schweißtreibenden Wettstreit mit seinem Fitness-Gerät, weltläufig vor seinem Fernsehgerät, kontaktfreudig am Telefon, berauscht von seiner musikalischen Dauerberieselung durch die Stereoanlage, im gesundheitlichen Ernstfall verkabelt mit allerlei medizinischen Messgeräten; während der häuslichen Verrichtungen – trotz alledem genervt – beschäftigt mit der Arbeitserleichterungsmaschinerie, transportiert in die schwindelnden Höhen seiner Erdenferne durch den Hochgeschwindigkeitslift und draußen, in den Straßen, als Kommandeur seiner nur durch Stau zu bändigenden Autogeschosse. Jeder kann alles allein, die leidige Angewiesenheit aufeinander entfällt, alle können sich normalerweise selber helfen. Die *Relationen* zu den übrigen Familienmitgliedern, die im Englischen bezeichnenderweise *relatives* heißen, erübrigen sich. Jeder wähnt sich Herr seiner Lage, fühlt sich autonom und frei von lästigen Ver-bindlichkeiten. (Verbindlichkeiten kommen in dieser Szenerie nur noch in der Gestalt von Zahlungsverpflichtungen vor.) Die Gemeinsamkeit, das Beieinander, muss nun eigens anberaumt werden. Das Familienleben, so jeder Notwendigkeit beraubt, wird zur Inszenierung, bei der die pädagogische Absicht aus allen Ritzen kriecht und die Atmosphäre vergiftet, zur Höchstform gesteigert in den Familienzusammenkünften unter dem Tannenbaum, die schließlich als letzter angekränkelter Rest peinigenden Familienzwangs noch übrig geblieben sind.

Wir glauben, die Freiheit zu genießen, einander nicht zu brauchen. Aber diese Autarkie ist eine Illusion. Denn – erstens – müssen wir sie kaufen. Für alles, was uns unabhängig voneinander macht, müssen wir erhebliche Geldsummen aufbringen, Geld für den Ankauf, den Betrieb, die Reparatur, den in immer kürzeren Abständen notwendigen Neukauf des ‚Zeugs' usw. usw. Dafür müssen wir unsere Arbeitskraft verkaufen. Aber gerade das wird, wie wir schmerzlich erfahren, immer schwieriger. Da draußen gilt ja längst, worin die Familie nur Nachzügler ist, dass das Maschinenwesen die menschliche Arbeitskraft ersetzt hat. Die Freiheit voneinander macht uns bis zur Selbstaufgabe abhängig von denen, die bezahlte Arbeit zu vergeben haben.

Aber – zweitens – ist auch die Idee, dass wir uns endlich selbst helfen können in allen Lebenslagen illusionär, denn tatsächlich werden wir in unserem Maschinenumgang immer hilfloser in den Verrichtungen des täglichen Lebens. Wir können buchstäblich beinah nichts mehr aus eigenen Kräften, weder allein noch mit anderen. Vom alten ‚Schalten und Walten' ist uns nur noch das Schalten übrig geblieben. Die Bedienung von Schaltflächen und der Griff ins Regal der Supermärkte sind die wesentlichen Geschicklichkeiten, die uns das moderne Zeug abverlangt. Andere bringt es nicht hervor.

„Konviviales Gerät“

„Nicht Werkzeuge, die ihnen die Arbeit abnehmen, brauchen die Menschen, sondern neue Werkzeuge, mit denen sie arbeiten können. Nicht weitere gut programmierte Energiesklaven brauchen sie, sondern eine Technologie, die ihnen dabei hilft, das Beste zu machen aus der Kraft und Phantasie, die jeder besitzt. ... so könnte gleichzeitig auf Sklavenhalter und Sklaven verzichtet und der Freiheitsradius des einzelnen vergrößert werden.“[18] Was passiert, wenn wir hantieren, anstatt Apparate zu bedienen? In der Regel, sobald es sich um etwas vertracktere Aufgaben handelt, muss ich *sprechen,* und zwar in sehr kurzen, prägnanten Sätzen, mit denen ich eine Verbindung zu einem Anderen herstelle: „Hilf mir mal!“, „Fass mal mit an!“, „Drück dagegen!“, „Halt fest!“, „Heb hoch!“, „Mach auf!“ Lauter äußerst knappe Befehlssätze, die aber gar nichts Kommandohaftes haben, sondern zum Ausdruck bringen, dass ich dich brauche, dass ich dir vertraue, dass ich nicht viel erklären muss und dass ich weiß, was ich dir zumuten und zutrauen kann. In all diesen kurzen Gesprächssequenzen bist du nicht ein Befehlsempfänger, sondern gibst dem an dich gewandten Satz durch deine Reaktion erst seinen Sinn, seine Bedeutung und seine Wirksamkeit. Dieses Sprechen kann sogar zur stummen Rede werden, wenn die daran Beteiligten gut aufeinander eingespielt und hinreichend aufmerksam auf die Erfordernisse der Situation sind. Geräte, mit denen ich arbeite (anstatt sie an meiner Statt etwas erledigen zu lassen), haben also etwas Verbindendes, Gemeinsamkeit Stiftendes. Sie sind, wie Ivan Illich sagt, *konvivial,* sie ermöglichen und fördern ein Miteinander, das keine Inszenierung, sondern real und notwendig ist.

Aber mehr noch: So wie ich mit den Dingen hantiere, so prägen sie nicht nur meine Geschicklichkeit oder Ungeschicklichkeit, sondern auch meine ganz eigene, unverwechselbare Gestik. Modernes Zeug verroht, in seiner gröberen Version die Gesten, in seiner verfeinerten automatisierten Höchstform bringt es überhaupt keine individuellen Gesten hervor, da es die ihm gemäßen Umgangsformen haargenau festlegt. Es ist leichtgängig, widerstandslos, wie geschmiert. Das gelegentlich zu beobachtende wütende Hämmern auf Tastaturen, die doch schon auf leiseste Impulse reagieren, zeigt an, wie sehr Menschen darauf angewiesen sind, die Widerständigkeit ihres Gegenübers zu spüren und mit ihr zu ringen, um sich selbst auszudrücken, zu erfahren und zu erleben. Gesten sind Formen des Selbstausdrucks, mit denen Menschen sich aneinander wenden und sich als unverwechselbares Gegenüber darbieten. Wenn uns unser Tun abhanden kommt, gehen uns unsere Gesten und unsere Unverwechselbarkeit verloren. Wir verlieren unsere Bedeutung füreinander. Automatengeschult haben wir uns buchstäblich nichts mehr mitzuteilen, nichts mehr miteinander zu teilen. Wir werden stumpf in der Vorstellungskraft, unfähig in allerlei Handhabungen, ungehemmt in der Verschwendung, blockiert in der Erfahrung des Schadens oder Nutzens, den wir anrichten, isoliert von den Anderen und abgeschnitten von den Gegenständen, auf die wir höchst vermittelt einwirken. Wir werden routiniert, aber berührungslos und müssen fürchten, uns sogar darüber schließlich ungerührt hinwegzusetzen. Dieser Zersetzung ist die Kohäsionskraft der Familie nicht gewachsen. Und trotzdem sind die Familie, die Wahlfamilie und die Freundschaft die einzigen Orte, in denen das ‚Von Selbst', das ‚Umsonst', das, was gratis ist und nichts kostet, die nicht vom Tauschgedanken vergiftete Gegenseitigkeit überhaupt noch eine Chance hat. Grund genug, sie aufmerksam und respektvoll zu schützen vor ihrer endgültigen Indienstnahme oder Auflösung.

Wenn ich an meine Kindheit zurückdenke, dann gibt es ein Utensil, das wie kein zweites das Familienleben bestimmte und ihm Ausdruck gab: der Tisch. Er war ohne Frage der Mittelpunkt des Familienlebens. Die verschiedensten Aktivitäten fanden auf ihm und an ihm statt. Er lud ein zum Essen, zum Arbeiten, zum Gespräch, zum Spielen. Für uns Kinder wurde vor allem der Aufenthalt unter dem Tisch zum Höhlenerlebnis. Dort hatten wir geduldeten Anteil am Erwachsenengespräch, um den Preis, dass wir unsere Anwesenheit vergessen machten. An dem Tisch machten wir unsere Schularbeiten, an ihm entstanden unsere ersten Werkstücke, das Herbarium aus gepressten Pflanzen, die selbstgeschneiderten Puppenkleider, Konstruktionen aus allerlei Fundsachen, deren Nützlichkeit für ein bestimmtes Projekt sich erst während des Experimentierens erweisen musste. Um den Tisch versammelten wir uns mit Spielkameraden zum Spielen und zu geburtstaglichen Tortenschlachten. Unter dem Tisch wurden die ersten zarten Botschaften und heimlichen Berührungen mit den umschwärmten Vertretern des anderen Geschlechts ausgetauscht.

Der Tisch also ist in meine Lebensgeschichte dicht verwoben. Er ist ein massiges, wenig schönes Möbel, nicht sehr wohl proportioniert, aber handwerklich ein Meisterwerk; auf vier stämmigen Beinen, die mit einem soliden Fußkreuz verbunden sind. Er kann auf seine dreifache Länge ausgezogen werden, dann springen mit einer ausgeklügelten Mechanik zusätzliche Beine aus seinem Inneren heraus, um ihm Stabilität zu geben. Wenn er zu seiner vollen Größe wuchs, dann standen aufregende Ereignisse ins Haus: ein Fest war in Vorbereitung, oder es wurde auf ihm ein Stoffballen ausgebreitet, um daraus ein Kleidungsstück zuzuschneiden, oder Tapetenbahnen entrollt und mit Kleister eingestrichen. Der Tisch war dauerhaft und gastlich genug, um die Population einer ganzen Biographie daran Platz finden zu lassen und die der vorigen Generation dazu. Menschen kamen und gingen, und der Tisch bewahrte ihr Gedächtnis. Unvorstellbar, dass er auf dem Sperrmüll landete.

Der Tisch also war der Mittelpunkt der Familie und gab ihrer Selbstauffassung einen sinnfälligen Ausdruck, dessen entscheidende Elemente die Gastlichkeit, die Gemeinschaftlichkeit und das Tätigsein waren.

Die Zerstreuung

Heute haben Tische im Wesentlichen als Mittelpunkt der familiären Behausungen ausgedient. Schon in den 50er Jahren stellt Günther Anders, der wohl hellsichtigste unter den Technikkritikern, fest, dass der in der Mitte des Zimmers stehende Familientisch seine Gravitationskraft für die sich versammelnde Familie einzubüßen begann. Er habe im Fernsehapparat einen Nachfolger gefunden. In seiner Frühzeit wird dem TV zugetraut, dass es den Familienzusammenkünften einen neuen Reiz zu geben in der Lage sei. Für seine Akzeptanz wird damit geworben, so Günther Anders, dass es die Kinder ans Haus zu fesseln vermöge und sie so von kostspieligem außerhäuslichem Treiben fernhielte. – Damals war offenbar Sparsamkeit noch eine gesellschaftlich erwünschte Tugend, während heutzutage in Zeiten ansteigender Not, nicht der Sparappell, sondern die Erinnerung an die Konsumpflicht als das Gebot der Stunde erscheint. Nun, auch damals schon sollte immerhin Konsum mit Konsum bekämpft werden: die Konsumneigung der Kinder mit dem Kauf eines allen Einzelneigungen überlegenen Konsumartikels der Familie. Im Fernsehgerät wurde deren Kaufkraft gebündelt. Schon damals war also offensichtlich die Familie gegenüber den attraktiven Angeboten der Warenwelt anfällig, und deren Sprengkraft sollte mit einem Akt der ‚Konzentration' der Familienmitglieder im Konsum begegnet werden. Aber das schlug selbstverständlich fehl. Das Wesen des Konsumismus ist Dekonzentration, Zerstreuung in alle vier Winde. Der Konsum vermag keine Anziehungskräfte zwischen Menschen zu mobilisieren, er erzeugt und kultiviert nur Abstoßungskräfte: Neid, Konkurrenz, Rivalität. „Die Chance", schreibt Günther Anders mit Blick auf das Fernsehen, „die diese Art von Konsum in Wirklichkeit enthält, besteht umgekehrt darin, die Familie vollends aufzulösen, freilich so, daß diese Auflösung das Aussehen des trauten Familienlebens beibehält ..." Aber der familiale Raum wird den Bewohnern trotz dieses familienartigen Arrangements enteignet. In ihm herrscht das durchs Fernsehen vermittelte Außen, die Welt, die in die Wohnzimmer schwappt. „Wenn das Ferne zu nahe tritt, entfernt oder verwischt sich das Nahe." Die *Wohnung*, derjenige Ort, an dem sich die Ge*wohn*heiten der Bewohner herausbildeten, werde zum Container für den Bildschirm degradiert. Der Fernseher sei eine Art negativer Familientisch: „Während der Tisch die Familie zentripetal gemacht und die um ihn Sitzenden dazu angehalten hatte, die Weberschiffchen der Interessen, der Blicke, der Gespräche hin und her spielen zu lassen und am Tuche der Familie weiterzuweben, richtet der Bildschirm die Familie zentrifugal aus."[19] Er stiftet keine Gemeinsamkeit, sondern isoliert die einzelnen voneinander, lässt sie in Anwesenheit füreinander abwesend sein. Was sie viel tiefgreifender voneinander entfernt als physische Abwesenheit. Die Gemeinsamkeit wird ersetzt durch die Gleichzeitigkeit eines programmierten Massenpublikums: jener Millionen von ‚Solisten des Massenkonsums'.

Wir sind daran gewöhnt worden, die Dramatik dieses Geschehens systematisch zu unterschätzen. Welch eine enorme Verwandlung ging mit den Familien vor sich, als sie dem Fernsehapparat Mitspracherechte in ihrem Lebensraum einräumten? Was geschieht mit ihnen unter dem Regime dieses Apparates. Am wenigsten augenfällig ist wohl, dass er die Fähigkeit der Menschen, *sich* zu versammeln, zerstört hat. Er macht sie eines Produktes (des Apparates) und zahlloser Dienstleistungen (der Programme) bedürftig, mit deren Hilfe sie versammelt *werden*. Was ist daran dramatisch? Dramatisch und ungemein folgenschwer ist der Schritt aus der Fähigkeit, sein Leben aus eigenen Kräften gemeinsam mit anderen zu erhalten und zu gestalten, in die Existenz des belieferungsbedürftigen Mängelwesens.

Sprachlich macht sich diese Entwicklung im Verschwinden einer besonderen Gattung von Verben bemerkbar. Ich rede vom Verschwinden der reflexiven Verben, der Tätigkeitswörter, die mit ‚sich' gebildet werden und die damit sagen, dass Menschen *von sich aus* etwas *an sich* und *für sich* und die Ihren tun können. Einst konnten sie *sich* bilden, *sich* sorgen und versorgen, *sich* wärmen, *sich* ernähren, *sich* heimisch machen, *sich* konzentrieren, *sich* besinnen, *sich* sammeln und versammeln. Es war ihnen zugemutet, aber auch ganz selbstverständlich zugetraut, dass sie dieser Zuständigkeit gewachsen waren. Heute *werden* sie gebildet, versorgt, beheizt, ernährt, integriert, konzentriert und mit Sinnsurrogaten abgefüllt. Sie sind degradiert zu passiven Empfängern von warenförmigen Dienstleistungen. Nicht einmal mehr lieben können sie sich ohne die therapeutische Aufforderung dazu.

Die Unfähigkeit der Familienmitglieder, *sich* zu versammeln, ist heute gegenüber der Fernsehsituation von ehedem noch gesteigert, nachdem auch das Fernsehgerät nicht mehr das Zentrum der familiären Pseudo-Zusammenkünfte ist, sondern so viele Bildschirme wie Personen in den meisten Haushalten installiert sind. Ein typisches Familienszenario: Die zu Tisch gebetenen Familienmitglieder, insbesondere die Jüngeren unter ihnen, verschwinden regelmäßig mit den aufgefüllten Tellern vom Familientisch in die Intimität ihres Computer-Tête-à-Tête und lassen den Tisch verwaist zurück. Am Bildschirm wird eine ganz und gar andere Praxis des Blickens eingeübt als am Tisch. Der Tisch erfordert, um Gemeinsamkeit und Bezüglichkeit herzustellen, den von einem zum anderen wandernden Blick, er ist ja geradezu so geschaffen, dass die Tischgenossen einander in die Augen sehen können und müssen. Der Bildschirm übt den starren, auf eine zweidimensionale Fläche gerichteten Blick ein, eine Art Tunnelblick, kein Anblick. In diesem ‚Blickkontakt' ist weder aktives noch passives Anblicken möglich, auch muss man sich nicht zeigen. Die Bannung des Blicks lässt alle ‚Rücksicht' und ‚Umsicht', die ja für die Stiftung von

Gemeinsamkeit unerlässlich sind, als fehlgeleitet erscheinen, als falsche Blickrichtung.

Die Familie als Konsumgemeinschaft

Der Tisch, so haben wir festgestellt, ist ein Symbol einer tätigen Gemeinschaft, die wesentlich durch die aufeinander abgestimmten, zu gemeinsamem Nutzen erbrachten Tätigkeiten zusammengehalten war. Schon in meiner Kindheit war die Familie, insbesondere die städtische, was die materielle Ausstattung anging, wesentlich konsumabhängig. Wenn es auch nicht der Supermarkt war, der die Dinge des täglichen Bedarfs bereitstellte, sondern der Fischmann, der Bananenhöker, der seine Kostbarkeit von der Ladefläche eines Kleinlasters mit lautem Geschrei anpries, der Bäcker, der selber backte, was er verkaufte, der Drogerieladen und der benachbarte Haushaltswarenladen, der in allen denkbaren innerhäuslichen Problemlagen einen Rat und Reparierliches in Form von Schrauben, Nägeln, Klebstoffen, Rohren, Dichtungen und Hunderten von Provisorien aller Art im Repertoire hatte, der Milchladen, in dem die Butter zurechtgeklopft wurde mit hölzernen Geräten, für die ich nicht einmal mehr den Namen weiß, und Milch aus einem großen Kübel in die mitgebrachte Milchkanne geschöpft wurde. Der Gemüsemann, die Blumenfrau und der ungeniert so genannte Kolonialwarenladen rundeten das Ensemble der notwendigen Einkaufsgelegenheiten ab.

Noch mehr Sozialromantizismus, ich weiß. Worauf es mir aber ankommt: Die Familie war trotz dieser mit kenntlichen und geschichtenprallen Personen erfüllten Einkaufswelt bereits eine konsumabhängige Gemeinschaft, was die materielle Ausstattung anging. Im Bereich dessen allerdings, was heute auf den Dienstleistungsmärkten unter dem allgemeinen Titel von ‚Care' und ‚Wohlfahrt' und staatlicher Daseinsfürsorge verscherbelt wird, waren die Familien weithin noch autark. Die Familienangehörigen mussten füreinander sorgen, und sie taten es recht und schlecht. Ihr Zusammenhalt war die Angewiesenheit aufeinander, und das machte sie bis zu einem gewissen hohen Grad unabhängig vom Ganzen. Der Familie sind heute beinahe alle Zuständigkeiten abhanden gekommen, denn was sie zu bieten hat, gilt allemal als eine qualitative Minderform, die den Vergleich mit einer professionellen Dienstleistung in Sachen Erziehung, Gesundheit, Pflege, Sterben, Freizeit, Kultur und so weiter nicht bestehen kann. Und so wurde zugleich mit der Zuständigkeit füreinander auch die Bindung aneinander hinfällig.

Wie nun konnte es gelingen, die Familie so aus dem Feld zu schlagen und in ihrer Eigenständigkeit so zu untergraben? Nun, genauso, wie es unser Eingangszitat lehrt. Man muss die Leute glauben machen, dass die Familie ein Eingriff in das Privatleben ist.

Unersättlich wird das Konsumbegehren nämlich erst, wenn jeder ganz und gar auf sich gestellt ist, ‚Solist des Massenkonsums' eben. Eine Solidargemeinschaft, in der die Gegenseitigkeit außerhalb jeder monetären Logik ihren Lauf nimmt, eine Gesellungsform also jenseits der Herrschaft der Ökonomie, ist der Weltherrschaft des Konsumismus im Wege. Die Vereinzelung der Menschen, ihre Isolation voneinander, macht sie sowohl als Arbeitswesen wie auch als Konsumwesen disponibel. Als Arbeitnehmer sollen sie flexibel sein und mobil, geistig und physisch mobil. Sie sollen jederzeit aufbruchsbereit sein, lästige Bindungen abschütteln. Der flexible Mensch repräsentiert gewissermaßen eine Perversion zölibatärer Lebensformen, jederzeit abrufbar. Nicht um in göttlichem Auftrag tätig werden zu können, sondern um den Marschbefehl eines Dienstherren jederzeit unverzüglich und ohne Einschränkung befolgen zu können. Als Konsumenten sollen sie unersättlich sein und stets neue Begehrlichkeiten entwickeln, stets mit andern rivalisieren, denn das ist der Motor des unstillbaren Begehrens. Der isolierte, bindungslose, konkurrierende Einzelne ist der bessere Konsument und der bessere Produzent. Der ideale Rivale ist Einzelkämpfer.

Inzwischen aber hält das Konkurrenzprinzip auch in den Familien Einzug und zwar in dem Maße, in dem sie zu reinen Konsumgemeinschaften werden. Alle Mitglieder sind dann nämlich Konkurrenten um die Anteile am Familienbudget. Auch diese Konkurrenz wird heute bereits offen ausgetragen in einem innerfamiliären Machtgerangel, bei dem durchaus die amtierende Generation nicht immer siegreich ist. Diese Konkurrenz tritt an die Stelle der notwendigen Kooperation, die den Grundbestand tätiger Familien einst ausmachte. Wir sehen, wie auch unter diesem Blickwinkel Anziehungs- in Abstoßungskräfte sich verwandeln.

Sowohl der Arbeitsmarkt als auch der Absatzmarkt hatten also ein Interesse an der Atomisierung der letzten noch nicht vollständig ökonomisierten Gemeinschaften.

Die Familie als Schattenarbeiter

Wenn aber tatsächlich ein so intensives Interesse an der Auflösung der Familien bestünde, wie soll man sich dann erklären, dass der Verfall der Familie mit so viel Besorgnis beobachtet wird? Beweist nicht diese Besorgnis das Gegenteil? Und noch eins: Kann man wirklich behaupten, der Familie sei die Tätigkeit ausgegangen und sie sei zum Ort reiner Konsumtion geworden. Beklagen sich nicht insbesondere die Frauen vernehmlich über die nach wie vor vornehmlich auf ihren Schultern lastende Hausarbeit, die trotz Maschinenparks das Gros ihrer Zeit wegfrisst?

Keine Frage, die Hausarbeit wurde in der Konsumgemeinschaft ‚Familie' nicht abgeschafft. Die Familien sind nach wie vor sehr beschäftigt. Die Arbeit, die der Familie heute auferlegt wird, unterscheidet sich aber grundlegend von den selbsterhaltenden Tätigkeiten, die ihr einst zukamen. Es ist eine Arbeit, die die Familienmitglieder nicht aneinander bindet. Es ist keine Tätigkeit, die sie aneinander wenden, nicht Fürsorge im Dienste und zum Wohle des Anderen. Was den Familien abverlangt wird, ist vielmehr *Schattenarbeit*. Ivan Illich, der diese Art von Arbeit präzise analysiert und identifiziert hat, schreibt: „Schattenarbeit wird geleistet von dem Konsumenten, insbesondere im konsumierenden Haushalt. Als Schattenarbeit bezeichne ich all jene Tätigkeiten, durch die der Verbraucher gekaufte Waren (auch Dienstleistungen) in ein nutzbares Gut umwandelt. Schattenarbeit umfasst die Zeit und Mühe, die wir aufwenden müssen, um der gekauften Ware jenen Wert hinzuzufügen, ohne den sie für den Gebrauch untauglich wäre."[20] Die Schattenarbeit nimmt rapide zu. Immer mehr Zeit muss aufgewendet werden, damit wir die Waren, die wir einkaufen können, auch tatsächlich gebrauchen können. Immer mehr von der Arbeit, die im Zuge der Rationalisierung in den Betrieben eingespart wird, wird dem Konsumenten aufgehalst. Selbstbedienung überall: in der Bank, am Fahrkartenautomaten, in der Gesundheitsüberwachung, in der Gaststätte, im Schulwesen und im

Supermarkt. Schattenarbeit, das ist der Transport der Kinder zu ihren nachmittäglichen Förderungs- und Vergnügungsveranstaltungen, die Heimwerkerei des Ikea-Kunden, das Warten im Sprechzimmer des Arztes, der Gang zur Berufsberatung, die therapeutischen Maßnahmen, die notwendig werden, damit Kinder und Erwachsene ihren institutionellen Alltag überhaupt überstehen können, die Wartung des Autos, die Bedienung des häuslichen Maschinenparks, die Mülltrennung usw. usw.

Aber noch einmal: All dies sind Tätigkeiten, die nicht dem anderen Familienmitglied gelten. Sie sind vielmehr ein Dienst an *den* Dingen und Institutionen, die den Familien ihre genuinen Tätigkeitsfelder überhaupt erst streitig gemacht haben. Durch Schattenarbeit richten sich die Familienmitglieder selbst und gegenseitig für ihre Institutionen- und Maschinentauglichkeit zu. Mit der Hausaufgabenunterstützung wird nicht der Wissensdurst des Kindes befriedigt, sondern seine Schultauglichkeit verbessert. Das Warten im Sprechzimmer des Arztes gilt nicht der eigenen Gesundheit, sondern ist ein Dienst, den ich dem reibungslosen Funktionieren des Medizinbetriebs schulde, das Warten an der roten Ampel dient nicht meiner Sicherheit, sondern einem zügigen Autoverkehr. Schattenarbeit ist Dienstbarkeit für Institutionen, für den angeblich vollautomatisierten Maschinenbetrieb und für Waren, die nichts taugen und für den eigenen Gebrauch erst zugerichtet werden müssen. Schattenarbeit macht immer mehr Teilprozesse von Dienstleistungen, die wir ja bezahlen müssen, zur unbezahlten Obliegenheit der Konsumenten. Inzwischen müssen wir den Banken die Arbeit durch Telebanking erleichtern, der Bahn AG durch die Selbstbedienung im Internet, der Telekommunikation ihren Konkurrenzkampf durch penible Preisvergleiche ermöglichen. Immer mehr Zeit muss in diese Handlangerei für den Apparatus investiert werden, Zeit die den Wohltaten, die wir einander gewähren könnten, abgeht.

Das Interesse an der Familie ist also, dass sie diese Funktion als Schattenarbeiterschaft par excellence weiter erfüllt. Das heißt aber, sie soll um einer Leistung willen aufrechterhalten werden, durch die sie gerade zerstört wird. Es ist geradezu bewunderungswürdig, dass all diesen Zumutungen zum Trotz die Bindekraft der Familie noch nicht gänzlich aufgezehrt ist.

Sterbende brauchen Sterbeorte

Der Humanisierungsgrad einer Gesellschaft lässt sich geradezu daran ablesen, wie sie umgeht mit denen, die sich aus ihr verabschieden, den Sterbenden. Wo, so fragen wir, können denn Menschen unter unseren Lebensbedingungen würdevoll sterben? Wir halten nach Sterbeorten Ausschau. Als ließe sich eine Art Sterbekartographie oder Sterbearchitektur ausdenken, die den Rahmen für ein gutes Sterben bietet, und als ginge es darum, Orte, an denen sich gut sterben lässt, um der Menschlichkeit willen zur Verfügung zu halten. Tatsächlich haben wir ja allen Grund, Klage darüber zu führen, dass den Sterbenden *auch* oder vielmehr *gerade* in den allerreichsten Gesellschaften und in Zeiten relativen Friedens kaum Orte zugebilligt werden, die der Tatsache gerecht werden, dass das Verlöschen eines jeden Lebens ein kleiner Weltuntergang ist, die Auslöschung einer unwiederholbaren Einzigartigkeit, Anlass genug, um wenigstens für einen Augenblick den Atem anzuhalten und die geschäftige Alltagsroutine stillzustellen. Immer wieder hören wir, dass Sterbende, weil sie im Wege sind, in Badezimmer oder Abstellkammern abgeschoben werden oder, alleingelassen, in ihren Behausungen ihren letzten Seufzer tun und erst nach Wochen, wenn sie üble Gerüche verbreiten, gefunden werden. Tatsächlich sagen auf Befragen hin 80 Prozent der Menschen, dass sie zu Hause sterben möchten, und tatsächlich finden 80 Prozent der Sterbenden ihren Tod in einem Krankenhaus oder Heim unter Aufsicht von oder vernachlässigt von ‚Personal'.

Sterben und Gestorben-Werden

Es ist jedoch nicht so einfach zu wissen, wo sich gut sterben lässt. Eine sehr persönliche Erfahrung ist für mich der Tod meiner Großmutter im Jahr 1959. Die Großmutter starb an einem Herzanfall. Sie lebte bei uns, aber sie starb unterwegs. Sie war auf dem Wege zu ihrer Tochter, weniger, um der einen dieser geduldeten Besuche abzustatten, als vielmehr, um sich, wie sie es von Zeit zu Zeit tat, ein paar Tage lang der Strick- und Flick- und Stopfarbeiten anzunehmen, die damals in weniger begüterten Haushalten noch in großem Umfang anfielen. Sie hätte, um an ihr Ziel zu gelangen, in das dritte Stockwerk eines Mietshauses steigen müssen, aber auf dem Treppenabsatz des ersten Stockwerks ereilte sie der Anfall. Sie hatte viele solcher Anfälle erlebt und überlebt, aber dieses Mal wusste sie, dass es der letzte sein würde. Sie fasste diese Gewissheit in ihre letzten Worte: „Ach Gott, ick bliev doot." Der letzte Ernst ließ sich wohl nur in der plattdeutschen Muttersprache ausdrücken.

Die Tochter, als sie den Ernst der Lage erkannte, lief in die Wohnung und holte der Großmutter einen Stuhl und eine Decke und ließ derweilen das vierjährige Enkelkind an der Hand der Großmutter zurück. Und die Großmutter starb – auf dem Treppenabsatz. Es wäre der Tochter, meiner Tante, nicht im Traume eingefallen, dass statt des Stuhles und der Decke ein Arzt zu holen gewesen wäre, obwohl sie damals bereits ein Telefon hatte. Auch der Großmutter wäre es nie in den Sinn gekommen, einen Arzt rufen zu lassen, wie sie auch all die anderen voraufgegangenen Herzanfälle nicht als Krankheit gedeutet hatte, die in die Zuständigkeit eines Arztes gehört hätten, sondern als eine Altersschwäche, die in ihre eigene Zuständigkeit fiel oder in die ihres Herrgotts. Heutzutage würde sich die Tante wahrscheinlich wegen unterlassener Hilfeleistung verantworten müssen, sie hätte sich verdächtig gemacht und hätte es schwer, für ihr ‚Versäumnis' gute Gründe beizubringen. Damals war sie um gute Gründe keineswegs verlegen, weil ihr Verhalten vollkommen normal und über jeden Zweifel erhaben war, weder Arzt noch Rettungswagen noch Polizei hatten beim Sterben meiner Großmutter etwas verloren, nur ein paar hilfsbereite Nachbarn fanden sich ein.

Der Treppenabsatz eines Hamburger Mietshauses – ein idealer Ort zum Sterben? Ist das die Antwort auf die Frage nach den Sterbeorten? Gewiss nicht. Aber trotzdem scheint mir, dass die Großmutter aus heutiger Sicht nicht nur unerhört eigensinnig, sondern auch privilegiert gestorben ist. Nicht weil sie einen besonders wohlbereiteten Sterbeort gehabt hätte, sondern weil sie keinen brauchte. Sie ist buchstäblich mitten aus dem Leben hinausgestorben. Ich könnte auch sagen: Sie ist gesund gestorben, und das ist ein wirklich gnädiger Tod. Dennoch starb sie nicht eines plötzlichen Todes. Die *mors repentina,* der augenblickliche Tod, war bei den Alten am meisten gefürchtet, weil er dem Sterbenden nicht die Zeit ließ, seinen Frieden zu machen mit Gott und den Menschen. Die Großmutter hatte den Tod oft nahen gefühlt, ob er ihr deshalb vertraut war, wage ich nicht zu sagen, aber plötzlich und unvorhergesehen kam er nicht.

Sie war bis zuletzt ein tätiger Mensch, denn damals gab es noch genügend Tätigkeiten, die mit den schwächeren Kräften, die das Alter uns lässt, verrichtet werden konnten. Privilegiert erscheint mir ihr Tod aber vor allem, weil er noch ganz selbstverständlich einer war, der *kam*, und nicht einer, für den sie selbst verantwortlich war, für den sie *Vorsorge zu treffen* und sich auf diese oder jene Weise zu entscheiden gehabt hätte: mit *dieser* oder *jener* Behandlungsvariante, *mit* oder *ohne* lebensverlängernde Maßnahmen, *mit* oder *ohne* Weitergabe des eigenen Organbestandes, *mit* oder *ohne* Morphium, *mit* oder *ohne* künstliche Ernährung und bitte unter Berücksichtigung der dabei entstehenden Kosten.

Aus heutiger Sicht erscheint dieses unüberwachte Sterben, das von keiner Dienstleistung unterstützt und von keiner medizinischen Maßnahme begleitet wurde, unannehmbar, geradezu fahrlässig, wenn auch andererseits der Großmutter sicher dafür applaudiert würde, dass sie so ungemein kostensparend gestorben ist.

Eine Generation später, als die Mutter ihrerseits von Herzanfällen heimgesucht wurde, waren diese bereits eine Krankheit. *Ihren* Tod konnte sie nur noch medizinisch überwacht finden, und wir als nächste Angehörige mussten eine ‚Entscheidung' darüber fällen, ob wir lebensverlängernde Maßnahmen für sie in Anspruch nehmen wollten. Sie starb dann – nach kurzem Aufenthalt im Pflegeheim – in einem Krankenhaus im Umkleideraum des Pflegepersonals. Sie fand in ihrem Todeskampf allerdings Erleichterung durch die Zufuhr von Sauerstoff und wurde, nachdem sie ihren letzten Atemzug getan hatte, abgeschaltet und rasch fortgeschafft. Denn uns, die wir das ganz widerspruchslos geschehen ließen, wäre es nicht eingefallen, sie nach Hause zu holen, die zahlreiche Familie um sie zu versammeln und ein paar Tage Totenwache bei ihr zu halten.

Das ist vielleicht in anderen Teilen Europas und der Welt in ländlichen Regionen noch Brauch, vielleicht auch schon nicht mehr. In den siebziger Jahren waren wir nach Kreta gereist und hatten den Stützpunkt für die Spurensuche in die Vergangenheit in einem damals noch kleinen Ort an der Südküste der Insel gefunden. Der Ort bestand im Wesentlichen aus zwei Straßen, die parallel zum Hafen hinabführten. Die eine Straße bestand aus Restaurants, Tavernen, Bars und Cafés, in denen die Männer beim Ouzo und Brettspiel saßen und abends tanzten. Hier war Lärm und Leben. In der anderen Straße wohnten die Dorfbewohner in kleinen weißgetünchten Häusern mit Terrassen davor. Als einer der Bewohner in der Nachbarstraße starb, wurde er zwei Tage lang im Hause aufgebahrt, die Nachbarn und Dorfbewohner fanden sich ein, nahmen Abschied und verweilten bei einer Tasse Kaffee auf der Terrasse, um den Hinterbliebenen Beistand zu gewähren. Ganz selbstverständlich verstummte für die Zeit der Totenwache in der lärmigen Gasse die Musik. Der Tanz und das Brettspiel unterblieben bis zur Bestattung des Toten. Stattdessen war die Luft erfüllt vom Klagegesang der Klagefrauen. Ein ganzes Dorf hielt den Atem an, und die Touristen fügten sich in den Ritus von Stille und Klage, denn er hatte etwas Zwingendes, ohne erzwungen zu werden.

Dass es auch hierzulande möglich ist, die Toten bei sich zu behalten, also dort, wo sie gelebt haben, weiß kaum jemand. Ich gestehe, dass ich das auch erst weiß, seit ich vor drei Jahren erlebt habe, dass ich bei jemandem, der mir unendlich viel bedeutete, dem wichtigsten Lehrer in meinem Leben, Totenwache halten konnte. Er war gelagert, wo er gestorben war, in dem Zimmer, in dem wir uns viele Male um ihn versammelt hatten, um drängende Fragen zu erörtern. Im Nachbarzimmer trafen die Freunde aus aller Herren Länder ein, um Abschied zu nehmen, dort wurden sie bewirtet, und dort wurden in vielen Gesprächen Geschichten ausgetauscht, die sich um den Toten drehten, und alle wussten, er war mitten unter ihnen.

Auch dies ein in Ruhe gelassenes Sterben, dem aber eine jahrzehntelange strikte Weigerung, sich in die Hände der Medizin zu begeben, vorausgegangen war. Dieses Sterben wurde nicht mehr so selbstverständlich sich selbst überlassen wie das meiner Großmutter. Es wurde erkämpft mit einer radikalen Kritik an einer Gesellschaft, die die *Kunst des Leidens und des Sterbens* unterminiert und eine *Sterbetechnik*, expertokratische Organisation und Kontrolle an ihre Stelle gesetzt hat.

Es gibt nur einen guten Tod, den besiegten

Ist nicht die Frage nach den Sterbeorten in sich selbst schon ein untrügliches Zeichen dafür, dass wir in einer Gesellschaft leben, die alle Anstrengung darauf richtet, den Tod aus ihrer Mitte auszusperren? Und wäre nicht die Frage nach den Orten für ein gutes Sterben ganz anders zu stellen, nämlich als die Frage nach den Bedingungen des guten Lebens? Könnte es nicht sein, dass der ausgesperrte Tod und das eingesperrte Leben einander bedingen?

‚Nekrophil' nannte Erich Fromm in seiner Studie über die menschliche Destruktivität die modernen Gesellschaften und bezichtigte sie damit der ‚Liebe' zum Leichenhaften, zum Erstorbenen und Erkalteten, zum Toten.[21] Das scheint eine fragwürdige Diagnose angesichts der Lebensgier, die sich ungehemmt ausbreitet. Die Lebenswissenschaften und Biotechnologien haben Hochkonjunktur und versprechen weitere Lebensverlängerung, womöglich bei guter Gesundheit und stattlicher Statur. Sie empfehlen sich als die Hoffnungsträger, die unermüdlich mit der Abschaffung ‚überflüssigen Leides' befasst seien. Und tatsächlich wird ihnen genau dies zugetraut und von Ethikkommissionen, die wie Pilze aus dem Boden schießen, sogar zur ethischen Pflicht gemacht.

Die andere Diagnose beschreibt unsere Gesellschaft, wie gesagt, als todverleugnend. Aber auch gegen sie spricht die alltägliche Erfahrung. Vom Tod ist überall und ununterbrochen die Rede. Die Frage, wer über ihn zu befinden hat, wird in hitzigen öffentlichen Debatten und Talkshows erörtert. Die Literatur über den Umgang mit Sterben und Tod füllt ganze Regale und kann sogar im Bahnhofsshop in der Ratgebersparte gut sortiert erworben werden. Was nun also? Sind wir todesversessen oder todesvergessen; sind wir lebenshungrig oder todessüchtig? Oder beides? Ist womöglich, was als widersprüchlich erscheint, gleichursprünglich? Ist das umherschwirrende Gerede über den Tod nur eine höhere Form der Verleugnung? Und ist die Lebensgier eine Folge der Verdrängung des Todes und vice versa?

„Es gibt nur einen guten Tod, den besiegten ... Für jeden soll es möglich sein, bis zur Grenze seines biologischen Kapitals zu gelangen und sein Leben ‚bis zur Neige' ohne Gewalt oder vorzeitigen Tod zu genießen“[22], das ist das moderne Credo im Angesicht des Todes. Da aber der Tod einstweilen nicht besiegbar ist, soll er wenigstens berechenbar sein, der Stachel der Überraschung soll ihm gezogen werden.

Wenn wir in die Geschichte der großen Ideen schauen, dann sehen wir am Beginn aufklärerischen Denkens die Ausmerzung der Überraschung geradezu kategorisch und programmatisch auf die Agenda des modernen Menschen gesetzt. Es war René Descartes, der in der Überraschung die Ursache der Furcht des Menschen ausmachte. Und da er die Furcht für das Grundübel menschlicher Existenz erachtete, weil sie den menschlichen Taten- und Erkenntnisdrang paralysiere, wies er seine Zeitgenossen an, sich auf alle Eventualitäten vorzubereiten, alle Dinge so genau zu durchschauen, so vorhersehbar und berechenbar zu machen, dass die Menschen von Überraschung, Widerfahrnis und Geschick nicht länger heimgesucht würden.

Descartes hatte allemal erkannt, dass das Überraschende nicht harmlos ist. Er wusste: Das Leben ist voller Überraschung, und der Tod ist die größte unter ihnen. Seine Kampfansage an die Überraschung galt in letzter Hinsicht dem ärgsten Widersacher des von Furcht gequälten Menschen, dem Tod. Und tatsächlich machte er sich daran, eine auf unwiderleglichen Beweisen gründende Medizin gegen diesen Urfeind des Menschen ins Feld zu führen. Er hoffte noch zu seinen Lebzeiten mit seinen Forschungen so weit voranzukommen, dass er das Leben beträchtlich verlängern helfen, Krankheiten besiegen, ja sogar das Alter ersparen könnte. Kommt uns das alles nicht sehr bekannt vor?

Wir Heutigen sind Descartes gläubige Nachfahren, im Großen und Ganzen der Überraschung nicht hold. Wir haben uns gegen sie entschieden und unsere gesellschaftlichen Verhältnisse so eingerichtet, dass der Überraschung möglichst wenig von ihrem Eigensinn bleiben soll. Dass diesem Bemühen dann doch nicht der rechte Erfolg beschieden ist, ändert nichts an der Grundeinstellung gegenüber dem Unvorhergesehenen. Es ändert nichts daran, dass wir die Zukunft, das, was ungemacht, ungeplant und unverhofft auf uns zukommt, nicht leiden können und deshalb unablässig – gegen sie ankämpfend – ihr unsere Signatur aufprägen, sie mit Beschlag belegen und in die Gangart zwingen wollen, die unseren Plänen gemäß ist. Der Tod ist der Inbegriff der Überraschung und der Unvorhersehbarkeit, denn er ist für jeden Menschen absolut beispiellos. Keine Erfahrung hat zu ihm Zutritt.

Auch der Tod des Anderen, der neben mir stirbt, gewährt mir keinen Einblick in sein Wesen, sondern nur in das, was er unter den Lebenden anrichtet. Der Tod ist das ganz Andere, das vollkommen Fremde. Umso mehr gilt ihm auch die Unduldsamkeit und der Wille, ihn unter Kontrolle zu zwingen. Wie hoffte der moderne Mensch der als bedrohlich empfundenen Überraschung Herr zu werden? Wie ließ sich das Leben vom Zufall befreien?

Homo faber, der Macher-Mensch, wollte in einer Welt leben, die er genau durchschauen und beherrschen konnte, weil er sie selbst gemacht hatte. Er wollte eine Welt veranstalten, „in der es kommt, wie man denkt, weil man kann, was man will" (Peter Sloterdijk). Dass er trotz alledem den Tod nicht besiegen konnte, entmutigte ihn nicht, solange er glaubte, ihn doch wenigstens zähmen und aus dem laufenden Leben fernhalten zu können. Aber der aus dem Leben vertriebene Tod kehrt unbemerkt zurück und infiziert die durch und durch menschengemachten Verhältnisse mit seiner Tödlichkeit. Sobald der Mensch aufhörte, mit seiner Lebenswelt auf Du und Du zu sein, sobald ihm alle Kreatur inklusive seinesgleichen nicht mehr als ein ‚Du' gegenüberstand, sondern nur noch als ein ‚Das-da', als ein Objekt erschien, mit dem er umspringen konnte, das auf Kommando zu seiner Verfügung stand, erstarb ihm sein lebendiges Gegenüber unter der Hand zu bloßer Materie, die bewertet, bewirtschaftet und ausgebeutet werden konnte, die aber aufhörte, Segen zu spenden. Um selbstmächtig zu werden, um seine unwillkommene Angewiesenheit abzuschütteln, wollte der moderne Mensch sein Dasein nur sich selbst verdanken, ganz Herr werden über seine Existenz, seinen Mitgeschöpfen jedes Mitspracherecht bei seinen Machenschaften verweigern.

Er hat damit aus seiner Lebenswelt eine Welt toter und tauber Dinge werden lassen, sie ‚todsicher' gemacht und schließlich sogar den Tod seiner Lebendigkeit beraubt, ihn verwaltet, reglementiert und standardisiert, ihm eine Norm und einen Zeitplan auferlegt: Ohne Übertreibung könne man sagen, „dass immer weniger von uns einfach an Lebensmüdigkeit oder Alterschwäche sterben", schreibt Günther Anders. „Einfache Sterbefälle sind bereits altertümliche Raritäten. Zumeist wird der Tod hergestellt. Gestorben wird. Nicht Sterbliche sind wir Heutigen, primär vielmehr Ermordbare. Sofern wir nicht durch Napalm, Radioaktivität oder Gas umgebracht werden ... werden wir in verchromte Sterbefabriken verlagert. In diesen werden wir zwar nicht umgebracht, ... aber während dieser Verzögerungszeit werden wir doch so fest in den Apparat eingeschaltet, daß wir zu dessen Teil, unser Sterben zum Teil der Apparatefunktionen und unser Tod zum momentanen Binnenereignis innerhalb des Apparates wird."[23]

Des Daseins für schuldig befunden

Zu allen Zeiten hat die Todesfurcht ihre je besondere Ausprägung erfahren. Die Angst vor dem plötzlichen Tod hat die mittelalterlichen Menschen gepeinigt, weil sie glaubten, ohne ein zureichendes Sterberitual der ewigen Verdammnis zu verfallen. In Pestzeiten haben sie sich, so wird berichtet, mit letzter Kraft sogar selbst bei lebendigem Leibe an gesegnetem Ort verscharrt, um nicht in die Massengräber vor den Stadttoren geworfen zu werden, fernab von den Reliquien der Heiligen, auf deren Fürbitte sie sich angewiesen wussten. In Kriegszeiten haben sie sich vor dem namenlosen Verbluten auf den Schlachtfeldern oder im Bombenhagel gefürchtet. Das Grauen vor dem industriellen Tod haben uns die Konzentrationslager gelehrt. Allen Todesängsten gemeinsam ist die Namenlosigkeit des Sterbens, die Auslöschung ohne wenn und aber.

Und heute geht die Angst vor dem veranstalteten Tod um. Diese Angst vor einem verwalteten Tod, die Angst davor, dass ich meinen eigenen Tod nicht finden werde, hat viele gegenwärtig dazu verleitet, mit einer Patientenverfügung die Maschinierung ihres Sterbens zu verhindern. Auch diese Sterbegarantie, die uns glauben macht, wir würden den eigenen Tod in die eigene Verfügung zurückbekommen, ist nichts anderes als eine Option, die uns eine der im Supermarkt der Angebote befindlichen Sterbemodalitäten freistellt oder gewährt, aber mit der Überraschung, die mein Tod bereithält, nichts zu tun hat. Sie ist ein Versuch mehr, diese Überraschung unters Reglement zu zwingen und sie als Risiko zu kalkulieren. Und sie gibt eine Antwort auf eine empörende Frage, die ich damit bereits akzeptiert und für berechtigt erklärt habe. Die Frage: Wie willst du gestorben werden? (Einmal abgesehen davon, dass diese Debatte insgeheim schon überholt ist, denn es geht ja schon bald nicht mehr darum, wie man der maschinellen Aufrechterhaltung der Köperfunktionen entgehen könne, sondern darum, wie lange denn dem Sterbenden diese kostspielige Versorgungsleistung gewährt werden muss.)

Wie es dem Tod ergeht, so ist es der Geburt schon längst ergangen. Weltankömmlinge gibt es beinahe gar nicht mehr. Sie sind schon überwacht, kontrolliert, vermessen, diagnostiziert und therapiert und gelegentlich operiert, lange bevor sie das Licht der Welt erblicken. Sogar gebildet sollen sie schon im pränatalen Zustand werden, damit sich ihre Zukunftschancen auf dem Arbeitsmarkt verbessern. Man kann den Tag ihres Erscheinens im Rahmen einer gewissen Marge bestimmen: Sonntagskind gefällig? Man glaubt alles über sie zu wissen, also auch, ob ihnen ihr Leben überhaupt zugemutet werden kann. Am Anfang und am Ende unseres Lebens das gleiche Procedere: Es soll nicht länger kommen, wie es will, sondern so, wie wir können. Und dazwischen, zwischen fabrizierter Geburt und verwaltetem Tod? Woher soll das gute Leben kommen, wenn es so anfängt und so aufhört?

Die Frage, ‚wie willst du gestorben werden', die heute fast allen Menschen zur Entscheidung vorgelegt wird, es sei denn, sie sterben einen Unfalltod oder werden hinterrücks erschossen, diese Frage ist die unvermeidbare Konsequenz jener anderen Frage, deren Beantwortung die konsumistische Gesellschaft ihren Mitgliedern als letzte Freiheit zugesteht, sie lautet: Wie willst du gelebt werden? Eine Gesellschaft, die die Kunst des Lebens durch die Versorgung mit Lebensmitteln ersetzt, untergräbt auch die Kunst des Sterbens durch das Versprechen von warenförmiger Sterbeerleichterung. Und ich hege den Verdacht, dass wir mit unserem Interesse für ‚Sterbeorte' dieser Verführung bereits erlegen sein könnten. Ist das nun ein Plädoyer für einen heroisch zu erleidenden qualvollen Tod? Ich meine nicht. Wer sollte sich das Recht nehmen, einem Anderen das zuzumuten. Ich will vielmehr die Aufmerksamkeit auf das lenken, was einmal die *conditio humana* genannt wurde und was uns an die Grenzen unserer menschlichen Existenz gemahnt.

Die Vorstellung, was zur *conditio humana* gehört, welche Begrenzungen unserer Existenz also außerhalb unseres Einflusses liegen, variieren durch die Geschichte hindurch. In der allgemeinsten Form könnte man vielleicht sagen, dass wir Menschen eigentümliche Doppelwesen sind. Ich meine nicht die Doppelnatur, die uns Vernunft- und Naturwesen zugleich sein lässt; ich meine, dass wir Wesen sind, denen ihr Leben zustößt, zufällt, widerfährt und gleichzeitig solche, die ihr Leben führen müssen, es erkämpfen, gestalten, ihm Form und Haltung geben müssen, Biographie eben. Diese beiden Bestimmungen müssen in jeder einzelnen Lebensgeschichte ihre eigene Balance finden. Wir haben es aber jetzt mit einer allgemein gewordenen Maxime zu tun, die das ganze Recht und die ganze Pflicht auf der Seite des Machens, der Kontrolle, des ‚In-den-Griff-Bekommens' sieht. Die Seite des Aushaltens, des Erduldens und Erleidens, der Empfänglichkeit ist vollkommen in Misskredit geraten.

Anders gesagt: Die Wahl zwischen einer Kultur (Kultur hier nicht in dem heute gängigen Allerweltssinn genommen, sondern in dem alten Sinn des Hegens und Pflegens des Ackers, damit etwas gedeihen kann), die Wahl also zwischen einer Kultur des Vertrauens und einer Unkultur der Garantie, der Sicherstellung, der Zufallsbereinigung ist zugunsten der letzteren ausgefallen. Wir wollen unsere Sicherheit nicht auf ein gutes Widerfahrnis, auf gnädige oder freundliche Umstände bauen, sondern auf solide, kalkulierte, möglichst risikofreie Vorsorge, die geradezu automatisch abgespult wird. Damit aber wird der Möglichkeitshorizont unseres Lebens enorm eingeschränkt. Wir sind reduziert auf das, was unsere eigene Anstrengung uns möglich macht, und das ist im Vergleich zu dem, was das Leben und das Sterben sonst noch alles an Möglichkeit bereithält, wenn wir uns überraschen lassen, erbärmlich wenig.

Unsere Sicherheit wird nicht erhöht, wenn wir alles auf die Karte der Garantie setzen und dem Vertrauen abschwören, im Gegenteil, sie wird enorm fragil, wie wir mit einem einfachen Blick in eine beliebige Tageszeitung leicht wahrnehmen können.

Aber damit nicht genug. Wenn die Menschen sich so ganz darauf verlegen, selbst die Ursache aller Ereignisse zu sein, oder anders, wenn ihnen unter den gesellschaftlichen Bedingungen der Gegenwart ihr Leben so ganz als ein verfügbares erscheint, wenn sowohl die Geburt als auch der Tod in die Sphäre der menschlichen Machenschaften gezerrt werden, dann steht jedermanns Existenzrecht auf dem Spiel. Solange Menschen aus ihrem Leben abberufen wurden und weder Zeit noch Stunde wissen konnten oder wollten, solange der Tod ein Ereignis aus Gottes Hand war, musste sich niemand seines Daseins schuldig fühlen. Heute fürchten alte oder hinfällige Menschen vor allem eines, anderen oder noch abstrakter: der Allgemeinheit, zur Last zu fallen. Sie haben gelernt, sich als Posten im volkswirtschaftlichen Kalkül zu begreifen, und da sieht die Bilanz, was die allerletzte Lebensphase angeht, schlecht aus.

Unglaubliche medizinische und biotechnologische Anstrengungen werden darauf gerichtet, dem Tod mehr und mehr Lebenszeit abzuringen. Bis zu einem gewissen Grade scheint dieses Bemühen erfolgreich. Aber dieser ‚Erfolg' hat seine unversöhnlichen Schattenseiten. Das Komplott aus Naturwissenschaft, Technik und Ökonomie – das dem modernen Menschen eine relative Lebensverlängerung bescheren soll, macht auch zugleich die immer älter werdenden Menschen immer früher unbrauchbar und erklärt sie für überflüssig schon in mittleren oder gar jungen Jahren.

Verschiedene gesellschaftliche Entwicklungen treffen im Sterbezimmer unheilvoll aufeinander: die medizinischen Erfolge, die es möglich machen, den Sterbenden selbst oder die Angehörigen zu fragen, ob sie lebensverlängernde Maßnahmen in Anspruch nehmen wollen, etwas, was in der alten Medizin ganz undenkbar war. Wenn sich am Sterbenden die Zeichen des Todes zeigten – und es gehörte zur ärztlichen Kunst, sie zu erkennen – dann musste der Arzt vom Krankenbett weichen und dem Priester den Platz überlassen. Heute sind wir durch diese Frage, die für unsere Ohren nichts Blasphemisches hat, sondern ein Indiz für die ärztliche Sorgfalt und die staatliche Daseinsfürsorge ist, ganz unbemerkt an den Gedanken gewöhnt worden, dass das Leben etwas sei, das man wie elektrisches Licht abschalten könne, und der Tod ein Übergang, den man durch Umlegen eines Schalters herbeiführt. Das ist das eine: das abschaltbare Leben und der einschaltbare Tod.

Zum anderen hat sich in den vergangenen Jahrzehnten ein Tabu gelockert, dessen Bestehen Menschen Jahrtausende davor bewahrte, zu glauben, ihr Tod stünde ihnen zu ihren Diensten. Ich meine das Tabu, das über die Selbsttötung verhängt war. Nun gibt es gewiss viele gute Gründe, die Selbsttötung als die letzte Freiheit, die dem Menschen in unerträglicher Knechtschaft bleibt – sei es dass er unter Schmerzen oder irgendeine andere fremde Tyrannei gebeugt ist – im Einzelfall zu verteidigen.

Aber wenn die Lockerung dieses Tabus zusammengeht mit einem

Tod, der nicht mehr kommt, sondern veranlasst werden kann und der beschreibbar ist mit Metaphern, die dem Funktionieren von Maschinen entlehnt sind, und wenn schließlich drittens immer mehr Menschen als untauglich aus dem aktiven gesellschaftlichen Leben ausgemustert werden, dann wird der ‚Freitod' zum Euphemismus und zur bitteren Nötigung. Menschen, die nicht mehr aus dem Leben abberufen werden, sollen lernen abzutreten. Was ihnen als selbstbestimmter Tod erscheinen soll, folgt in Wahrheit dem Grundsatz: Wann jemand zu sterben hat, bestimmen wir. Und diese Drohung geht in beide Richtungen, in Richtung auf medizinische Sterbevereitlung und in Richtung auf psychologische Förderung der Sterbebereitschaft, wie sie jetzt schon ganz ungeniert betrieben wird.

In Anbetracht dieser explosiven Mischung aus Tabubruch, Technisierung und Ökonomisierung des Sterbens bekommt die Frage nach den Sterbeorten eine ganz andere unheilvolle Tonlage. Man könnte sagen, wenn hinreichend viele freundlich ausgestattete Sterbeorte bereitstehen, dann kann dieses kalkulierte Gestorben-Werden ungehindert und gesellschaftlich hoch akzeptiert seinen Lauf nehmen. Wenn in einer Gesellschaft auch nur der leiseste Zweifel daran aufkommen darf, dass ein jeder Mensch unantastbar, weil heilig ist, dann hat sie ihrer Barbarisierung und dem Faschismus von Geld und Profit, wie George Steiner dies Stadium der Entwicklung nennt, nichts mehr entgegenzusetzen. Menschen werden in die Lage versetzt, sich ihres Immer-noch-Daseins schuldig zu fühlen und zu schämen, und die Bezweiflung ihres Bleiberechts, die ihnen angetan wird, als eigene Einsicht und als einen Sterbewunsch zu verinnerlichen. Und als Entschädigung für den Verlust ihrer Unantastbarkeit wird ihnen ein leichter Tod an gutem Ort versprochen.

Dass unser Umgang mit dem Tod dadurch gekennzeichnet ist, dass wir ihn nicht als kommenden, sondern als herzustellenden, als Managementobjekt betrachten, während wir ihn gleichzeitig des Lebens verweisen, das ist das eine, was uns nach guten ‚Sterbeorten' Ausschau halten lässt, uns vielleicht sogar dazu verleitet, sie als ein sozialstaatliches ‚Muss' ganz oben auf die Prioritätenliste zu setzen.

Aber die Notwendigkeit, danach zu fragen, hat natürlich vor allem damit zu tun, dass in der Konsumgesellschaft das Miteinander und Füreinander unter die Räder gekommen ist. Vereinzelte und durch Misstrauen voneinander isolierte Wesen sind fraglos die besten Konsumenten. Nicht nur, dass sie sich für viele Entbehrungen durch Warenkonsum schadlos halten. Der in ihnen bestärkte Drang nach Unabhängigkeit richtet sich im Wesentlichen gegen die Abhängigkeit voneinander und treibt sie damit zugleich in die Abhängigkeit von käuflichen Dienstleistungen aller Art. Wir erkaufen unsere Unabhängigkeit voneinander und Unzuständigkeit füreinander damit, dass wir für alles bezahlen müssen. Und so werden wir auch wohl schon bald oder schon jetzt in Sterbeklassen mit unterschiedlichen Leistungsansprüchen einsortiert. Und so wird dann der Eine ‚würdiger' als der Andere sterben dürfen je nach der Vorsorge, die er im Leben getroffen hat.

Aber wer weiß, vielleicht ist ja in unserer letzten Stunde unsere Würde gar nicht das, was uns am meisten am Herzen liegt. Vielleicht ist die Sorge um die Würde des Sterbens viel mehr ein Anliegen der Überlebenden, damit ihnen nicht allzu sehr graut vor dem ganz und gar Fremden im Angesicht des Todes des Anderen. Vielleicht ist im Sterben einzig wichtig, Vergebung zu erfahren in der gebenden und der empfangenden Weise, und vielleicht, wer weiß, ist die Bereitschaft, sich überraschen zu lassen bis zum letzten Atemzug wichtig und ein Hoffnungsstrahl wider alle Vernunft, der alles für möglich hält, auch das ganz und gar Unmögliche. Das ist natürlich nichts, was wir mit planmäßiger Anstrengung und vorsorglich sicherstellen können.

III Bildung im Angebot

Bildung ist in aller Munde insbesondere darum, weil sie als krisengeschüttelt wahrgenommen wird. Ihr Zustand gibt zur Besorgnis Anlass. Aber diese Sorge gilt nicht so sehr dem kulturellen Erbe, das ja nach traditionellem Verständnis nur bewahrt werden kann, wenn sich die Menschen Generation für Generation bereitfinden, ihren je eigenen Teil davon für die Dauer ihres Lebens in sich aufzunehmen – gleichsam zu beherbergen – und weiterzugeben an die Nachkommenden. Nachdem aber die Speicherkapazitäten der Datenbanken unermesslich geworden sind, scheint der Bestand des kulturellen Erbes nicht gefährdet. Man lagert ihn auf Abruf ein und zitiert ihn bei Bedarf herbei.

Die Krisenstimmung wird vielmehr ausgelöst durch das beschämende Bildungsniveau, das deutschen Schülern und Studenten im Vergleich zu ihren europäischen und außereuropäischen Konkurrenten bescheinigt wird. Und da Bildung in dem Ruf steht, das wichtigste ‚Humankapital' für die Anhäufung herkömmlichen Kapitals zu sein in der so genannten Wissensgesellschaft, erscheint ein Mehr an Bildung zwingend notwendig für die Wirtschaftskraft dieses Landes. Denn das steht nicht in Frage, dass es einen unmittelbaren Zusammenhang zwischen Bildung und Konkurrenzfähigkeit auf dem Weltmarkt gibt. Ebenso gewiss ist auch, dass mehr Bildung mehr kostet. Und darum plädiert, wer es gut mit der Bildung meint, für die Erhöhung der Bildungsausgaben.

Wie nun aber, wenn es ganz anders ist?

- *Wenn das, was alle für Bildung halten und was man auf ‚Ranking-Listen' in eine säuberliche Ordnung bringen kann, gar keine Bildung ist?*
- *Wenn die Konkurrenz das unschlagbare Mittel ist, um Bildung unmöglich zu machen?*
- *Wenn wir, was das kulturelle Erbe angeht, als Parasiten die Rechnung ohne den ‚Wirt' gemacht haben, von dem wir eben*

parasitengleich immer nur gezehrt haben, ohne ihm etwas Eigenes hinzuzufügen?

- *Wenn unsere Bildungseinrichtungen Lernverhinderungsanstalten sind?*
- *Wenn Chancengleichheit durch Bildung ein Etikettenschwindel ist?*
- *Wenn das, was den Jüngeren abverlangt wird, nämlich sich zu bilden, ihnen zugleich bei Strafe verboten ist?*
- *Und wenn schließlich Bildung umsonst ist, gratis, überall zu finden.*

Zukunftsfähig durch lebenslanges Lernen

Bildung ist knapp oder wird unvernünftigerweise zu knapp gehalten. Darüber ist man sich schnell einig. Wenn von Bildungsknappheit geredet werden soll, scheint ein Ton angeschlagen zu sein, der zum Mitsingen einlädt. Es scheint, als werde das uralte Klagelied über den Bildungsnotstand angestimmt, jenes von der chronischen Unterversorgung des Bildungssektors, innerhalb dessen die Erwachsenenbildung noch einmal besonders stiefmütterliche Behandlung erfährt. Der bloße Rekurs auf Bildungsknappheit lässt offenbar nur eine geradezu logische Konsequenz zu: einen Forderungskatalog nämlich, der geeignete Mittel zur Bereitstellung von mehr Bildung einklagt. Der Tatbestand der Bildungsknappheit erheischt also ein Mehr an Bildung, und diese ist, so wie die Dinge heute liegen, eine Frage der Zuweisung von finanziellen Mitteln. Der Benachteiligung des Bildungssektors in der staatlichen Ausgabenpolitik muss widersprochen werden. Notfalls – kritisch betrachtet sogar günstigenfalls – muss dem vermehrten Finanzbedarf, den das Bildungswesen geltend macht, durch Umverteilung, also durch die Neuordnung politischer Prioritäten Rechnung getragen werden. Die Friedensbewegung der achtziger Jahre hat dafür die einschlägige und zustimmungsfähige Formel bereitgestellt: ‚Bildung statt Raketen.' Was wäre dagegen zu sagen? Allenfalls dies, dass gegen Völkermordgerät mehr und anderes eingewendet werden muss, als dass es zu viel kostet.

So weit so gut. Bei genauerer Betrachtung verliert jedoch das Notstandsargument seine Plausibilität. Von einem Gut zu sagen, es sei knapp, bedeutet nicht einfach die Feststellung seines geringen Vorkommens, also seiner Seltenheit. Knappheit bezeichnet vielmehr ein Verhältnis – besser gesagt: ein Missverhältnis – zwischen einem Vorrat an etwas und einem Bedürfnis nach etwas. Hier nun gerät die Erwachsenenbildung, die – mit ihrer Alimentierung unzufrieden – eine großzügigere Teilhabe am Gesamtkuchen einfordert, in Bedrängnis. Es wäre ja, um der Forderung nach besserer Ausstattung Nachdruck und Rechtfertigung zu verleihen, der Nachweis zu führen, dass tatsächlich ein dürftiger Bildungsvorrat einem vehementen und unabweisbaren Bildungsbegehren der Bevölkerung gegenübersteht. Nur dann bestünde nach der Definition Bildungsknappheit. Dem ist nicht so, wie jeder, der das mühselige Geschäft der Erwachsenenbildung kennt, weiß. Bildungsbegehrlichkeit muss in weiten Bereichen der Erwachsenenbildung schmerzlich vermisst werden.

Nur neiderfüllt können Erwachsenenbildner das Treiben im medizinisch-therapeutischen Sektor betrachten, in dem es gelungen ist, einen aggressiven Expansionismus als zwingende Folge wachsender Gesundheitsbedürfnisse zu rechtfertigen. Noch die ungeheuerlichsten Machenschaften der Gentechnologie werden interpretierbar als Dienst am Leben, auf das ja bekanntlich alle scharf sind und auf das man, jedenfalls in Gestalt einer durchschnittlich langen und leidfreien Lebensspanne, ein Anrecht zu haben glaubt. Davon, dass ihre Forderungen sich dergestalt auf Bedürfnisse ihrer ‚Kundschaft' stützen könnten, können Erwachsenenpädagogen nur träumen. Tatsächlich wird die Zunft der Erwachsenenbildner von *ihren* so genannten Adressaten schmählich im Stich gelassen.

Heißt das nun, dass Bildungsknappheit in der Erwachsenenbildung fehlangezeigt ist? Beileibe nicht. Wenn die Beobachtung stimmt, dass es ein Missverhältnis zwischen einem kargen Bildungsvorrat und überschäumenden Bildungsbedürfnissen nicht gibt, dann kann sich die Erwachsenenbildung – wie es scheint mit Fug und Recht – auf ein anderes Missverhältnis berufen: auf das Missverhältnis zwischen *geringen* Bildungs*möglichkeiten* und einem *objektiven*, sogar wachsenden Bildungs*bedarf*. Wenn auch die Bildungsbedürfnissse individueller Teilnehmer nicht die Expansion oder zumindest Bestandssicherung des Bildungssektors rechtfertigen, so ist – worin Einhelligkeit besteht – doch unübersehbar, dass ohne ein gewisses, zunehmend höheres quantitatives und qualitatives Bildungsniveau die Gesellschaft als ganze und ihre Mitglieder in ihr nicht bestehen könnten. Die Anforderungen, die die moderne Gesellschaft wegen ihrer Komplexität und rapiden Wandlung an die Individuen stellen muss, sind so geartet, dass keinesfalls die staatliche Daseinsfürsorge in Sachen Bildung sich auf das Jugendalter beschränken kann. Bildung ist demnach knapp unabhängig vom Vorhandensein von Bildungsbedürfnissen auf Seiten potenzieller Teilnehmer.

Folgt man dem Knappheitsargument bis zu diesem Punkt, dann liegt das Operationsfeld, auf dem sich die Erwachsenenbildung zu bewegen hat, vor Augen. In gleicher Deutlichkeit offenbart sich jedoch das Dilemma, in dem sie steckt. In dem Maße, in dem sie sich des Knappheitsarguments bedient, beraubt sie sich ihrer Autonomie. Sie wird Auftragsarbeit, und zwar in doppeltem Mandat:

Erstens: Sie wird tätig namens eines objektiven Bildungsbedarfs, den sie nicht selbst definiert. Das heißt, sie lässt sich ihre Ziele vorgeben von Instanzen und Problemdefinitionen, die ihr äußerlich sind.

Zweitens: Da nun einmal jedes Bildungsunterfangen die Mittäterschaft der zu Bildenden notwendig zur Voraussetzung hat, zumindest ihre physische Anwesenheit, muss sie sich um die Herstellung von Bildungsbedürfnissen kümmern. Tatsächlich ist ja ein Gutteil erwachsenenpädagogischer Grübelei der Frage gewidmet, wie Bildungsnachfrage erzeugt werden könne; ein Bemühen, das regelmäßig auf den Ausweg verfällt, die Attraktivität des Lernangebots zu erhöhen.

Ich resümiere: Erwachsenenbildung antwortet unter dem Regime der Knappheitshypothese einerseits auf einen vorformulierten gesellschaftlichen Bedarf. Andererseits reagiert sie auf die Bildungsträgheit eines unwilligen Publikums, dem sie, um es deutlich zu sagen, Bildung irgendwie schmackhaft machen muss, um das Notwendige zum Bedürfnis werden zu lassen. Damit führt sie ein ziemlich sachgezwängtes Dasein zwischen Bedarf und Bedürfnis, das die Frage nach ihrem Proprium kaum noch aufkommen lässt. Ihr aufklärerischer Impuls wird zwischen diesen Sach- und Erfolgszwängen zerrieben, wofern sie nicht sogar antiaufklärerisch wird.

An vier Varianten will ich verdeutlichen, wie die verfasste Erwachsenenbildung um des Erfolges willen ihre Haut, will sagen: ihre Lehrfreiheit und Selbstbestimmung, zu Markte tragen muss.

Da sind einerseits die Zwänge, die davon ausgehen, dass die Erwachsenenbildung zur Geschmackssache eines erst noch zu konstituierenden Publikums wird, das umworben sein will. Die (erstens) *hedonistische* und (zweitens) *karrieristische* Variante sind Zugeständnisse an die erforderte Attraktivität des Lernangebotes, mit der Teilnehmer und Teilnehmerinnen geködert werden sollen. Da sind auf der anderen Seite die Pflichten, die der Erwachsenenbildung von der so genannten objektiven Bedarfslage auferlegt werden. In diesem Zusammenhang ist zu reden (drittens) von einer Asynchronizität zwischen dem Menschen und seiner Gerätewelt: die (drittens) *adaptive* Variante. Und schließlich will ich die Aufmerksamkeit (viertens) der *katastrophendidaktischen* Variante zuwenden.

Die hedonistische Variante der Erwachsenenbildung

Die Feststellung, dass wir in einer unumkehrbaren Epoche des konsumorientierten Hedonismus leben, hat in den siebziger Jahren des vorigen Jahrhunderts Pier Paolo Pasolini zum Diskurs über die Moderne beigesteuert. Dem Wesen des hedonistischen Konsumismus, dieses „angsterfüllten Dranges, sich zu nivellieren“[1], komme ich freilich erst auf die Spur, wenn ich ihn interpretiere als ein großangelegtes Akkumulationsprojekt, bei dem es darum geht, in einer als endlich begriffenen Lebensspanne so viel Erlebnis, Annehmlichkeit, Behaglichkeit, Amüsement und Gewinn wie nur möglich aus dieser chronisch zu kurzen Frist herauszuschlagen.

Das Grundgefühl unserer Epoche ist panisch, beherrscht von der Angst, das Meiste, das Wichtigste und das Beste zu versäumen. In diesem von der Versäumnisangst getriebenen Run auf die Offerten der Welt soll die Erwachsenenbildung bestehen können, das heißt, sich als der Mühe wert erweisen. Und so wird dann Attraktivität zur Leitidee der Programmgestaltung. Wie wird Erwachsenenbildung attraktiv, wie gelingt es ihr, sich als Teil des konsumistischen Hochbetriebs zu organisieren und mit der Verheißung aufzuwarten, sie werde nennenswert zur Steigerung des Lebenskapitals beitragen? Wie kann sie die Überzeugung nähren, dass sie Weltmöglichkeit im Exklusivangebot hat? Es gibt sie, diese Art der Erwachsenenbildung, wenigstens dem Bemühen nach. Beim Kampf um Marktanteile weht jedoch ein scharfer Wind. Die Erwachsenenbildung befindet sich auf diesem Terrain in harter Konkurrenz mit Agenturen und Industrien, die für die Produktion und Bereitstellung von Weltofferten besser gerüstet sind: die Tourismus- und Freizeitindustrie, die Kultur- und Vergnügungsindustrie, die Esoterik- und Religionsersatzindustrie, die Medien- und Simulationsindustrie; schließlich noch die Szenerie, die sich um die Bereisung des eigenen Seelenlebens gebildet hat, befasst mit der Aufdeckung des letzten dunklen Kontinents. An all dem zu nippen, zeigt sich die Erwachsenenbildung angesichts ihrer bedrängten Lage verführbar.

Ich schlage ein wirklich x-beliebiges Erwachsenenbildungsprogramm der 90er Jahre auf, um den trostlosen Werbefeldzug der Bildungs-Veranstalter zu demonstrieren: Der EDV-Bereich ist natürlich vertreten, aber auf dem Niveau eines ‚Schnupperkurses in Winword 6.0' Einmal abgesehen davon, dass es am Computer wirklich nichts zu schnuppern gibt, liefert sich die Themenstellung freiwillig der Lächerlichkeit aus, signalisiert Unernsthaftigkeit und Unverbindlichkeit. Warum so kläglich? Die dahinterstehende Idee, dem zögernden so genannten Adressaten die Zugangsbedingungen zu ermäßigen, teilt sich geradezu aufdringlich mit. Wer sich da nicht infantilisiert fühlt, hat selber Schuld.

Dann kommen die Sprachen, ‚für Anfänger', versteht sich. Auch hier: Niemand möge glauben, dass Lernen Anstrengung erfordert; es soll leicht, locker und spielerisch zugehen, konsumentenfreundlich eben. Ich blättere weiter: ‚Seidenmalen für Anfänger' und ‚Aquarellieren auf Seide für Anfänger'. Ich sehe sie vor mir, die scheußlichen Produkte, mit denen Familienmitglieder zur Weihnacht tyrannisiert werden. Die Welt um uns herum geht in Trümmer, und den Erwachsenenbildnern fällt nichts anderes ein, als sich an der Herstellung vollkommen überflüssiger Produkte zu beteiligen, und die Menschen, die sich ihrer Anleitung überlassen, zu überflüssigen Tätigkeiten zu verführen, womit sie ganz nebenbei, aber unmissverständlich selbst für überflüssig erklärt werden.

Weiter: ‚Marmorieren von Seidenkrawatten'. Grund genug, sich für den Rollkragenpullover zu erwärmen, solange nicht Erwachsenbildner darauf verfallen, ‚Rollkragenpulloverstricken für Anfänger' in das Programm aufzunehmen.Es geht weiter mit dem ‚Bemalen von Christbaumkugeln', dem ‚Gestalten von Weihnachtskarten', der Hit für die dunklen Dezembertage. Das ist auch die Zeit für die ‚Herstellung von Porzellanpuppen' und das ‚Verzieren von Kerzen'. Dann werden wir verlockt mit ‚experimenteller Stoffgestaltung'. Da ist es, das kühne Wagnis, der Mut zum Experiment. Und dann wird für unser leibliches Wohl gesorgt: ‚Nudel-Teig-Reisgerichte' nebst ‚Servier- und Getränkekunde für die gepflegte Gastlichkeit'.

Dann kommt die sportliche Ertüchtigung: ‚Gymnastik mit Musik' und ‚Entspannungsmassage während des Fastens für Gesunde'. Dann können wir ‚Disco für Fortgeschrittene' lernen und ‚Afro-Dance' (der wird obendrein als ein Beitrag zur multikulturellen Verständigung annonciert, während er doch eine schamlose Kolonisierung der fremden Kultur ist).

Und schließlich fühlt sich die Erwachsenenbildung auch noch für meine gesunde Persönlichkeitsentfaltung zuständig und verantwortlich, indem sie sich wiederum in kolonialistischer Manier in der fernöstlichen Kultur häppchenweise bedient: Yoga, Tai-Chi und dergleichen. Ich darf mir durch ‚Selbsthypnose' selber helfen lernen und Einführung in die Kultur der Partnerbeziehung erbitten. Und am Schluss um der Barmherzigkeit willen (oder doch eher wegen der Fördermittel?) gibt es noch einige höchst betuliche Sonderangebote für Behinderte. Wie gesagt, ein ganz normales Bildungsprogramm.

Ich hoffe, man wird mir zustimmen, wenn ich für dessen ersatzlose Streichung plädiere und vorschlage, die freiwerdenden Mittel an geheimem Ort zu vergraben, damit nicht noch mehr Unfug damit angerichtet wird. Was sich heute alles Erwachsenenbildung nennt, ist ein strafwürdiger Beitrag zur Volksverdummung. Und man sollte Respekt vor den dergestalt Verlockten haben, wenn sie sich erschrocken fernhalten.

Es liegt auf der Hand, dass bei derartiger Ermäßigung der Eintrittsbedingungen Bildung zur Farce wird, zur Anbiederei an konsumistische Lebensgier, die ihrerseits natürlich überhaupt keine Farce ist, sondern in höchstem Maße besorgniserregend. Bildung wird zur warenförmigen Dienstleistung und ihre anstrengungsfreie Konsumierbarkeit zur Bedingung ihrer Akzeptanz. Je mehr Erfolge die Erwachsenenbildung auf diesem Rummelplatz zu verzeichnen hat, desto mehr ist sie ins Fahrwasser des hedonistischen Konsumismus geraten und desto gewisser ist sie antiaufklärerisch, ein Spielball von Trends und Moden. Ihre zentrale Frage danach, wie sie ihre Adressaten erreichen könne, wird zur falschen Frage. Sie offenbart bereits die Korrumpiertheit des Vorhabens. Bildung wird zum Vergnügungsappendix, und Erwachsenenbildung wird prostitutiv.

Die karrieristische Variante der Erwachsenenbildung

In Wahrheit geht es bei dieser Variante nicht nur um Karrieren, sondern um die Verheißung von – im Idealfall – Chancengleichheit. Erwachsenenbildung bietet sich als ein Königsweg zur Verbesserung der Berufschancen ihrer Teilnehmer an. Wofern sie nicht sozialen Aufstieg befördern kann, will sie doch wenigstens sozialen Abstieg aufhalten helfen. Das ist in der Tat attraktiv, und zudem ist sie in diesem Feld als Anbieterin nahezu konkurrenzlos, weil nur institutionalisierte und autorisierte Erwachsenenbildung zur Herstellung gültiger, das heißt bescheinigter Bildung in der Lage ist. Was Erwachsenenbildung in Aussicht stellt – und hier bediene ich mich der Unsprache, die auch bei ihr längst Einzug gehalten hat, um Ihre Zielsetzungen authentisch wiederzugeben – ist: ‚Höherqualifizierung von Beschäftigten', ‚Anpassung des Arbeitsvermögens an wechselnde Arbeitsbedingungen' sowie die ‚Korrektur fehlgelaufener Grundausbildungen zur Erleichterung des Einstiegs in das Arbeitsleben'.

Ich will mich nicht lange bei der Feststellung aufhalten, dass das Programm der Chancengleichheit, das sich die institutionalisierte Bildung jedweder Provenienz auf ihre Fahnen geschrieben hat, in einer hierarchisch gegliederten Arbeitsgesellschaft ein leicht zu durchschauender Etikettenschwindel ist, was der Verheißung allerdings nicht viel von ihrem Charme nimmt. Dieses Argument hat der Ökonom und Sozialwissenschaftler Fred Hirsch überzeugend geführt, wenn er feststellt: Was jedem Einzelnen im Idealfall möglich zu sein scheint, nämlich sozialer Aufstieg durch Bildung, ist keinesfalls allen möglich. Denn: „If everybody stands on tiptoe no one sees better."[2] Aber gerade darin ist natürlich eine der Profession förderliche Dynamik enthalten, die ein prinzipiell unersättliches Bedürfnis nach ‚Höherqualifikation' aufrechterhält: Wenn alle auf den Zehenspitzen stehen, muss ich mir eben einen Schemel beschaffen, und wenn sich die Schemelidee epidemisch ausbreitet, muss ich mich auf die Stufenleiter besinnen, von der aus ich gegebenenfalls auf das Dach des Hauses gelangen kann, und so weiter und so weiter. Und die Erwachsenenbildung als Steigbügelhalterin immer dabei. Aber natürlich entsteht nicht ein einziger zusätzlicher Arbeitsplatz durch dies atemlose Bemühen, sich den Erfordernissen des Arbeitsmarktes anzupassen.

Dies ist allerdings nicht einmal mein eigentlicher Einwand gegen die karrieristische Variante der Erwachsenenbildung; es ist ja der Einwand, den die Genasführten selber erheben müssten, was sie de facto nicht tun, weil sie längst ihren Misserfolg beim Kampf um die Arbeitsplätze als Indiz für ihr eigenes Scheitern ansehen.

Ich bin viel mehr besorgt um den Schaden, den die Bildung selbst nimmt, wenn sie sich zu dieser Art Erfolgsaussicht verführen lässt. Erwachsenenbildung wird unter diesen Voraussetzungen zu einem reinen Mittel; das heißt zugleich, dass sie vollständig sinnlos wird. Etwas, das ein Mittel ist, zeichnet sich dadurch aus, dass es in sich selbst nicht sinnhaft *ist*. Es *hat* allenfalls Sinn als Mittel. Günther Anders stellt fest, dass wir mittlerweile in einem Mittel-Universum leben, in einer künstlichen Welt, „in der es keine Akte oder Gegenstände mehr gibt, die nicht Mittel wären, die nicht Mittel sein sollen, deren Zweck nicht darin bestünde, die Produktion oder Wartung weiterer Mittel zu gewährleisten, weiterer Mittel, deren Zweck wiederum darin besteht, weitere Mittel zu erzeugen oder erforderlich zu machen".[3] Das heißt, Erwachsenenbildung wäre nicht nur selbst zum Mittel degradiert, sondern sie wäre auch ihrerseits beteiligt an der Produktion von Mitteln, sie würdige also ihre Lerninhalte und die Lernenden zu Mitteln herab, damit letztere ihrerseits Produzenten von Mitteln werden können. In den frühen siebziger Jahren erklärte Jürgen Habermas Sinn zur knappen Ressource.[4] – Wenn Sinn überhaupt zur Ressource ernannt wird, hat er schon seinen Sinn eingebüßt. – Im Mittel-Universum aber ist der Sinn nicht nur knapp, sondern buchstäblich aufgezehrt. Wenn nichts und niemand mehr um seiner selbst willen bedeutsam, respektabel, schätzenswert oder sinnstiftend ist, dann findet sich der moderne Mensch buchstäblich in „sinnentleerter Obdachlosigkeit" (Rüdiger Safranski) vor, die dann im therapeutischen Sektor Handlungsfelder und Einnahmequellen in der Bearbeitung von Sinnlosigkeits*gefühlen* eröffnet um den Preis der verharmlosenden Umdeutung objektiver Sinnvernichtung in subjektive Gefühlslagen und individuelle Nervenschwäche.

Die Frage ist nicht nur, ob und in welchem Umfang zum Aufstiegsmittel gewordene Erwachsenenbildung am Sinnentzug beteiligt ist, die Frage ist vielmehr auch, ob eine sich als Mittel für Zwecke außerhalb ihrer selbst verstehende Erwachsenenbildung ihre Selbstreflexion auf ihr Was und Wohin, also auf ihre Inhalte und Ziele richten kann, oder ob sie diese Reflexion beschränkt auf das ‚Wie', das heißt, auf ihre Geeignetheit als Mittel. Wiederum, eine Selbstbefassung, die die Frage nach Inhalt und Ziel preisgibt und sich auf die Perfektion der Funktionstüchtigkeit reduziert, ist antiaufklärerisch. Insbesondere, da im jetzigen Stadium das Projekt der Moderne und die Gestalt, die es in der naturwissenschaftlich-technischen Welt angenommen hat, sich als verhängnisvoller Irrweg erweist. Eine Erwachsenenbildung, die ihre Teilnehmer selbstvergessen in diesen Irrweg einfädelt, handelt verantwortungslos, vom Standpunkt kommender Generationen aus sogar verbrecherisch.

Erwachsenenbildung als Anpassungshilfe

Das Thema dieser Variante der Erwachsenenbildung ist der technische Wandel, die schnelle Veraltung einmal erworbener ‚Wissensbestände' und ‚Handlungskompetenzen'. ‚Höherqualifizierung' im Berufsleben heißt ja vor allem dies, dass der Mensch beständig nachgebessert werden muss, um auf der Höhe seines Gerätes zu bleiben. Die Nachbesserungsnotwendigkeit aber erfasst mehr und mehr auch das Alltagshandeln. Noch leistet sich zum Beispiel die Altenbildung, sich weitgehend als Animierbetrieb für einen ‚sinnerfüllten Lebensabend' zu verstehen, eine Art Ersatzangebot dafür, dass die alten Menschen als Träger von Erfahrungen und Tradition nichts gelten, weil ihre überalterten Erfahrungen, überholt wie sie sind, keinerlei Verwertung mehr finden können. Da sie also als Träger von Eigen-Sinn ins Gemeinwesen nicht integriert sind, muss ihnen um der Integration willen Sinn von außen zugeführt werden, ein Unterfangen, das nach der Logik des Gesagten unter dem Stern der Vergeblichkeit steht. Sinnzufuhr hat mit Eigensinn nichts gemeinsam und ist nur eine Spielart der konsumistischen Betriebsamkeit, die den Sinn zur Ware oder zur administrativen Dienstleistung umdeutet.

Es zeichnet sich aber bereits ab, dass die Erwachsenenbildung sich künftig ‚ernsteren' Aufgaben zuwenden wird, nämlich retardierte Bevölkerungsgruppen auf den jeweiligen Stand der Gleichzeitigkeit zu bringen, will sagen, an die jeweils neuesten technischen Erfordernisse anzupassen. Da wird dann Erwachsenenbildung zur unverzichtbaren Lebens- oder gar Überlebenshilfe. Schon mehrt sich die Zahl insbesondere der alten Leute, die dem modernen Bankwesen nicht gewachsen sind. Wer kann noch – selbst bei mittlerer Intelligenz – seine Gehaltsabrechnung durchschauen. Das automatisierte Transportwesen stellt schon heute für viele eine Überforderung dar, erst recht die Steuererklärung und die angemessene Gesundheitssorge. Die fortschreitende Computerisierung wird Erwachsenenbildung in großem Stil als praktische Anpassungshilfe in Anspruch nehmen lassen. Damit wird Erwachsenenbildung zur unverzichtbaren Voraussetzung dafür, dass der technische Wandel immer weiter beschleunigt werden kann.

Sie ist in diesem Fall nicht nur Mittel, sondern Vermittlungsagentur für notwendiges Know-how, ein weites und ausuferndes Betätigungsfeld. Hier hat nun der Lehrende endgültig nichts mehr mitzuteilen. Er handelt nicht aus einem Mitteilungsdrang, will nicht mehr seine Sicht, seine Fragen, seine Zweifel, seine Erfahrung und Gelehrtheit mit anderen teilen, sondern tritt nur noch als Vermittler ihm äußerlich gebliebener Informationen auf. Das bedeutet die Aufgabe eines dialogischen Grundverständnisses der Erwachsenenbildung. Sie leistet so einen Beitrag zur zunehmenden Intransparenz unserer Lebensverhältnisse und fördert die prinzipielle Unmündigkeit des Menschen gegenüber seiner Gerätewelt. Sie gibt Verhältnissen ihren Segen, die im Kern unhandhabbar und unzumutbar sind, in denen Menschen zu ihrer besseren Verwaltbarkeit aktiv beitragen sollen, durch eine Bemühung, die dann ‚Bildung' heißt.

Die katastrophendidaktische Variante der Erwachsenenbildung

Diese Variante der Erwachsenenbildung hat ihren Höhepunkt bereits überschritten. Sie war in den achtziger Jahren zu einiger Bedeutung aufgestiegen, ist aber heute, mit Ausnahme der Arbeitslosenpädagogik, eher marginal geworden. Zu ihr gehört alles, was in den Bereich der Ökopädagogik, der Friedens- und Gesundheitspädagogik fällt, die Technikkritik, die Anliegen der Frauenbewegung usw. Es sind großenteils die Themen, die der Erwachsenenpädagogik zugewachsen sind aus den sozialen Bewegungen. Und wenn in diesem Terrain von objektivem Handlungsbedarf die Rede ist, dann ist Einspruch gegen die

Logik des naturwissenschaftlich-technisch-industriellen Fortschritts gemeint. Hier wird Erwachsenenbildung im Auftrag eines besorgten und protestierenden Publikums tätig. Sie bietet ihre Dienstleistungen den basisdemokratischen Bewegungen an. Es scheint, als besänne sie sich in dieser gesellschaftskritischen Position auf ihren aufklärerischen Impuls. Dennoch gerät sie auch auf diesem Operationsfeld ins Dilemma.

Eine neue spezielle Sparte von Pädagogik wird immer dann kreiert, wenn gesellschaftliche Missstände drückend werden und das als erträglich geltende Maß übersteigen. Die Bereitwilligkeit, mit der sich die Pädagogen zuständig fühlen für alle Katastrophen, Beinahkastrophen, post- und präkatastrophischen Weltzustände, die als unbeabsichtigte Nebenfolgen großer Weltoptimierungsprojekte am Horizont heraufziehen, ist erstaunlich. Und man kann sich gut vorstellen, wie vergnügt sich die Machtprofiteure in der Politik und in den Chefetagen der Konzerne – die darüber befinden, wie viel Schädigung wir und unsere Mitwelt in Kauf nehmen müssen, damit es vorangeht mit der Welt – die Hände reiben, wenn sie die Pädagogenzunft damit beschäftigt sehen, die zusammengebrauten Katastrophen kurzerhand zu Erziehungsdefiziten umzudefinieren. Dabei stirbt der deutsche Wald wirklich nicht an einem Mangel an Umwelterziehung, sondern an Autoabgasen. Und der Friede wird nicht durch unzureichende Friedenserziehung gefährdet, sondern durch Waffen und Monstrositäten, die nicht einmal mehr Waffen genannt werden können. Die Neigung der Erwachsenenpädagogik, sich zuständig zu fühlen für alles Bedrohliche, ist fatal.

Je verantwortungsbereiter die Pädagogik in dieser Hinsicht ist, desto unbehelligter bleiben die Verhältnisse. Es ist schon bemerkenswert, dass in den siebziger Jahren von Robert Spaemann, einem des Aufruhrs nicht gerade verdächtigen katholischen Moralphilosophen, angesichts des ökologischen Zusammenbruchs klar und unmissverständlich zugunsten eines Widerstandsrechts argumentiert wurde[5], während heute in entschieden zugespitzter Lage die Forderungen der kritischen Minderheiten über ‚Ökopädagogik' nicht hinausgehen. Ich unterstelle nicht, dass diese Zähmung eine Wirkung der Erwachsenenbildung ist, aber die Frage nach ihrem Beitrag dazu muss ohne Selbstschonung diskutiert werden.

Erwachsenenbildung im Dilemma?

Das Dilemma, in dem die Erwachsenenbildung steckt, ist real und gewiss nicht mit ein paar programmatischen Sätzen aus der Welt zu schaffen. Aber einige Richtungsangaben für weiteres Nachdenken will ich doch wagen.

- Ivan Illich hat mit Blick auf die Universitäten, die ja einmal allen Ernstes als immer zu erneuernde *(universitas semper reformanda)* aufgefasst wurden, vorgeschlagen, sie zu verkaufen, samt ihrem lebenden und toten Inventar, an die Industrien und Ministerialbürokratien, die Profit aus ihnen ziehen. Er prognostiziert, der schäbige Rest, den niemand würde kaufen wollen, das wäre der Kern einer erneuerungsfähigen Universität.[6] Ich glaube, das gilt auch für die Einrichtungen der Erwachsenenbildung.
- Weiter: Es wäre das Zertifikat-Un-wesen zu überdenken, denn damit besiegelt die Erwachsenenbildung ihre Mittel-Eigenschaft.
- Gesellschaftskritik hätte heute Kritik der Beschleunigung zu sein. Aufklärerische Bildung gehört eher auf die Seite der Retardierung als auf die Seite der Beschleunigung. Vorurteile sind Hans Blumenberg zufolge der Überstürzung geschuldet.[7] Effizienz ist bildungsfeindlich. Lernen von Pensen in kürzestmöglicher Zeit schränkt die Reichweite des Denkens enorm ein, eliminiert die Überraschung und lässt das Staunen, jene Triebkraft allen Philosophierens, verlernen.
- Retardierung, das wäre auch: Skepsis, insistierendes Fragen und Weiterfragen und die Infragestellung aller wohlfeilen Gewissheiten, in deren Namen Optimierungspflicht verkündet wird. Erwachsenenbildung, die sich kritisch nennt, müsste bereit sein, im Ungewissen zu siedeln und sich auf die Seite der Ohnmacht zu schlagen, anstatt Anteilseignerschaft an der Macht zu suchen und Entscheidungen und Tatkraft wie diese auf der Illusion von Gewissheit aufzubauen.
- Ich würde ihr auch eine größere Strenge anempfehlen und den Ernst des notwendig unglücklichen Bewusstseins.
- Sie hätte sich, um aufgeklärt aufklärerisch zu wirken,

derjenigen Themen anzunehmen, die gerade nicht modisch und mit dem Zeitgeist gleichauf sind, sondern von Verdrängung, ja vom Aussterben bedroht sind.

- Sich verweigern stünde ihr besser an als sich anzudienen.
- Und vielleicht müsste sie ihren Finanzbedarf mäßigen, nicht um der Askese willen, sondern um ihrer Unabhängigkeit willen. Diogenes, der Philosoph in der Tonne, der in spektakulärer Armut lebte, lehrte: Auch ein Weiser könne Kuchen essen, vorausgesetzt, dass er dabei seine Freiheit nicht verliert.

Nicht für die Schule, sondern für's Leben lernen wir

Die Schule, ein Ort zum Leben?[8] Das Thema, das Sie mir gestellt haben, hat allerlei Untertöne und Obertöne. Ich will mich bemühen, sie herauszuhören, bevor ich meine eigene Melodie dazu anstimme.

Die Schule, ein Ort zum Leben: Da höre ich zuerst den frommen Wunsch, eine Art Stoßseufzer, dass sie *das* sein möge. Fromme Wünsche richten sich – das macht ihr Wesen aus – sehnsuchtsvoll auf etwas, das *nicht* ist, das erst kommen soll. Und ‚fromm' nennen wir jene Wünsche, die das eher Unwahrscheinliche kraft der Kraft des Wünschens, wenn auch vielleicht nicht für möglich, so doch auch nicht für ganz und gar unmöglich halten. Fromme Wünsche geben die Zeit, als das Wünschen noch geholfen hat, nicht leicht verloren, weswegen sie meist als Märchenglaube der Lächerlichkeit preisgegeben werden. Es wird also zu reden sein über Hoffnung und Mutlosigkeit und über die außerordentlich waghalsige Wanderschaft auf schmalem Pfade, auf dem die prekäre Balance durch jede Menge Ausrutscher und Fehltritte gefährdet ist, in den fidelen Optimismus ebenso wie in die bleierne Resignation, in den forschen Tatendrang, der sich alles zutraut, wie in den kalten Zynismus, dem alles schnuppe ist.

Ich selbst habe großen Respekt vor den frommen Wünschen, gerade weil sie immer auf schmale Pfade führen. „Wünsche", sagt Goethe, „sind der Vorschein der Fähigkeiten, die in uns liegen", das ist eine wunderbare Formulierung. Wünsche müssen nicht wie Bedürfnisse von anderen befriedigt werden, die uns damit unserer Autonomie berauben und uns dafür zur Kasse bitten: Wünsche liegen in der Reichweite unserer eigenen Möglichkeiten und Talente, sie sind eben der ‚Vorschein unserer Fähigkeiten'.

‚Die Schule – ein Ort zum Leben', das hat hier in Erfurt eine besondere Bedeutung, denn Sie haben leibhaftige Erfahrung mit einer Schule, die ein Ort des Todes wurde. Ich höre also in dem Thema auch den Nachklang des Grauens. Und zu dem frommen Wunsch, dass die

Schule ein Ort lebendigen Miteinanders sein möge, tritt die Entschlossenheit zu verhindern, dass sich das Unheimliche, das Unbegriffene wiederhole.

Aber bisher habe ich das Fragezeichen in meinem Thema ignoriert. Es kann Verschiedenes bedeuten. Es kann heißen, dass Sie die Zweifel, ob die Schule ein Ort des Lebens werden könne, sehr ernst nehmen, und dass der Kleinmut vor dieser vielleicht zu groß geratenen Aufgabe durch das Fragezeichen hindurchscheint, trotz des frommen Wunsches.

Es kann aber auch heißen, dass Sie sich nicht sicher sind, ob denn eine wünschbare Schule durch die Formulierung ‚Ort des Lebens' wirklich gut und angemessen charakterisiert sei. Ist ‚Ort des Lebens' eine gute Zielsetzung für eine erst noch zu gestaltende Schule?

Die (un-)erträgliche Leichtigkeit des Seins

Ich frage mich in der Tat, warum nicht die Schule, die uns vorschweben könnte, ein Ort des Denkens, des Fragens und der Besinnung sein sollte. Ich fürchte, für eine solche Zielsetzung fehlt uns die Courage. Das klingt allzu sehr nach Mühsal, das heißt nach Geduld, nach Konzentration, nach Disziplin und letztem Ernst. Diese vier – Geduld, Konzentration, Disziplin und letzter Ernst – sind aber gerade die Haltungen, von denen Erich Fromm in seinem Buch über *Die Kunst des Liebens* sagt, dass sie die unvermeidlichen Voraussetzungen für die Erlangung jedweder Kunst seien, sei es die des Gedichteschreibens, des Bogenschießens oder des Suppekochens oder Bücherlesens. Nun, warum trauen wir uns nicht mehr, uns zu diesen vier Haltungen zu bekennen? Erstens vielleicht, weil uns gar nicht mehr in den Sinn kommt, die Schule sei ein Ort, wo Künste, also Lebens-Könnerschaften eingeübt werden sollten, sondern nur Techniken, Techniken des Überlebens im harten Konkurrenzkampf um einen künftigen Arbeitsplatz. Und zweitens, weil wir fürchten, mit der Inaussichtstellung von Mühe und Ernst könnten wir nun erst recht niemanden mehr hinter dem Ofen hervorlocken. Die Krise der Schule zeigt sich ja nicht zuletzt darin, dass diejenigen, die an ihren Segnungen teilhaben sollen, mit demonstrativer Angeödetheit zu erkennen geben, dass sie nicht im geringsten scharf auf das sind, was man ihnen da andienen will. Ich vermute, dass

Sie sich für die Formulierung ‚Ort des Lebens' entschieden haben, weil sich mit dem Stichwort Leben, doch eher das sprudelnde Leben, der Spaß, die Unterhaltsamkeit, das Vergnügen, die leichte Gangart, die spielende Bewältigung assoziieren lässt. Und nichts scheint ja gebotener, als die Attraktivität der ungeliebten Zwangsanstalt zu erhöhen, und sei es mit der Verheißung von Mühelosigkeit, Spaß und Erfolgsaussicht. Wen also wollte man mit dem Versprechen von Ernst und Anstrengung ermuntern?

Lassen Sie mich an einer beispielhaften Szene verdeutlichen, was mich mit Blick auf die Jüngeren beunruhigt: Ich habe sie vor einiger Zeit beobachtet am Marktplatz von Bad Aibling, während ich im Auto saß und auf die Nachricht wartete, ob im benachbarten Hotel noch ein Bett für die Nacht zu haben wäre. Und da Warten eine extrem stupide Beschäftigung ist, habe ich mich umgeschaut aus der Bergung meiner blechernen Hülle heraus. Wenige Meter neben mir saß auf einer Bank ein Jugendlicher, vielleicht 14 Jahre alt, keinesfalls älter. Er saß dort breitbeinig mit fest aufgestemmten Füßen und spuckte auf den Boden zwischen seinen Beinen. Genauer: Er feuerte die Spucke ab, mit der Präzision eines Geschosses. Dann fingerte er mit abgewandtem Blick – den Blick auf den Ort seiner nestelnden Verrichtung zu lenken, hätte ja bereits ein irgendwie geartetes Weltinteresse bekundet und der Pose vollkommener Gleichgültigkeit empfindlich geschadet – aus seiner auf Kniehöhe aufgesetzten Hosentasche ein Zigarettenpäckchen heraus nebst Feuerzeug, zündete mit lässiger Gebärde die Zigarette an und tat ohne erkennbaren Genuss den ersten Zug.

Aus dem Augenwinkel heraus bemerkt er jetzt meinen indiskreten, beobachtenden, unverwandt auf ihn gerichteten Blick. Der irritiert ihn, und nun kostet es ihn sichtlich Anstrengung, das auf ihn gerichtete Interesse zu ignorieren. Er ist Akteur mit Publikum, und das ist ihm unbehaglich. Hinter seinem Rücken taucht sein Kumpel auf. Er hat sein Fahrrad dabei. Einen Augenblick scheint er versucht, sich mit einem vertraulichen Schlag auf die Schulter des Anderen bemerkbar machen zu wollen. Dann bricht er die Geste ab, sie bleibt buchstäblich auf halbem Wege stehen, und er verfällt seinerseits in scheinbar desinteressierte Beiläufigkeit. Ohne seine Ankunft irgendwie zu vermelden schließt er sein Fahrrad an. Der Andere, ihm immer noch den Rücken zuwendend, erhebt sich, seinerseits ohne das geringste Zeichen, dass er die Anwesenheit des Anderen bemerkt habe. Sie wenden kein Wort, keine Geste aneinander und schlendern, nein latschen mit diesem ziellos wirkenden Schlurfgang, der nicht einmal die Anstrengung, die Füße zu heben, auf sich nimmt, in gleicher Richtung über den Marktplatz davon.

‚Coolness' ist das dominante Ideal. Wo ‚Coolness' geboten ist, hat derjenige, der sich zu irgendeinem, und sei es auch noch so leichtgewichtigen Interesse bekennt, sich bereits etwas vergeben und seinem Ansehen schweren Schaden zugefügt. Souveräne Gleichgültigkeit, Wortkargheit und Unterkühlung bestimmen das Weltverhältnis der Jüngeren. Das mag angesichts des Zustandes der Welt für die Ausbalancierung der eigenen Befindlichkeit sogar klug sein. So macht man sich enttäuschungsfest. Wer nichts will, dem fehlt nichts.

Diese ausgekühlten Gemüter, die sich jede Beteiligtheit kategorisch verbieten, sich gegenseitig das Antlitz und den Anblick verweigern, denen das Du entschwunden ist, die sich in einem kältestarren Ich einkerkern, die scheinen nicht sehr anfällig für die Verlockungen von Mühsal und Ernst. Und doch glaube ich, dass das, was wir den Jüngeren am sträflichsten vorenthalten, nicht der Lebensspaß ist, sondern die Teilhabe am Lebensernst, die Erfahrung, dass es auf sie wirklich ankommt. Ich bin zutiefst überzeugt, dass derjenige, der nie im Auge eines Anderen eine auf ihn gerichtete Hoffnung hat aufglimmen sehen, entweder verkümmert oder um sich schlägt. Und das meint ja vielleicht im tiefsten der Begriff des Lebensernstes, dass da jemand ist, „der auf mich zählt, dem ich für meine Handlungen verantwortlich bin", so der Sprach- und Sozialphilosoph Paul Ricoeur. „Um verläßlich zu sein", schreibt er, „muß man das Gefühl haben, gebraucht zu werden. Um das Gefühl zu haben, gebraucht zu werden, muß dieser andere auf uns angewiesen sein. ‚Wer braucht mich?' ist eine Frage, die der moderne Kapitalismus völlig zu negieren scheint. Das System strahlt Gleichgültigkeit aus."[9] Und George Steiner deutet sogar das Verstummen des Lachens und das Versiegen der Freude, die er allenthalben wahrnimmt, als eine Folge davon, dass wir der Anstrengung beharrlich aus dem Wege zu gehen trachten. Der Augenblick, in dem die Anstrengung ihre Früchte trage, sei der Moment des großen Lachens und der riesigen Freude. Aber dieses Lachen hat eben nicht das Geringste zu tun mit dem Spaß, mit der Disneylandisierung der Gesamtgesellschaft, in der jeder glaubt, ein Anrecht auf Unterhaltung zu haben. Das Lachen, von dem George Steiner spricht, ist eines, das aus dem Tun entspringt, aus dem Gelingen und nicht aus industriell erzeugtem, käuflichen Firlefanz und Schund, der mit der Verheißung aufwartet, dass er alle Anstrengung in Spaß verwandle.

Ich komme noch einmal zurück auf den frommen Wunsch, der ein sicheres Indiz dafür ist, dass das Gewünschte abwesend, nicht vorhanden ist. Wie nehme ich die Schule wahr, wenn ich feststelle, dass das Leben aus ihr gewichen ist?

Als einen Ort, an dem man, statt zu leben, gelebt wird? Ja, ich glaube, dass die allermeisten Schulen und Hochschulen diese Grunderfahrung bereiten. Oder nehme ich sie wahr als einen Ort der Erstorbenheit, die ja eine andere Art des Todes ist als der aus Gewehrläufen kommende? Eine Erstarrung zu Lebzeiten, die sich übrigens mit einer aufgeregten Betriebsamkeit durchaus verträgt. Den Fehler sollten wir nicht machen, dass wir die irre Geschäftigkeit, die allenthalben im Gange ist, mit Lebendigkeit verwechseln.

Die Schule, aus Menschen gemacht?

Wie ließe sich ein lebendiges Gemeinwesen beschreiben, ohne dass man seine Lebendigkeit gleich wieder dadurch erstickt, dass man sagt, wie es zu sein habe, dass man Vorschriften und Normalitätsverordnungen zu seiner Existenzgrundlage macht.

Was Aristoteles einmal über die Stadt sagte, das könnte auch in die Gründungsakte einer erst noch auszudenkenden Schule geschrieben werden. Er stellt fest, eine Stadt werde aus unterschiedlichen Menschen gemacht, ähnliche Menschen brächten keine Stadt zuwege. Damit eine Einrichtung menschlich und lebendig wäre, müsste sie also, Aristoteles zufolge, *aus* und *von* den Menschen, die sich in ihr zusammenfinden, gebildet sein. Können wir das von unseren Schulen wirklich sagen? Das würde ja bedeuten, dass die Institution nach den Menschen geriete, die jeweils in ihr ihr Auskommen suchen. Ich höre aber in der gegenwärtigen Bildungsdiskussion allenthalben die Forderung, dass die Menschen nach der Institution sich richten sollen. An der Frage, ob die Schule für die Schüler und Schülerinnen da ist, für die Lehrerinnen und Lehrer oder ob umgekehrt die Bildungsinsassen für die Institution da sind, entscheidet sich, ob die Schule ein Ort lebendigen Miteinanders sein kann. Denn in dem einen Fall ist das Wesen der Schule bestimmt durch die unendliche Überraschung, die in jedem einzelnen schlummert, im anderen Fall ist gerade die Überraschung der Störfaktor, der den reibungslosen Gang der Verfahren und Reglements, die die Institution ausmachen, durcheinander bringt.

Die zweite unerlässliche Bedingung für das Lebendigsein ist ja, Aristoteles zufolge, diese unerschöpfliche Verschiedenheit der Menschen. Diese Bedingung hat man, sofern eine Einrichtung aus Menschen besteht, sowieso gratis, es sei denn, die Menschen würden systematisch um ihre Verschiedenheit gebracht, dann aber machen wiederum nicht mehr die Menschen das Wesen der Einrichtung aus, sondern das Regelwerk. Mit nichts scheinen nun die so genannten Reformen aller Bildungseinrichtungen so wenig zu rechnen wie mit den überraschend verschiedenen Menschen, die die Schulen und Hochschulen bilden. Was der Stadt widerfuhr, dass, abgesehen von den Menschen, die sie bewohnen, von ihr gesprochen und über sie gedacht werden kann, das soll nun auch für die Schulen und Universitäten gelten. Was meine ich gewöhnlich, wenn ich mich rühme, eine Stadt gut zu kennen? Ich meine, dass ich mir den Stadtplan gut eingeprägt habe, diese auf die Papierfläche gebannte ‚Infrastruktur' für den reibungslosen Autoverkehr. Ich spreche in der Regel nicht davon, dass ich mich mit der Lebensart ihrer Bewohner durch vielfältige Erfahrung besonders gut auskenne. Ich meine normalerweise nicht, dass mir die Stadt vertraut ist, weil sie Gesichter beherbergt, die ich kenne, denen ich zugetan bin, an denen ich mich freue oder ärgere. Schulreform bedeutet nun, die Schulen und Universitäten so gesichtslos, so menschenneutral, so spurenresistent zu machen, wie die Städte es längst geworden sind. Die Schule soll auch die naturgetreue Nachbildung des Plans, den man sich von ihr und für sie macht, sein.

Zur Tilgung der Verschiedenheit, der Überraschung und Mannigfaltigkeit der Schuleinwohner werden allenthalben Standards etabliert, die alles und alle vergleichbar machen sollen, damit jedem ‚Output' (den ich mir immer nur als Herauswürgen von Unrat vorstellen kann) sein Marktwert zugemessen werde und damit die Kosten der ‚Inputs' penibel kalkuliert werden können. Die Schulen sollen also, ihren Innovateuren zufolge, nicht durch die darin Studierenden – Lernende wie Lehrende – und ihre tagtägliche Verwandlung kenntlich werden, sondern durch ihre in Geldwert verrechenbaren ‚Outputs', die alle Bindungen an Sinn, Bedeutung oder gar Wahrheit aufgekündigt haben. Was die Schule ausmacht, ist eben nicht, dass sie aus verschiedenen Menschen gebildet wird. Ich habe vor einiger Zeit einer Zusammenkunft unter Kollegen beigewohnt, in der über Studienreform sinniert wurde. Ich kann Ihnen versichern, dass während einer vierstündigen Debatte weder von Studentinnen und Studenten noch von Professorinnen oder Professoren die Rede war, nicht von Sekretärinnen oder Hausmeistern oder Reinmachefrauen, von keinem einzigen Menschen und auch von keinem einzigen Inhalt, sondern nur von Verfahren, von Evaluation, Modularisierung, Schlüsselqualifikationen, Credit Points, Vergleichbarkeiten, Angebotsprofilen, outputorientierten Angebotsketten, effizienten Kontrollen, Qualitätssicherung und Marktchancen.

Die Maschinierung des Lernens schreitet voran, und wie bei aller Maschinierung ist die Besonderheit, der Einzelfall, die Singularität ein Störelement. Vereinheitlichung und Wiederholbarkeit sind die Prinzipien maschinellen Funktionierens. Kein Wunder, dass uns bei der Frage, ob die Schule ein Ort lebendigen Miteinanders sein könnte, angst und bange wird.

Eine Schule, in der es lebendig zugehen sollte, hätte sich wohl von einigen, um nicht zu sagen den meisten heute gültigen schulischen Selbstverständlichkeiten zu verabschieden. Zum Beispiel von der, dass alle sich am gleichen Standard zu bewähren haben und dass jeder dem anderen vergleichbar gemacht werden müsse. Es käme auf eine konsequente Umkehr der Blickrichtung an.

- Was wäre, wenn unser lebhaftestes Interesse nicht der Vergleichbarkeit aller, sondern der vollkommenen Unvergleichlichkeit, der absoluten Einzigartigkeit eines jeden Einzelnen gälte? Die Vergleichbarkeit und die Austauschbarkeit haben ja eine fatale Ähnlichkeit. Und wo alles austauschbar ist, erscheint jedes Einzelne verschmerzbar.
- Was wäre, wenn wir, zweitens, der Überraschung, dem Unerwartbaren und Staunenswerten in der Schule Gastrecht gewährten?
- Was wäre, wenn wir drittens statt der alles durchherrschenden Konkurrenz der Freundschaft und Befreundung Vorrang

gäben, wenn wir also die Schule als einen gastlichen Ort begriffen, in dem die Gastfreundschaft das Miteinander regelt?
- Und was, viertens, wenn an die Stelle der Wissenvermittlung und Qualifikation das Denken und das Fragen als das Anliegen der Schule ins Recht gesetzt würde?

Das klingt zunächst alles ganz harmlos und zustimmungsfähig. Tatsächlich aber erforderte es ein Umdenken von solcher Radikalität, dass dabei kaum ein Stein auf dem anderen bliebe. Gehen wir diesen vier Fragen nach. Also, was hindert uns, die Schule zu verwandeln in einen Ort, an dem Menschen ihre Verschiedenheit feiern und gegenseitig vervollkommnen, in einen Ort der Überraschung, einen Ort der Gastfreundschaft und einen Ort des Denkens und Fragens.

Die Schule, ein Ort der Verschiedenheit

„Der Mensch muß dem Menschen versprochen werden", stellt Peter Sloterdijk fest. „Was Menschen sein können, davon erfahren sie aus einem ständigen Strom von Ankündigungen, Ernennungen und Aufrufungen. Menschen kündigen Menschen an, indem sie – auch in den höchsten Tönen – vom Menschenmöglichen reden. Der Mensch muß dem Menschen versprochen werden, bevor er an sich selbst erprobt, was er werden kann." Ich muss Hörer einer Stimme werden, „die mich zu mir ernennt und mir meinen eigensten Weg des Seinkönnens verheißt."[10] Bis zu diesem letzten Satz hin hätten wir Lehrende uns noch ganz behaglich fühlen können. Sind wir nicht, jedenfalls solange wir nicht lehrensmüde geworden sind, solche, die die uns Anvertrauten anfeuern, über sich selbst hinauszuwachsen und sich nicht zu begnügen mit dem erreichten Stand der Dinge? Berufen wir sie nicht ständig zu Höherem? Stellen wir nicht beständig Aufgaben, an denen sich die Jüngeren bewähren sollen und können? Gewiss. Aber darum geht es nicht bei der Rede vom Menschenmöglichen. Es geht nicht darum, den Anderen mit einer bestimmten Erwartung zu konfrontieren und ihn am Gängelband des Projektes, das ich mit ihm vorhabe, laufen zu lassen. Es geht darum, ihm seinen Weg des eigensten Seinkönnens zu verheißen. Es geht darum, dass ich Hoffnung setze auf seine Andersheit. Indem ich mir ein Bild davon mache, wer der Andere werden soll, habe ich ihn, so sagt Max Frisch es in seinen frühen Tagebüchern, schon zu meinem Opfer gemacht.

Lassen Sie mich das Gemeinte in weniger großen Worten an einer Karikatur verdeutlichen, an die ich mich undeutlich erinnere.

Unter einem, sagen wir, Affenbrotbaum ist eine Schulklasse versammelt. Der Löwe ist der Lehrer, und die Schülerschar ist ziemlich bunt zusammengewürfelt: Da steht ein Elefant herum, etwas gelangweilt, eine Schlange hat ihren Kopf hochgereckt und züngelt vor Aufregung, eine Schnecke ist mitsamt ihrem Gehäuse mit von der Partie, ein Goldfisch im Glas wurde herbeigeschafft, ein Papagei hat sich eingefunden und vielleicht noch eine Maus. Der Löwe hält zu Beginn der Prozedur eine eindrucksvolle Rede über Gerechtigkeit. Gerecht solle es zugehen bei dem Bildungsvorhaben und damit es gerecht zugehe, sollten alle die gleiche Aufgabe lösen; zum Beispiel zunächst einmal die, dass alle den Affenbrotbaum erklimmen. „Ich bin schon oben", sagt der Papagei, noch bevor es richtig losgeht. Das werde ich schaffen, sagt sich die Schnecke und macht sich auf den Weg, ohne zu ahnen, dass, bevor sie die Aufgabe erledigt hat, ihre Mitbewerber längst in Rente gegangen sein werden. Der Goldfisch im Glas versteht nicht einmal die Aufgabenstellung. Die Maus fragt sich, was sie da oben solle, seien da etwa Nüsse zu finden. Die Schlange ist erfolgreich, sie hat sich der Aufgabe wirklich gestellt. Und der Elefant, der natürlich keine Chance hat, sein gewaltiges Gewicht in die Höhe zu stemmen, der wird gewalttätig, er schlingt seinen Rüssel um den Baumstamm und reißt ihn unter lautem Trompeten einfach um. Apropos ‚lautes Trompeten', wenn das nun die Aufgabe gewesen wäre, oder wenn es darum gegangen wäre, wer sich möglichst langsam fortbewegen könne, oder wenn Schwimmen angesagt gewesen wäre?

Es ist leicht einzusehen, dass mit den heutzutage propagierten Lernstandards, an denen sich alle bewähren sollen, keine Gerechtigkeit und schon gar keine Chancengleichheit zu erzielen ist. Aber dies, dass die Einen den Anderen gegenüber von vornherein im Nachteil sind, den sie nie und nimmer aufholen können, ist nur die eine Seite der traurigen Geschichte. Noch trauriger ist es, dass wir alle, die wir in einer Gesellschaft zusammenleben, uns um das Beste bringen, um den größten gesellschaftlichen Reichtum, nämlich die unendliche Verschiedenheit der Menschen und die unbegrenzte Fülle, die in dieser Verschiedenheit zu suchen und zu finden wäre. Wie entsetzlich öde, wenn all diese Unterschiedlichkeit unter das Prinzip des Elefantischen oder Löwischen gezwungen wird, anstatt den Reichtum auszukosten, der sich daraus schöpfen lässt, dass sich verschiedenste Seinsweisen miteinander ausbalancieren. Vereinheitlichung ist immer gewalttätig. Und die Sieger dieser Gewaltausübung tun sich selbst Gewalt an. Manches solle man nicht sein, habe ich bei Elias Canetti gelesen, aber das einzige, das man nie sein dürfe, sei ein Sieger.

Die Schule, ein Ort der Überraschung

Unübersehbar ist in unserer Epoche die geradezu panische Angst vor der Überraschung. Man kann sagen, dass alle gesellschaftlichen Kräfte in dem großen Projekt gebündelt werden, die Überraschung zu zähmen, wenn nicht gar zu exorzieren, und das Leben, wenigstens solange es dauert, einer totalen Berechenbarkeit zu unterwerfen. Jedes Lernziel, jeder Lehrplan, jedes reglementierende Verfahren, jede Methode und jede Kontrolle trägt die Spuren dieser Angst vor dem Unvorhersehbaren. Wir glauben vielleicht, dabei Sicherheit zu gewinnen, obwohl sich immer wieder zeigt, dass die Überraschung sich nicht an die Kandare legen lässt. Aber was wir dabei zuallererst verlieren, ist unsere Freiheit. Jede Sicherungsmaßnahme kostet Freiheit. Eines ist immer nur auf Kosten des anderen zu haben. Und die Frage, wie viel Sicherheit wir der Freiheit opfern wollen und wie viel Freiheit der Sicherheit müsste tagtäglich, ja stündlich neu entschieden werden. Aber mit Blick auf die Schulwirklichkeit wie auf die Wirklichkeit der ganzen Gesellschaft haben wir der Verbarrikadierung, der Planung und der Überwachung den Vorzug gegeben, und die Freiheit, im Augenblick, hier und jetzt das Rechte zu tun, fristet nur noch ein Nischendasein. Hüten wir also wenigstens die Nischen.

Die Schule, ein Ort der Gastfreundschaft

Die Frage, die sich unter dieser dritten Ortsbeschreibung sogleich aufdrängt, ist die, wer denn in der Schule Gast und wer Gastgeber sein sollte. Die Antwort gibt uns die Herkunft des Wortes ‚Gast'. ‚Gast' ist mit dem lateinischen *hostes* verwandt. Und der *hostes* ist beides: Er ist Gast und Gastgeber, jedes zu seiner Zeit, und darüber hinaus ist er auch noch der ebenbürtige Gegner. Wenn wir also von der Schule als einem gastlichen Ort sprechen, dann ist jeder des Anderen Gast, aber auch jeder des Anderen Gastgeber. Niemand ist nur Gebender und niemand nur Nehmender. Und daraus eben erwächst die Grunderfahrung aller Gastlichkeit. Gast und Gastgeber sind einander ebenbürtig, nicht gleich, aber in Verschiedenheit, ja sogar in einer gewissen Gegnerschaft ebenbürtig. Und aus dieser Ebenbürtigkeit erwachsen ihnen Pflichten. Mal die Pflicht des Gastgebers, der den Anderen, den Fremden, beherbergt, mal die Pflicht des Gastes. Ich bemühe noch einmal George Steiner, der davon spricht, dass wir ‚Gäste des Lebens' sind. „Die Menschen sind gegenseitig Gäste und Wirte, so wie beide Gäste des Lebens sind. Wie soll sich ein Gast seinem Wirt gegenüber benehmen? Was in seiner eigenen Macht liegt, soll der Gast zum Wohlsein ... und zum Wohlstand seines Wirtes beitragen. Auf der Schwelle beim Verlassen – vergessen Sie nie, daß der Name Gottes im bescheidenen Gruß ‚Adieu!' steckt – soll der Dank ein gegenseitiger sein." Und: Der Gast soll das Haus, in dem er zu Gast war, etwas sauberer, etwas schöner und etwas sicherer verlassen, als er es vorfand.[11] Das ist doch eine schöne Metapher für das, was es heißt, einander als Gast und Gastfreund und nicht als zu bessernden, zu behandelnden, zu bildenden, zu heilenden und zu bewertenden Anderen zu betrachten: Die Ebenbürtigkeit anzuerkennen, die darauf beruht, dass wir alle Gäste des Lebens sind.

Mein Lehrer Ivan Illich, dessen ich voll Dankbarkeit gedenke und der als Lehrer Gastlichkeit wie kein Anderer gepflegt hat, hat in seinen letzten Lebensjahren eher beiläufig darauf hingewiesen, dass Wahrheitssuche und das Ringen um Einsicht überhaupt *nur* in einem Klima der Gastlichkeit und der Freundschaft, um den gemeinsamen Tisch herum, stattfinden können. Wie sollte man auch unter den Bedingungen von Konkurrenz, in einem Klima, in dem der Gewinn des Einen immer an die Niederlage des Anderen gekoppelt ist, zur Erkenntnis gelangen können? Wer konkurriert, will siegen und nicht erkennen. Und zum Siegen sind ganz andere Mittel tauglich als zur Gewinnung von Einsicht. Es macht eben einen unüberbrückbaren Unterschied, ob ich Erfolg als den Sieg des Einen über den Anderen beschreibe oder ob ich im Erfolg die gemeinsam errungene Einsicht feiere.

Die Schule als Ort des Denkens und des Fragens

Dem Denken ist nicht viel Erfolg beschieden. Es ist nicht, wie man heute sagt, ergebnisorientiert, es bringt keine Produkte hervor. Vier Eigenheiten sagt Martin Heidegger dem Denken nach, die alle das Denken als eine Daseinsbestimmung der Schule zu disqualifizieren scheinen, denn es sind recht eigentlich keine Eigenschaften des Denkens, sondern Untauglichkeitserklärungen. „Denken führt zu keinem Wissen wie die Wissenschaften. Das Denken bringt keine nutzbare Lebensweisheit. Das Denken löst keine Welträtsel. Das Denken verleiht unmittelbar keine Kräfte zum Handeln.“[12]

Wozu aber dann soll es gut sein? Denken scheint die nutzloseste aller Tätigkeiten zu sein. Es führt zu nichts. Und doch wurde es schon zu Sokrates‘ Zeiten als so gefährlich angesehen, dass es mit dem Tode bestraft wurde. Gerade, dass es zu nichts führt, macht, dass es unaufhörlich weitergehen muss. Es vermehrt nicht die Antworten, sondern die Fragen. Das hat wohl Kafka gemeint, als er sagte, wir sollten unsere Zeit nicht an Bücher verschwenden, die nicht wie ein Eispickel über uns kämen und das, was in unserem Schädel gefroren sei, zertrümmerten.

Denken zersetzt alle Gewissheit. Gewissheit ist die Zwillingsschwester des Fanatismus. Wer seiner Sache gewiss ist, der duldet keinen Widerspruch, der wird eisenhart und unbeugsam im Durchsetzen seines Willens, von keinem Zweifel angekränkelt. Hannah Arendt, die als Jüdin nach Amerika emigrierte Philosophin, ist als Beobachterin des Eichmann-Prozesses nach Jerusalem gereist. Als sie die Summe ihrer Erfahrung mit dem Organisator der Juden-Deportationen, der dort vor Gericht steht, zieht, kommt sie zu dem Ergebnis, dass das Böse nicht dämonisch ist, sondern banal. Sie spricht von der Banalität des Bösen. Das Böse sei Ausfluss von Seichtheit und Gedankenlosigkeit. Und die Frage die sie daran anknüpft, lautete: „Könnte vielleicht das Denken als solches – die Gewohnheit alles zu untersuchen, was sich begibt oder die Aufmerksamkeit erregt, ohne Rücksicht auf die Ergebnisse oder den speziellen Inhalt – zu den Bedingungen gehören, die die Menschen davon abhalten oder geradezu dagegen prädisponieren, Böses zu tun?“ Oder anders gesagt: Könnten nicht das ‚Denken‘ und das ‚Völlig-lebendig-Sein‘ dasselbe sein?

Der Mensch ist ein erziehungsbedürftiges Mängelwesen

An den Nahtstellen des Lebens, dann nämlich, wenn vorhersehbar ein Übergang von einer biographischen Epoche – oder vielleicht doch nur Episode – in eine andere bevorsteht, ist guter Rat teuer.[13] ‚Teuer' nicht in dem abgeschmackten Sinn, dass man dafür zur Kasse gebeten wird, sondern in der alten Bedeutung von ‚hoch willkommen', so wie man einen Freund lieb und teuer nennt. Und so wird dann in solchen Übergangslagen die Lektüre oder das Gespräch oder die Alltagsbeobachtung zur Fundgrube für guten Rat. Unter der Überschrift „Alles zu seiner Zeit" finde ich in den Essais von Michel de Montaigne einen solchen Rat, eher vielleicht eine mit unverhohlenem Spott gewürzte Warnung für den Übergang in das, was wir heute ‚Ruhestand' zu nennen uns angewöhnt haben. Michel de Montaigne spricht allerdings ganz ungeniert von ‚Alter', und was er darunter intuitiv erfasste, hatte gewiss mit der Rechtslage, die den Beginn unseres Alters penibel auf den Tag genau festlegt, wenig zu tun. In Montaignes Augen befinde ich mich schon seit geraumer Zeit im Greisenstand und nach Ansicht des gelehrigen Schülers in Goethes Faust II hatte ich mein Existenzrecht schon vor 35 Jahren verwirkt. Ich zitiere ihn: „Gewiß! Das Alter ist ein kaltes Fieber / Im Frost von grillenhafter Not./ Hat einer dreißig Jahr vorüber, / So ist er schon so gut wie tot. / Am besten wär's, euch zeitig totzuschlagen." Darauf der als Professor kostümierte Mephisto: „Der Teufel hat hier weiter nichts zu sagen."[14]

Zurück zu Montaigne. Er leitet, wie er es zu tun pflegt, seinen Rat aus einem Fall her, der ihm zu Ohren gekommen ist: Von Cato, dem Zensor werde berichtet, „er habe sich noch in höchstem Alter darangesetzt, das Griechische mit einer so brennenden Begier zu erlernen, als ob er einen lang ertragenen Durst hätte löschen müssen". Montaigne bekennt sich dazu, dass er dies „keineswegs sonderlich rühmenswert" fände, sondern im Gegenteil für einen „Rückfall in die Kindheit" halte.

Seine Begründung: „Der junge Mensch, sagen die Weisen, müsse lernen, der alte aber das Gelernte anwenden; und den größten Makel unserer Natur sehen sie darin, dass unsere Wünsche sich ohne Unterlass verjüngten. Wir fangen das Leben immer wieder von vorn an. Auf unserer Erkenntnis- und Glückssuche sollten wir endlich einmal unser Alter gewahren. Doch während wir mit einem Fuß in der Grube stehen, gebären sich in uns ständig neue Gelüste und Süchte. ... Cato der Zensor setzte sich in dem Augenblick daran, griechisch reden zu lernen, da er hätte lernen sollen, für immer zu schweigen.

Hinzulernen kann man bis zuletzt, aber nicht in die Schule gehen. Ein Greis als Abc-Schütze – wie lächerlich!"[15] Es scheint, als habe ich mich in der Wahl meines Ratgebers vergriffen. Wir halten es doch für eine Wohltat eines daseinsfürsorgerischen Staates, dass uns ein Alter beschert ist, in dem uns die Anwendung des Gelernten erspart wird und wir uns endlich den Freuden eines zwar wohlorganisierten, aber keinerlei Verpflichtungen nach sich ziehenden Lernens hingeben dürfen. Und tatsächlich werden auf diese Art Altersbeglückung durch Altenbildung manche Hoffnungen gesetzt: Sie soll verhindern, dass die Alten in Schwermut oder Sinnkrisen verfallen, sie soll sie bei guter Laune und die zugehörigen Alterspädagogen in Lohn und Brot halten. Gut gelaunte Alte fallen, statistisch gesehen, der Gesellschaft weniger zur Last, was sich in Heller und Pfennig rechnen lässt. Nun, diese schönen Spekulationen wischt der Herr von Montaigne mit seinem lakonischen Urteil vom Tisch.

Demnach bliebe mir also nur die Wahl zwischen Scylla und Charybdis, zwischen Depression und Lächerlichkeit? Eine traurige Alternative. Das Gelernte anzuwenden ist mir mit dem Ausscheiden aus dem Beruf verwehrt, und die allfälligen Beschäftigungsalternativen, die den üblen, abgestandenen Ruch therapeutischer Betulichkeit kaum loswerden können, geben mich der Peinlichkeit preis?

Aber vielleicht ist ja diese trostlose Aussicht einem Missverständnis geschuldet, das sich in unserer Professorenzunft oder allgemein unter den Pädagogen, welcher Couleur auch immer, hartnäckig festgesetzt hat. Ich meine das Missverständnis, dass es nur *eine* sinnvolle und vertrauenswürdige Art gebe, das Gelernte anzuwenden, nämlich: Andere zu belehren. Aber das ist nicht so. Viel näher läge es doch, dass das Gelernte dadurch Anwendung findet, dass man sich und anderen zu helfen weiß. Vielleicht liegt darin die Chance des Alters, dass ich mich befreien kann von dem Belehrungszwang, der mir einerseits auferlegt wird, dem ich andererseits aber auch erlegen bin. Und vielleicht ist diese Befreiung heute mehr denn je nur noch außerhalb der so genannten Bildungseinrichtungen möglich, an Orten, die wir mit unserer Anwesenheit Tag für Tag erst füreinander schaffen müssen. Ich habe durchaus den Eindruck, dass ich eine Hochschule verlasse, die die Belehrungsabsicht totalisiert und den Anspruch, hilfreich, ratsam und segensreich, kurz: ein gastlicher und geistiger Ort zu sein, aufgegeben hat.

Der Eine und die Andere mögen jetzt in sich hineinschmunzeln, weil sie sich erinnert fühlen an die Fabel vom Fuchs und den Weintrauben, jenen Trauben, die der Fuchs, nachdem seine Versuche, sich ihrer zu bemächtigen, hoffnungslos scheiterten, verächtlich viel zu sauer fand. Ich hege mir selbst gegenüber durchaus den Verdacht, dass ich an einer Lebenslüge fabuliere und mir den Ort meines bisherigen Wirkens, zu dem ich jetzt keinen Zutritt mehr habe, schlechtrede, ganz wie der Fuchs. Um diese Frage eingehend zu untersuchen und mir die nicht mehr erreichbaren Früchte nicht selbstbeschwichtigend sauer werden zu lassen, will ich Rückschau halten auf das, was im Laufe meines Lehrerdaseins an pädagogischen Leitideen kam und ging. Ich will das so zu beschreiben versuchen, wie es sich *mir* darstellt, und die damit eingehandelte Subjektivität ist durchaus gewollt. Sie ist der Anwendung des Gelernten jenseits der Belehrungswut ja durchaus angemessen.

Böse aus Unwissenheit

Ich bediene mich für mein Argument der aus der Musik geläufigen Form des ‚Thema con variatione'. Das Thema liefert mir ein Filmtitel aus den fünfziger Jahren. Der Film war aufsehenerregend, wurde in Amerika so gut wie in Europa zum Kultfilm, nicht zuletzt auch deshalb, weil sein Held bald nach diesem spektakulären Erfolg auf eine geschichtenumwobene Weise, erst 24-jährig, zu Tode kam. Ich meine den Film: *Denn sie wissen nicht, was sie tun* mit James Dean in der Hauptrolle. Wenn man den Film heute wiedersieht, ist einem gar nicht mehr so klar, auf wen der Titel gemünzt war, auf die Generation der selbstgerechten Eltern oder auf die von Überdruss, Gelangweiltheit, Orientierungslosigkeit und Gewaltneigung gequälten 16- bis 18-Jährigen. Mir geht es hier aber nicht um den Inhalt des Films, sondern um seinen Titel. Er wurde mit einiger Verzögerung zur Signatur für eine Generation, die genau mit der Zuschreibung dieses Sozialcharakters als Generation überhaupt erst kreiert wurde. Es war die Generation derer, denen die damals amtierende Generation bescheinigte, sie wüssten nicht, was sie tun. Wenn das normverletzende Verhalten der Jüngeren so gedeutet wird, dann ist das pädagogische Operationsbesteck bereits gewetzt. Eine Generation, die nicht weiß, was sie tut, schreit geradezu nach pädagogischer Intervention. Und zwar nach einer, die das alte Befehls-Gehorsamsschema und den autoritären Strafgestus ablegt und stattdessen aufklärerisch ist. Wer nicht weiß, was er tut, der oder die muss behutsam und bestimmt zugleich zur Einsicht und zum Verstehen geführt werden, er/sie muss lernen, sich dem „eigentümlich zwanglosen Zwang des besseren Argumentes“[16] zu fügen. Scheinbar ganz im Sinne der Lehre des Sokrates, der seinerseits behauptete, kein Mensch vergehe sich wissentlich an der Tugend, „und daher sei nur Wissen erforderlich, damit alle Menschen vollkommen tugendhaft würden“.[17] Das den Älteren unbegreifliche Verhalten der Jüngeren wird also auf einen Mangel an Einsicht zurückgeführt, und eben die gelte es zielstrebig herzustellen. Der Filmtitel der fünfziger Jahre wurde in den Sechzigern zum Leitmotiv für eine Pädagogik, die nicht mehr auf Kontrolle, Beschneidung und Pressur setzte, sondern auf Aufklärung, Argument und Erkenntnis. Vor allem aber wurde er als eine enorme pädagogische Herausforderung begriffen, und damit wurde dieser Satz in einen Kontext gestellt, in dem er wirklich überhaupt nichts zu suchen hat. Denn er stammt von Haus aus aus dem Lukas-Evangelium, aus dem 23. Kapitel. Dort heißt es in den Versen 33 und 34: „Und als sie kamen an die Stätte, die da heißt Schädelstätte, kreuzigten sie ihn dort und die Übeltäter mit ihm, einen zur Rechten und einen zur Linken. Jesus aber sprach: Vater vergib ihnen, denn sie wissen nicht, was sie tun!“ Der Satz steht also in einer Fürbitte für die Henker, ausgesprochen vom Hingerichteten. Er steht im Kontext der Vergebung, und das hätte jede Versuchung, ihn pädagogisch oder aufklärerisch zu wenden, entmutigen sollen. Diese bedingungslose Bereitschaft zu verzeihen hat ihre ärgerliche Schärfe gerade darin, dass es dabei eben überhaupt nichts zu verstehen gibt. Jesus gibt nicht vor, seine Folterer zu verstehen, im Gegenteil: Nichts liegt ihm ferner als das; während sie selbst ihrer Sache so sicher sind, dass sie ihn nicht nur an den Galgen bringen, sondern obendrein lauthals und unisono verhöhnen.

Verstehen oder Verzeihen?

Was ist ärgerlich an diesem Verzeihen? Es fehlt ihm an guten Gründen. Es verstößt gegen die Regeln vernünftiger Versöhnung. Uns wird zugemutet einzusehen, dass Verzeihen und Verstehen einander ausschließen und dass die Unterbrechung der Gewalt nicht durch Verstehen, sondern durch Verzeihen möglich wird. Verzeihen hat nicht, wie wir meinen, Verstehen zur Voraussetzung, sondern wird im Gegenteil dadurch erübrigt, gegenstandslos, also unmöglich. Verzeihen kann ich nur, wenn ich nicht verstehe. Sobald ich verstehe, verstehe ich eben, und es gibt nichts mehr zu verzeihen.

Wir sind hingegen gewohnt, das Verzeihen an allerlei mit pädagogischer Absicht aufgeladene Bedingungen zu knüpfen. Die geläufigste ist vielleicht die quasi erpresserische Version: „Diesmal sehe ich es dir noch nach, aber tu das nie wieder." Also: „Ich verzeihe dir unter der Bedingung, dass du dich besserst. Und wie du besser wirst, das bestimme ich." Eine andere Variante knüpft die Vergebung an verstreichende Zeit und an die wohltuend mildernde Wirkung des Vergessens: „Die Zeit heilt alle Wunden, auch die der Kränkung, die ich durch dich erlitten habe." Und dann gibt es das generöse ‚Schwamm drüber', das die Schuldfrage überhaupt zur Bagatellsache erklärt. Aber ‚Schwamm drüber' hat mit Verzeihen wenig zu tun. In dem Vorschlag, die Schuld ‚aufsaugen' zu lassen oder ‚vom Tisch zu wischen', kündigt sich entweder die Neigung zur Komplizenschaft an oder eine Bagatellisierung – Zygmunt Bauman spricht von ‚Adiaphorisierung'[18] – unserer Existenz, die unser Miteinander ganz allgemein mit letztem Unernst oder Zynismus vergiftet. Die heute gängigste Form der Entschuldigung kann auf die Vergebung des Andern ganz verzichten. Verfehlungen, die ich begehe, werden kaum noch als etwas betrachtet, das mich auf dein Verzeihen angewiesen macht. Im politischen, aber längst auch im persönlichen Umgang ist an die Stelle des Verzeihens die Selbstentschuldung getreten: „Ich entschuldige mich", hat sich zur geläufigen Formel verfestigt, mit der ich mein Vergehen gegen dich bereinige; und: „Wieso, ich habe mich doch entschuldigt", sagen wir zum Beweis dafür, dass der Andere sein Recht, gekränkt, verletzt zu sein und sich beleidigt abzuwenden, verwirkt hat, denn ich bin ihm mit meiner Entschuldigung zuvorgekommen. Von jemandem zu sagen, er sei beleidigt, heißt heute nicht mehr, er sei beleidigt worden, sondern, er benehme sich auf eine peinliche und lächerliche Weise daneben.

Und schließlich die ehrenwerteste Form der Nachsicht: das Bemühen um Gerechtigkeit, die dann und dadurch waltet, dass alle mildernden Umstände, das ganze Flechtwerk der nicht zu verantwortenden Haupt- und Nebenursachen einer Tat in Betracht gezogen und zugunsten des Täters geltend gemacht werden. Auch das enthebt mich der Notwendigkeit zu verzeihen, denn die Tat entsprang einer Verkettung unglücklicher Umstände. Aber es lässt dennoch an meiner Überlegenheit keinen Zweifel, da es mir obliegt, dir die mildernden Umstände zuzubilligen.

All dies sind Kunstgriffe, die die Möglichkeit zu vergeben unterminieren. Sie sind nicht Versionen oder Perversionen dessen, was Menschen tun, wenn sie einander vergeben, wie ich bisher gesagt habe. Sie löschen vielmehr diese Möglichkeit des Verzeihen-Könnens aus, wie nützlich sie für die verwaltende Organisierung des Zusammenlebens in der Gesellschaft im Einzelnen auch immer sein mögen.

Die Vergebung ist ein Akt vollkommener Gegenseitigkeit. Es ist nicht so, dass die ganze Generosität von der einen Seite ausginge und die ganze Angewiesenheit auf Großmut auf der anderen Seite zu suchen wäre. Ich, die ich die Verzeihung gewähre, kann das nicht aus eigener Machtvollkommenheit tun, nicht aus selbstherrlicher Richtigkeitsgewissheit, sondern ich bin meinerseits darauf angewiesen, dass mir die Möglichkeit zu verzeihen von dir, dem Anderen, der Anderen, geschenkt wird. Ohne dieses Geschenk kann ich mir meine Großmut nur als eigenes Verdienst anrechnen, und dann geht es schon nicht mehr um die Heilung des Verhältnisses zwischen dir und mir, sondern um die Selbstfeier, die unabwendbar ein Herrschaftsgestus ist.

Diese vollkommene Gegenseitigkeit, die den, der verzeiht und den, dem verziehen wird, miteinander verbindet, hat die Vergebung übrigens mit der Freundschaft und mit der Gastfreundschaft gemeinsam. Und es ist ein Verhängnis unserer Zeit, dass wir uns Gegenseitigkeit, also dieses Geschehen, dass wir einander zum Segen werden – Segen im alten jüdischen Sinn, als Kraftübertragung verstanden –, nur noch als den Tausch wertäquivalenter Waren und Serviceleistungen vorstellen können, bei dem nun wirklich überhaupt keine Kraft übertragen, sondern nur die allgemeine Hilflosigkeit vermehrt wird.

Ich komme zurück zu meinem Ausgangspunkt: Was wird krumm und schief, wenn der Satz: ‚Denn sie wissen nicht, was sie tun', pädagogisch wird? Er enthebt mich dann der Notwendigkeit, zu verzeihen oder der schweren Entscheidung, es nicht zu tun. Pädagogik verspricht die Unterbrechung der Gewalt durch Bekehrung zu Vernunft und Einsicht *ohne* die nun einmal ihrem Wesen nach unvernünftige Vergebung. ‚Denn sie wissen nicht, was sie tun', pädagogisch gewendet, macht aus einem Verhältnis der Gegenseitigkeit, der tiefsten wechselseitigen Angewiesenheit eine soziale Konfiguration, in der die einen, die wissen, was sie tun, den anderen, die es nicht wissen, mildernde Umstände zuerkennen, solange ihnen die Möglichkeit der Einsicht vorenthalten ist. Unter der Voraussetzung allerdings, dass diese ihre Unwissenheit anerkennen und sich für erziehungs-, belehrungs- und behandlungsbedürftig erklären und mit der Unterstellung, dass sie tatsächlich einsichtsfähig und -willig sind.

Ebenbürtigkeit und Ungleichheit

Das Geben und Empfangen verteilt sich auf verschiedene Positionen: Die Aufklärer sind die Gebenden, die Unmündigen, die Empfangenden. Die unlösbare Frage aller pädagogischen Verhältnisse springt ins Auge. Was setzt uns Pädagogen ins Recht, uns aufgeklärt zu fühlen? Woher stammt die Legitimität, das Werk der Aufklärung an anderen zu vollstrecken? Was erlaubt uns die Zweiteilung der Gesellschaft in Erzieher und Erziehungsbedürftige? Woher wissen wir, dass *wir* über Einsichten verfügen, die bei *denen da* noch ausstehen? Kurz: Wie werden wir ermächtigt, uns über die Ebenbürtigkeit des Anderen hinwegzusetzen?

Um Missverständnissen zu begegnen. Ebenbürtigkeit ist nicht Gleichheit, sondern hat gerade die Verschiedenheit der Ebenbürtigen zur Voraussetzung. Ivan Illich spricht in diesem Zusammenhang von dissymmetrischer Komplementarität, also von einem Verhältnis, in dem sich zwei Ungleiche, dadurch dass sie sich aufeinander beziehen, gegenseitig zu beider Wohl ergänzen.[19] Das ist das Wesen der Freundschaft, die ja auch eine gemeinsame Feier des Verschiedenseins ist. Ebenbürtigkeit steht also nicht auf dem Spiel, wenn ich dich etwas lehre. Aber sie wird geleugnet, wenn ich dich belehre. Ebenbürtigkeit ist, Ivan Illich zufolge, sogar vereinbar mit einem strikten Gehorsam in einem Meister-Schüler-Verhältnis. Dann nämlich, wenn der Schüler den Meister bittet: „Meister lehre mich, die Welt mit deinen Augen zu betrachten." Der Schüler verpflichtet sich damit zum Gehorsam, zum ‚Hören-Auf' den Meister, wie umgekehrt der Meister auf diesem Hören, diesem Gehorsam bestehen muss. Aber es ist der Schüler, der nach einer von ihm selbst gesetzten Frist seinen Abschied nimmt und sagt: „Ich habe jetzt, so gut ich kann, die Welt mit deinen Augen betrachten gelernt. Jetzt suche ich mir einen anderen Meister."

Es ist aber nicht so, dass wir die Wahl haben, unser Erkenntnisstreben in der einen oder anderen Art, mal mehr, mal weniger skrupulös in Sachen Ebenbürtigkeit, zu verfolgen. Es geht dabei nicht um eine Stilfrage. Mit dem Verlust der Ebenbürtigkeit verschwindet vielmehr die Möglichkeit der Einsicht überhaupt. Einsicht, Erkenntnis und Wahrheitssuche können *nur* in einem Klima der Freundschaft und des Vertrauens, kurz: der Gegenseitigkeit, gedeihen. Sie sind darauf angewiesen, dass wir hörend füreinander empfänglich werden. Und wir sind schlecht beraten zu glauben, dass die Konkurrenz der Einsicht dienlich sei. Wo die Ebenbürtigkeit in Frage gestellt wird, herrscht entweder die alte Besserwisserei der Platzhalter oder der neue expertokratische Monopolanspruch in Sachen richtiger Weltdeutung oder – schließlich – Ruhmsucht, der eiserne Wille zu siegen, andere auszustechen, Niederlagen zu bereiten. Alle drei sind wahrheitswidrige Beweggründe und Zielsetzungen.

Es ist jetzt an der Zeit, die losen Enden der Argumentationsfäden nach und nach wieder aufzunehmen und zu verknüpfen: *Scheinbar*, habe ich gesagt, berufe sich die aufklärerische Pädagogik, die den ihr Anbefohlenen den ‚Ausgang aus der unverschuldeten Unmündigkeit' weisen und ihnen von den Quellen des rechten Wissens zu trinken geben will, auf Sokrates, der sich in Platons *Menon* überzeugt zeigt, dass alles Böse im menschlichen Handeln eine Folge der Unwissenheit sei.

Und tatsächlich bezichtigt ein namhafter Gesellschaftskritiker der siebziger Jahre, nämlich Jean-Francois Lyotard, Sokrates derselben Überlegenheitsgewissheit, die sich damals in der aufgeklärten Pädagogik breitmachte und die er wie folgt karikiert: „Die Wirksamkeit, die hier gefordert wird, ist die der Pädagogik: in der Seele der Kinder, in den Massen, soll sich das Rationalitätsprinzip erheben. ... Wir sind effektiv immer dann, wenn ihr uns versteht. Aber wer soll entscheiden, ob ihr uns versteht? Ihr habt verstanden, wenn ihr mit uns einer Meinung seid, das heißt, wenn ihr die gleiche Sprache sprecht wie wir und nach unserer Ethik handelt. Wir also werden entscheiden, ganz so wie Sokrates, der auch entschied, wann Menon vernünftig ist und wann nicht."[20]

Aber Lyotard täuscht sich, die Ähnlichkeit ist nur äußerlich. Sokrates hat sich an der Ebenbürtigkeit seiner Schüler nicht vergriffen. Er hat die Wahrheit nicht in sie eingepflanzt, sondern das, was die Lernenden als Erinnerungsspur eines vormaligen Seins in sich trugen, mit der der Mutter Phainarete abgeguckten Hebammenkunst aus ihnen herausgelockt. Also Sokrates kommt als Parteigänger oder Vorbild für die Aufklärungspädagogik wohl nicht in Frage.

Bedürfnisorientiertes Lernen

Aber natürlich entging es den kritischen Aufklärern, die sich die Emanzipation der Zöglinge zur Aufgabe gesetzt hatten, nicht, dass sie in der Klemme waren, dass das Machtgefälle zwischen Erziehern und Erziehungsbedürftigen durch Aufklärung keinesfalls eingeebnet wurde, sondern sich nur besser maskiert hatte. Und so sannen dann die Wohlmeinenden unter ihnen darüber nach, wie die Teilnahme der zu Erziehenden an den erzieherischen Angelegenheiten besser gewährleistet werden könne. Das *bedürfnisorientierte Lernen* wurde erfunden oder wieder entdeckt. Lernen sollte aus den Bedürfnissen der Lernenden heraus entfaltet und gestaltet werden, was natürlich deren prinzipielle Erziehungsbedürftigkeit nicht in Frage stellte, ebenso wenig wie das Existenzrecht bestallter Pädagogen.

Unvermeidlich zeigte sich aber schon bald, dass die Erziehungsziele der Emanzipationspädagogen und die Bedürfnisse der Lernenden trotz des äußersten Wohlwollens der ersteren nicht überein zu bringen waren. Eine ganze Flut von Reportagen von der Emanzipationsfront sprach eine beredte Sprache: die Sprache der frustrierten Lehrer jedweder Provenienz: Denn die Lernenden zeigten sich keinesfalls begierig, die ihnen zugedachte Befreiung zu erlangen. Manche der Lehrenden riskierten es, die Probe aufs Exempel zu machen. Sie ließen die Schüler wählen zwischen einem aufsehenerregenden Unterricht und Nicht-Unterricht und mussten enttäuscht zusehen, wie die Schüler scharenweise und fluchtartig dem Ort ihrer Emanzipationschance den Rücken kehrten. Freiheit von Unterricht war offenbar doch erheblich attraktiver als Befreiung durch ihn. Was folgte daraus? – Die erste Variation unseres Themas. Sie lautet: *Denn sie wissen nicht, was sie wollen.*

Da die Lernenden offenbar auf die Befreiung, die wir für sie in petto hatten, nicht scharf waren, musste etwas mit ihren Bedürfnissen nicht stimmen. Und wie sollten auch die Bedürfnisse durch die Manipulation, die Verdummung und die Verführungskünste der konsumistischen Gesellschaft nicht vergiftet sein. Es war ja naiv zu glauben, in ihnen hätte sich ein reiner Kern ureigensten, unverfälschten Wollens erhalten. Kein Wunder, dass sich die Verführten auf der Flucht vor der Freiheit befanden, der sie vernünftigerweise hätten nachjagen sollen. Und so entbrannte eine aufgeregte Diskussion um ‚wahre' und ‚falsche' Bedürfnisse. Unter der Hand hatte sich das Aufgabenfeld der Pädagogik enorm ausgeweitet. Wir mussten uns nicht nur für das rechte Wissen und die vernünftige Weltdeutung unserer Schützlinge verantwortlich fühlen, sondern auch für ihr rechtes Begehren, dafür, dass sie sich auf ihre wahren Bedürfnisse besännen, damit wir ihnen dann die den geläuterten Bedürfnissen entsprechende Lernkost zuführen konnten. Das pädagogische Dilemma wurde damit keineswegs kleiner. Im Gegenteil. Wer sollte sich anmaßen, jemandem die Rechtmäßigkeit seiner Bedürfnisse zu bestreiten? Und worauf gründete sich die Zuversicht, dass unsere eigenen Bedürfnisse unkorrumpiert, also ‚wahr' waren?

„Welches Tribunal kann für sich die Autorität der Entscheidung beanspruchen?" fragte Herbert Marcuse, der Vordenker der studentischen Protestbewegung, und seine verwirrende Antwort lautet: „In letzter Instanz muss die Frage, was wahre und was falsche Bedürfnisse sind, von den Individuen selbst beantwortet werden, das heißt sofern und wenn sie frei sind, ihre eigene Antwort zu geben."[21] Aber das war ja gerade die Voraussetzung, dass sie nicht frei waren, ihre eigene Antwort zu geben. So dünn war das Seil, auf dem die emanzipatorische Pädagogik nicht tanzte, beileibe nicht, sondern eine besorgniserregend prekäre Balance zu halten versuchte. Was wir nicht begriffen:

dass das Dilemma nicht den falschen Bedürfnissen geschuldet war, sondern den Bedürfnissen überhaupt. Wir glaubten, das leidige Machtgefälle in den pädagogischen Verhältnissen abzubauen, wenn wir den Bedürfnissen der Lernenden Rechnung trügen, während gerade das Spekulieren auf Bedürfnisse außerordentlich stabile Machtverhältnisse verfestigt. Sobald Bedürfnisse ins Spiel kommen, ist jede Gegenseitigkeit ausgeschlossen: wenn ich bedürftig bin, werde ich in ein Verhältnis gezwungen, in dem ich um die Gewährung von etwas bei jemandem vorstellig werden muss, der über dieses Etwas verfügt und mir die Bedingungen diktieren kann, unter denen er es herauszurücken bereit ist. Und es bleibt ihm sogar noch erspart, seine überlegene Machtposition zur Schau zu stellen, denn er kann sich ja auf die Bedürfnisse der Unterlegenen berufen. Der Mächtige wahrt dem Bedürftigen gegenüber sein Inkognito, das macht ihn außerordentlich sattelfest und seine Macht in höchstem Maße elegant.

Es macht also einen himmelweiten Unterschied, ob ich sage: „Ich lerne“ oder ob ich sagen muss: „Ich habe ein Bedürfnis zu lernen“, oder noch krasser, ob ich sage: „Ich bilde mich“ oder: „Ich habe ein Bedürfnis, gebildet zu werden“. Sobald ich ein Bedürfnis anmelde, vermag ich aus eigenen Kräften nichts mehr. „Ich habe ein Bedürfnis zu lernen“, heißt also, ich habe die Fähigkeit zu lernen eingebüßt, ich muss mir Lehre verpassen und mir gefallen lassen, dass ich unter Zensur gestellt werde. Wer Lernen zum Bedürfnis erklärt, unterminiert die Fähigkeit zu lernen, und darin haben wir es weit gebracht.

‚Mut zur Erziehung‘

Es war aber aufs Ganze gesehen nur ein kurzes Intermezzo, währenddessen die emanzipatorische Pädagogik tonangebend zu sein schien. Schon bald erstarkte die andere Seite wieder, die verblüfft und quasi überrumpelt kurzfristig das Heft aus der Hand gegeben hatte. Die vorübergehend aus dem Ruder gelaufenen pädagogischen Verhältnisse wurden wieder zurechtgerückt und die Pädagogik in die Rolle gewiesen, die sie von Beginn an hatte, nämlich den herrschenden Verhältnissen in der jüngeren Generation eine stabile Grundlage zu sichern. Das Wort ‚Kritik‘ verschwand beinahe lautlos aus Lehrplänen und Studienordnungen. Die zweite Variation unseres Themas wurde aus der

Perspektive derer, die die vorübergehend entgleisten Verhältnisse wieder richtig stellten, formuliert: Sie lautete: *Denn sie wollen nicht, was sie sollen.* Sie, die Lernenden sollten also nicht länger wollen, was sie wirklich wollten, sondern, wie eh und je, wollen, was von ihnen verlangt wurde. ‚Mut zur Erziehung' war wieder comme il faut. Aber ungeschminkt und umstandslos wurde diese neue alte Leier nicht propagiert. Die neu erstarkte Anpassungspädagogik ahmte unter anderen Vorzeichen nach, was die Bedürfnispädagogik vorexerziert hatte. Es wurden Mittel und Wege gefunden, die Lernenden glauben zu machen, dass sie selbst wollten, was sie sollten. Ein ganzes Arsenal von methodischen Finessen und didaktischen Raffinements, von Superlearning, Funpädagogik und Edutainment – dieser abscheulichen Mixtur aus *education* und *entertainment*, die auf den Index gehörte – sollte dem Lernen den unguten Beigeschmack von Anstrengung und Mühsal nehmen und es zum riesigen Hauptspaß machen, so dass den Lernenden die Frage nach dem Sinn und Zweck und dem quid pro quo ihres Tuns vor lauter Vergnügen und Amüsierlichkeit gar nicht in den Sinn käme. Obwohl diese Bemühungen in den verspäteten pädagogischen Arealen noch im Gange sind, kann man insgesamt konstatieren, dass die Spaßpädagogik sich überlebt hat. Die zunehmende Enge auf dem Arbeitsmarkt erlaubt es den Bildungseinrichtungen, besser: Ausbildungsstätten, auf solche Mätzchen zu verzichten. Heute kann man wieder direkt und ohne Umschweife zur Sache kommen. Mit Überredungskunst und Verführungstamtam muss man sich nicht mehr aufhalten, die Sachzwänge haben eine wahrhaft zwingende Plausibilität.

Die große Blamage

Entsprechend harsch und unumwunden klingt dann auch die dritte Variation unseres Themas, die seit dem unsäglichen PISA-Machwerk und dem grassierenden Ranking-Wahn in aller Munde ist: *Denn sie können nicht, was sie sollen.* Hier ist nun endgültig Schluss mit dem pädagogischen Schmusekurs und der Umwerbung der nachkommenden Generation. Hier tritt die Leistungsforderung unverhohlen und barsch in ihre Rechte. Nicht einmal mehr mildernde Umstände mag man den Insassen von Schulen und Hochschulen zubilligen, jeder ist für sich selbst verantwortlich, auch wenn es nichts zu verantworten gibt, weil alles schon so ist, wie es ist. Und dass die Pädagogengeneration, die sich zur neuen forschen und zielsicheren Gangart nicht ohne weiteres bequemen mag und die das Wort ‚Standard' für einen Anschlag auf den akademischen Geist hält und ‚Schlüsselqualifikationen' und ‚Module' für einen Anschlag auf die Bildung, dass diese Generation nun lautlos von der Bühne abtritt, ist gewiss nicht unwillkommen. Ich könnte ja durchaus gelegentlich in die Klage einstimmen, dass die veranstalteten Lerner unserer Tage nicht können, was sie können sollten. Aber meine vagen Vorstellungen davon, was sie denn können sollten, unterscheiden sich doch erheblich von dem, was sie heutzutage können müssen. Vor allem aber glaube ich, dass diese dritte Variation noch nicht das ganze Desaster der Pädagogik und die ganze Verstrickung der Pädagogenzunft offenbart. Denn wozu die Pädagogik heute ihre Hand reicht, ist noch von anderem Kaliber.

Es ist zum Verrücktwerden

Dass die Schulen und Hochschulen inklusive der Erwachsenenbildung mehr und mehr in den Dienst der ökonomischen Verwertungszusammenhänge gestellt werden, dass sie sich für ihre eigenen Belange an dem orientieren, was die Wirtschaft als *ihren* Erfolgskurs ausgeheckt hat, dass wir uns in unserm Umfeld im Schnellkurs die verwahrloste Sprache der unaufhaltsamen Geldvermehrung und der Profitlogik angeeignet haben, darüber wird vielerorts immerhin Klage geführt. Und der Sorge um das Proprium der Bildung wird durchaus Ausdruck gegeben. Es wird jedoch den Bildungseinrichtungen heutzutage noch etwas anderes zugemutet, nämlich die Prinzipien des Erfolgs und das, was der Anstand im Umgang miteinander verlangt, ihrer Unversöhnlichkeit zum Trotz, vereinbar zu machen. Und damit komme ich zur vierten Variation unseres Ausgangssatzes: *Denn sie dürfen nicht, was sie sollen*. Wer findet, dass das eine Formulierung ist, die jeder Schlüssigkeit entbehrt, der hat recht gehört. Wenn ich nicht darf, was ich soll, dann sehe ich mich unter eine paradoxe Forderung gestellt, der ich, wie immer ich mich drehe und wende, nicht genügen kann.

Wenn ich die Gesellschaft, in der ich lebe, jemandem, der fremd ist hierzulande, in wenigen Worten beschreiben sollte, um ihre Spielregeln offen zu legen, dann würde ich sie vielleicht mit diesem Satz charakterisieren. Sie ist eine Gesellschaft, die ihre Mitglieder mit der Forderung konfrontiert, dass sie sollen, was sie zugleich nicht dürfen. Das ist eine heillose und beängstigende Lage, die die Lehrenden und Lernenden durchaus miteinander teilen. Ich will sie aber zunächst aus der Perspektive der Lernenden in Augenschein nehmen.

Sie sollen lernen, sich sozial und rücksichtsvoll, kooperativ und solidarisch zu benehmen, aber belohnt werden sie dafür, dass sie andere in der härter werdenden Konkurrenz des Ausbildungsalltags zur Strecke bringen. Und tatsächlich sehe ich die Studierenden damit beschäftigt, wie sie, sich in den höheren Kopfrechnungsarten übend, auf Kommastellen genau, ihre Position in den heimlichen Ranglisten der Konkurrenten kalkulieren. Diese Rechenübungen scheinen mehr dazu angetan, ihre Stirn in Falten legen, als irgendein noch so relevanter Inhalt es je vermöchte. Der Lernerfolg misst sich nicht nach dem, was ihnen aufgegangen ist oder was sie beunruhigt oder zum Zweifel ermutigt hat, was Fragen hat entstehen lassen, die sie unbedingt weiterverfolgen wollen, sondern an eben diesen bedrohlich schwankenden Bewegungen auf der Vergleichsskala, die ihnen jeden Mitbewerber um die begehrten Spitzenpositionen brenzlig werden lassen.

Die Lernenden sollen lernen, aufmerksam und bei der Sache zu sein, tatsächlich aber ist der ganze konsumistische Betrieb, an dem ja das vergötzte industrielle Wachstum hängt, darauf angesetzt, sie zu zerstreuen und mit Nebensachen zu beschäftigen. Und die Frage, ob nicht die Lehrpläne längst den Supermärkten der Angebote gleichen, in deren Regale man greifen muss, um zu bekommen, was man zu brauchen glaubt, ist allzu berechtigt. Wobei unübersehbar ist, dass man nur noch brauchen darf, was im Angebot ist.

Sie sollen lernen, Verantwortung zu übernehmen, aber sie leben in einer Welt, in der es für sie nichts zu verantworten gibt, weil alles so unverrückbar feststeht, dass sie nur noch befolgen können, was ihnen vorgeschrieben ist. Der Radius ihres Wirken-Könnens ist ja nicht annähernd so groß wie der ihres Bewirkt-Werdens.

Sie sollen lernen, Vertrauen zu haben und zuversichtlich zu sein, erfahren aber beständig, dass man ihnen nicht traut, weshalb sie mit Kontrolle und Überwachung drangsaliert und mit Zensuren diszipliniert und entwertet werden.

Sie sollen kreativ und erfinderisch sein, werden aber mit Dingen überschüttet und in Verfahren eingefädelt, die jede eigene Idee im Keim ersticken.

Sie sollen Leistungen erbringen und ihren Beitrag zum Wohl der Allgemeinheit nicht schuldig bleiben, tatsächlich erfahren sie tagtäglich, dass es auf sie gar nicht ankommt, dass sie für überzählig und nicht verwendbar erklärt werden.

Sie sollen redlich und aufrichtig sein und werden von Kindesbeinen daran gewöhnt, sich vorteilhaft ins Bild zu setzen, Schwächen und Scheitern gut zu kaschieren und an sich selbst nur gelten zu lassen, was gefällt.

Sie sollen Persönlichkeit entwickeln, erfahren aber, dass sie nur noch als Kontoposten in Budgetkalkulationen vorkommen. Nicht wer sie sind, steht in Frage, sondern, wie viel sie kosten.

Sie sollen couragiert und mutig sein, werden aber mit Sicherheitsvorkehrungen umstellt, die ihnen jede Eigenmächtigkeit austreiben. Unlängst sah ich eine junge Mutter eine Kinderkarre schieben. „Born to be wild", stand in aufdringlichen Lettern seitlich auf dem Fahrgestell. Und da saß dann das arme Wesen, das zur Wildheit geboren war, mehrfach angeschnallt und – bei strahlender Abendsonne – vor jedem Ein- und Andringen der Außenwelt durch einen Wind- und Wetterschutz und ein Insektengitter sorgsam bewahrt, in seinem Vehikel, in dem es umherkutschiert wurde, nach dem Richtungswillen der Erwachsenen: „born to be wild". Mir wurde dieser Anblick, der mich mit wirklichem Mitleid für das vollkommen wehrlose Wesen erfüllte, zum Inbegriff heutiger Existenz.

Unter solchen paradoxen Forderungen kann ich nur apathisch oder verrückt oder gewalttätig werden, wenn es mir nicht gelingt, mich ihnen zu entwinden. Aber genau von dieser Art sind die Zumutungen, die eine Gesellschaft, in der die Erfolgskriterien und die Kriterien des Anstands nicht nur auseinander driften, sondern in vollkommen gegensätzliche Richtungen weisen, ihren Mitgliedern auferlegt. Wir haben unsere gesellschaftlichen Verhältnisse so eingerichtet, dass Autorität, Ansehen und Macht demjenigen zukommt, der andere am nachhaltigsten und durchdringendsten zu schädigen versteht. Je mehr Mitwesen ich zur Strecke bringe, je mehr ich den meisten vorenthalten kann, je mehr eigene Vorteile ich zu Lasten anderer akkumuliere, desto besser, will sagen angesehener stehe ich da, desto mehr Anspruch auf Gefolgschaft der Vielen kann ich geltend machen. Erfolg wird also in Einheiten von Schaden, den ich anderen zufügen kann, verrechnet. Und wir Pädagogen sind dazu ausersehen, durch geeignete Maßnahmen zu verhindern, dass die Vorteilssucht hemmungslos wird. Pädagogik soll der entfesselten Egomanie, die das Triebwerk der modernen Gesellschaft ist und die darum nicht nur geduldet, sondern sakrosankt ist, Zügel anlegen, damit die Wolfsnaturen nicht ungebändigt, sondern zivilisiert gegeneinander wüten.

Ich habe gesagt, den gesellschaftlichen Zudringlichkeiten dieser Art sind Lehrende und Lernende gleichermaßen ausgesetzt. Tatsächlich können wir mit geringfügigen Umformulierungen das alles auch zur Beschreibung unserer, der Lehrenden, Situation zutreffend finden. Und dennoch besteht ein entscheidender Unterschied darin, ob man aus gesicherter finanzieller Stellung oder in beruflicher Unsicherheit sich solchen Zumutungen widersetzen will. Vielleicht ist heutzutage die wichtigste Aufgabe von Pädagogen die, die paradoxen Forderungen, in deren Dienst sie gestellt werden, *nicht* weiterzugeben an die, die ihnen anvertraut oder ausgeliefert sind: Annahme verweigert! Vielleicht läge die Aufgabe darin, gemeinsam mit den Lernenden die Koalition der Nicht-Einverstandenen zu begründen und ihr eine Stimme zu geben.

Wohlgemerkt, ich rede nicht davon, dass wir den Versuch unternehmen sollten, das Unvereinbare vereinbar zu machen, der Geldlogik irgendwie Spuren von Anstand einzuhauchen, sie moralisch ein wenig aufzupeppen, um sie und uns vor ihren schlimmsten Auswüchsen zu bewahren. Ich meine nicht, wir sollten die Institutionen, derer diese Logik sich bedient, humanisieren. Das wäre ein Kraftakt, bei dem wir uns bis zur Lächerlichkeit überheben und verschleißen. Ich spreche davon, dass wir überall, in den Institutionen und außerhalb ihrer, Nischen finden und gründen sollten, die sich gegen die Zumutung der paradoxen Anforderungen sperren, gastliche Orte eben, da wir uns versammeln, um freundschaftlich und aufeinander hörend miteinander nachzudenken. Es geht wohl nicht darum, es etwas besser zu machen, sondern es ganz anders zu machen, im Abseits, im Windschatten, bei jeder Gelegenheit.

Ich sehe nicht, wie ich von den Jüngeren, mit denen ich zu tun hatte im Laufe meiner pädagogischen Tätigkeit, Vergebung erhoffen könnte für das, was ich ihnen schuldig geblieben bin, wenn ich nicht die Anstrengung dieser Widersetzlichkeit auf mich nähme. Denn so wenig sich um Vergebung feilschen lässt, so wenig kann man doch einfach tun und lassen, was man will und was bequem ist, um sich dann mit einer vagen Entschuldigung aus der Affäre zu ziehen.

Italo Calvino lässt in seinem Roman *Die unsichtbaren Städte* den Marco Polo am Ende sinnend sagen: „Die Hölle der Lebenden ist nicht etwas, was sein wird; gibt es eine, so ist es die, die schon da ist, die Hölle, in der wir tagtäglich wohnen, die wir durch unser Zusammensein bilden. Zwei Arten gibt es, nicht darunter zu leiden. Die eine fällt vielen recht leicht: die Hölle akzeptieren und so sehr Teil davon werden, dass man sie nicht mehr erkennt. Die andere ist gewagt und erfordert dauernde Vorsicht und Aufmerksamkeit: suchen und zu erkennen wissen, wer und was inmitten der Hölle nicht Hölle ist, und ihm Bestand und Raum zu geben."[22]

IV Widerstand und Anpassung

Es gibt in einer Demokratie zwei Weisen, sich zur Normalität zu verhalten. An ihnen scheiden sich die Geister der Gesellschaftsmitglieder. Die einen kämpfen um Zugehörigkeit, darum, nicht ausgestoßen zu werden aus der Gesellschaft der ‚Normalen'.

Die Anderen kämpfen gegen die Normalität selbst. Sie bezweifeln die Rechtmäßigkeit der Normalitätsdefinition: Wer maßt sich an, darüber zu befinden, was in der Gesellschaft ‚normal' genannt werden soll, was gerade noch geduldet werden kann und was eine intolerable Abweichung von der Norm ist, die auf Beseitigung drängt. Die eine Haltung nennen wir Anpassung, die andere Widerstand.

Es gibt einen gewissen Konsens darüber, dass beide Grundgesten in einer Demokratie vonnöten sind. Die Anpassung sorgt dafür, dass das gesellschaftliche Gleichgewicht nicht aus dem Ruder läuft, und der Widerstand verhindert, dass die gesellschaftlichen Verhältnisse versteinern. So bestehe kein wirklicher Widerspruch zwischen Anpassung und Widerstand. Vielmehr sei die Trennlinie zwischen beiden eigentlich in die Person hinein verlagert und die Mündigkeit der Individuen bewähre sich daran, dass es ihnen gelänge, beide auf eine ihnen je gemäße Weise in Balance zu halten. Jeder sei zugleich kritischer Akteur und zur Anpassung verpflichtet.

Wie nun aber, wenn es ganz anders ist?

- *Wenn die Anpassungsforderungen unter der Krisendrohung eine überwältigende Übermacht erlangt hätten?*
- *Wenn der Widerstandsimpuls unter den Sicherheitsvorkehrungen versiegt ist?*
- *Wenn das Zugehörigkeitsbedürfnis verzweifelt geworden ist, weil immer mehr von Ausschluss bedroht oder betroffen sind?*
- *Wenn der Widerstand in der Sachzwanglogik aufgerieben wird?*
- *Wenn Solidarität systematisch unterminiert wird?*
- *Wenn überhaupt der Konsumismus totalitär ist?*

Politik ist die Kunst des Machbaren und Erfolg gibt ihr Recht

Von Sozialen Bewegungen zu sprechen heißt, so wie die Dinge heute liegen – nämlich anders als in den siebziger und achtziger Jahren –, von ihrer Krise, wenn nicht gar von ihrem Dilemma und nicht von Hoffnung und Aufbruch zu sprechen.

Nehmen wir die Sozialen Bewegungen beim Wort, denn ihre politische Kraft steckt in dem Wort ‚Bewegung'. Was Soziale Bewegungen auszeichnet, ist ihre Fähigkeit, Beweglichkeit herzustellen oder wiederherzustellen, und damit repräsentieren sie den Inbegriff des Politischen. Die Kunst der Politik besteht darin, Verhältnisse sich nicht so festfahren zu lassen, dass schließlich nur noch eine Möglichkeit offen steht, an die Stelle der Entscheidung zwischen Möglichkeiten also der unausweichliche Zwang getreten ist. Wenn das „Auchanderskönnen" dem „Nichtanderskönnen" (Rudolf Schottlaender) zum Opfer gefallen ist, dann ist Politik am Ende. Soziale Bewegungen sind also diejenigen Agenten, die die in Sachzwängen versteinerten Verhältnisse ‚zum Tanzen bringen' wollen. Ihre vorzügliche Leistung besteht darin, dass sie der Sachzwanglogik die Gefolgschaft verweigern, abtrünnig sind gegenüber deren Glaubenssätzen und lieber an Wunder als an Unausweichlichkeit glauben.

Wir nun leben in einer Gesellschaft, in der die Sachzwänge das Kommando übernommen haben. Politik legitimiert sich mehr und mehr mit Ausweglosigkeit, also damit, dass sie keine andere Wahl gehabt habe, ohne sich der damit ausgesprochenen Bankrotterklärung und ihres Versagens als Politik bewusst zu sein.

Die Sozialen Bewegungen eröffnen demnach, indem sie sich be*wegen*, zugleich neue *Wege*, sie durchziehen ein un*weg*sames Politikgelände mit Spuren und Pfaden und machen damit unbegangenes, unbekanntes, unerschlossenes Terrain zugänglich. Wo aber das Gelände tatsächlich unbegehbar ist, sumpfig oder steinig, abschüssig oder undurchquerbar, wo also an Verzweigung der Richtung nicht zu denken ist und tatsächlich alles schnurstracks nach vorn, und sei es in die Katastrophe führt, da sollten Soziale Bewegungen Courage genug haben, den Ausweg da zu suchen, wo er einzig und allein zu finden ist, nämlich dort, wo man hergekommen ist. Bekanntlich ist ja die einfachste Art, dem Sturz in den Abgrund zu entgehen, die, dass man ein paar Schritte zurücktritt. Ich habe eine Karikatur vor Augen: Eine Schafherde beträchtlichen Ausmaßes drängt einem Abgrund zu. Die vordersten Reihen sind schon abgestürzt, was jedoch auf das Gedränge und Geschiebe keinen Einfluss hat. Nur ein einziges Schaf, ein schwarzes obendrein, strebt in Gegenrichtung und bittet mit einem höflichen, etwas verlegenen ‚Excusez moi' darum, dass man ihm eine kleine Schneise gewähre.

Das Zurück nun steht heute unter striktestem Verdikt, über das ‚Re' wurde ein Denkverbot verhängt. Früher wurden alle gesellschaftlichen Neuorientierungen mit Nomenklaturen versehen, die die Vorsilbe ‚Re' trugen: Renaissance, Reformation, Revolution. Heute werden gesellschaftliche Neuerungen unter den Generalnenner der Innovation subsumiert, womit unmissverständlich deutlich gemacht wird, dass man sich das Zurück gänzlich aus dem Richtungssinn geschlagen hat. Wir haben es demnach mit einer Halbierung der Vernunft zu tun. Soziale Bewegungen hätten sich also der verfemten Rückwärtswendung anzunehmen, der Rück-Sicht. Man könnte sagen, sie hätten ihre Bündnispartner auch unter den Toten zu suchen und ihre Ziele an den historisch unterlegenen, nicht zum Zuge gekommenen Möglichkeiten abzulesen.

Nur solche politischen Bestrebungen, die darauf aus sind, Spielraum, Bewegungsraum – zum Beispiel durch Verlangsamung – zu gewinnen, Handlungsalternativen zu eröffnen, will ich Soziale Bewegungen nennen. Die Nationalsozialisten, die ihrerseits für sich beanspruchten, ‚Bewegung' zu sein, gelten gemäß diesem Verständnis nicht als Soziale Bewegung, denn sie arbeiteten ja tatsächlich an der Versteinerung und Gleichschaltung aller gesellschaftlichen Handlungen und Einrichtungen bis zur finalen Eindimensionalität.

Beweglichkeit contra allgemeine Mobilmachung

Wenn jedoch dies das Kennzeichen der Sozialen Bewegung ist, dass sie die Verhältnisse beweglich macht, dann scheint es geradezu widersinnig, sie gegenwärtig in einer Krise oder gar in aussichtsloser Lage zu wähnen. Beweglichkeit, Mobilität, Flexibilität stehen so hoch im Kurs wie nie zuvor, sie nehmen die Spitzenpositionen auf der gesellschaftlichen Werteskala ein, das Tempo der Veränderung ist atemberaubend, das Neuerungsfieber grassiert, an Bewegung ist wahrlich kein Mangel.

Das ist nun allerdings eine Bewegung, die die Beweglichkeit nicht erhöht, sondern zum Erliegen bringt. Die von Globalisierungsagenten, Börsenmaklern, Konzernchefs und Industriebossen nebst ihrer politischen Entourage und ihren naturwissenschaftlich-technischen Erfüllungsgehilfen geforderte Mobilität ist eine allgemeine Mobilmachung in des Wortes kriegerischer Bedeutung, eine Zusammenziehung und Bündelung aller Kräfte in ein und dieselbe Richtung. Es geht einzig darum, die Schlagkraft für die Schlacht auf dem neuen Kriegsschauplatz ‚Weltmarkt' zu erhöhen. Diese allgemeine Mobilmachung duldet den Flaneur, den Pfadfinder, den Landstreicher, den Abenteurer, den Fährtensucher, den Nomaden, der *sich*, seinem eigenen Richtungssinn folgend, Spuren suchend im Raum bewegt, gerade nicht, sie duldet nur die Bewegung, die sie selbst in Gang setzt und in Gang hält, und nur die Richtung, der sie den Sinn vorschreibt. Sie setzt den schlendernden Landgänger in Marsch, stellt ihn unter Kommando. Der Unterschied zwischen ‚sich bewegen' und ‚bewegt werden' kann gar nicht ernst genug genommen werden. Das Bewegt-Werden, die allgemeine Mobilmachung eben, ist das Ende der Beweglichkeit, „rasender Stillstand" (Paul Virilio), Selbstfesselung inmitten der Entfesselung aller Kräfte. Was heute unter dem Programm von Flexibilisierung, Innovation und Mobilität diskutiert wird, erfüllt den Tatbestand der Gleichschaltung im geschichtsträchtigsten und heillosen Sinn des Wortes.

Die Kraft der Ohn-Macht

Es sind keine guten Zeiten für Soziale Bewegungen, und zu den Schwierigkeiten und Widrigkeiten, mit denen sie immer schon zu kämpfen hatten, sind seit den Zeiten der Friedens- und Ökologiebewegung einige hinzugekommen, die geradezu paralysierend wirken, sie lähmen, handlungsunfähig machen.

Es gehört zum Wesen aller Protestbewegungen, dass sie aus der Position der Unterlegenheit gegen ein mächtiges Gegenüber antreten, aus der *Ohnmacht* also gegen eine *Übermacht*. Gelegentlich haben Protestbewegungen versucht, ihre Machtunterlegenheit durch imposante große Zahlen zu kompensieren und sich wesentlich damit befasst, wie sie wachsen könnten, um beachtlich zu werden. Sie haben der Machtfülle des Gegners mit Gegenmachtfülle beizukommen versucht. Wir erinnern uns vielleicht noch an den Rausch, den zu Zeiten der Friedensbewegung die 300 000 Demonstranten auf der Bonner Hofgartenwiese auslösten, und an das Gefeilsche um die richtige Zahl, die Untertreibung der offiziellen Berichterstattung und den Hang zur Übertreibung auf Seiten der Demonstranten. Derartige Rechenexempel sind womöglich die falsche Fährte. Sie folgen den Spielregeln, die die Macht setzt, bleiben ganz in deren Bann, begegnen dem Imponiergebaren mit Imponiergebaren, der Erpressung mit Gegenerpressung, der Drohung mit Gegendrohung.

Die Legitimität eines Anliegens, eines Widerstandes, eines Einspruchs gründet jedoch nicht auf der großen Zahl der Repräsentanten, nicht einmal auf der Mehrheit. „Niemand hat je geglaubt, dass die Meinung der größeren Zahl bei einer Abstimmung durch ihr Übergewicht auch die klügere sei. Es steht Wille gegen Wille, wie in einem Krieg", schreibt Elias Canetti über das parlamentarische System.[1] Und der amerikanische Naturphilosoph Henry David Thoreau geht in seinem Essay *Über die Pflicht zum Ungehorsam wider den Staat* aus dem Jahr 1849 noch einen Schritt weiter: „Ein kluger Mensch wird die Gerechtigkeit nicht der Gnade des Zufalls überlassen, er wird auch nicht wollen, dass sie durch die Macht der Mehrheit wirksam werde, denn in den Handlungen von Menschenmassen ist die Tugend selten zu Hause." Und er fügt hinzu: Jeder, der mehr im Recht ist als die andern, bildet „schon eine Mehrheit um eine Stimme".[2]

Wenn Soziale Bewegungen sich zu strikter Gewaltlosigkeit bekannt haben, dann deshalb, weil sie sich nicht mit der Macht gemein machen wollten. Man kann durchaus die Ohnmacht der Sozialen Bewegungen als diejenige Eigenheit ansehen, auf deren Bewahrung sie am sorgsamsten Acht geben müssen, als diejenige Kraft, die einzig in der Lage ist, der Macht die Legitimität zu entziehen. Ohn-mächtiger Widerstand attackiert die Macht, ohne sie für sich zu wollen. Demgegenüber ist die Macht hilflos, weil sie ihr Gegenüber dann nicht unter ihre Spielregeln zwingen kann, und das ist das einzige Metier, das die

Mächtigen beherrschen. Macht kann sich nur verteidigen gegen Machtkonkurrenten. Gegenüber ohn-mächtigen Angriffen ist sie machtlos. Ohn-mächtiger Widerstand entzieht der Macht ihr Gegenüber und lässt sie so ins Leere laufen, lächerlich oder offen gewalttätig werden, was einer Selbstentlarvung gleichkommt und der Eleganz der Macht, ihrer souveränen Unauffälligkeit, abträglich ist.

Die neue Schamlosigkeit

Das Mittel, dessen sich so unarmierter Widerstand bedient, ist die symbolische Aktion, die Recht und Unrecht öffentlich inszeniert. Das Spielfeld, auf dem dieser Widerstand agiert, ist die Kluft, der Abstand, der sich auftut zwischen dem politischen Anspruch, den moralischen Selbstverpflichtungen, den gesetzlichen und verfassungsmäßigen Bindungen der politischen und gesellschaftlichen Akteure einerseits und ihrem tatsächlichen politischen und ökonomischen Handeln, das dem eigenen Machterhalt dient, der unersättlichen Profitgier und das jeder Gemeinwohlorientierung spottet andererseits. Soziale Bewegungen zielen diese Differenz zwischen Sagen und Tun, zwischen Sollen und Vollbringen, zwischen verlautbarter Gemeinwohlorientierung und praktiziertem Machtegoismus an, sie beziehen ihre Kraft aus den Legimationsdefiziten der politischen und wirtschaftlichen Macht. Entlarvung, Veröffentlichung, Aufdeckung, Skandalisierung ist ihr Operationsbesteck in den siebziger und achtziger Jahren gewesen. Damit ist es vorbei. Es gibt nichts mehr aufzudecken. Die Zeit der Scham ist vorüber und damit auch die Möglichkeit der Beschämung.

Das hervorstechende Kennzeichen modernen Politik- und Wirtschaftgebarens ist die vollkommene Schamlosigkeit. Politiker und Wirtschaftbosse sagen, was sie tun. Der Zynismus ist in ein neues Stadium getreten. Der Präsident der Vereinigten Staaten gibt weltöffentlich zu Protokoll, dass ihn das Klima, die Existenzgrundlage aller, einen Dreck schert. Der (Ex-)Bundeskanzler einer rot-grünen Koalition lässt ungeniert hören, dass das Prinzip, wonach eine Gesellschaft so gut ist wie ihr Umgang mit den schwächsten ihrer Mitglieder (Theodor W. Adorno), zugunsten eines gnadenlosen Konkurrenzkampfs aller gegen alle aufgegeben wurde. Es gibt also keine Legitimitätslücken mehr, in die Soziale Bewegungen hineinagieren könnten, nicht weil sich das politische Handeln in die Pflicht der Versprechungen hätte nehmen lassen, sondern weil die Versprechungen auf das Niveau unmoralischen oder gar verbrecherischen Handelns heruntergekommen sind. Der parteiübergreifenden Allgemeinheit dieses Politikstils entspricht es, dass da, wo die Verfassung solcher Rabiatheit noch Grenzen setzt, mit Verfassungsänderungen leichtfertiger als je in der Nachkriegsgeschichte geliebäugelt wird.

Zur neuen Schamlosigkeit gehört es auch, dass die für jede Demokratie konstitutive Pflicht zur Rechenschaftslegung gegenüber dem Souverän außer Kraft gesetzt wurde. Rechenschaftslegung ist unter demokratischen Bedingungen sogar dann nicht obsolet, wenn der verschlafene und beinahe krankhaft vergessliche Souverän sie nicht einfordert. Heutige Politik zielt demgegenüber geradezu planmäßig auf die Vergesslichkeit des Wahlvolks. An die Stelle der Rechenschaftslegung: „Was habe ich gemacht?" ist die Imagepflege getreten: „Wie habe ich das gedeichselt?" / „Wie war ich, war ich gut?"[3] Von links bis rechts, von schwarz bis grün macht keine Partei mehr einen Hehl aus dieser ersten Anstrengung, das Ansehen nach allen Regeln der Kunst der Akzeptanzforscher zu schönen. Politik wird zum Metier der Public-Relations-Branche und funktioniert nach den Gesetzen der Werbung. Die neue Offenheit, der modernisierte Zynismus, hat also die Öffentlichkeit der Sozialen Bewegungen beschlagnahmt, ihren Spiel-Raum, ihre Bühne zum Verschwinden gebracht.

‚Was wichtig ist, bestimme ich', sagt das Fernsehen

Ein weiteres Dilemma, dem sich die Sozialen Bewegungen mehr denn je ausgesetzt sehen, wenn sie Wirkung erzeugen, sich also Gehör verschaffen wollen, ist ihre Unterwerfung unter das Gesetz der Medien. Die Medienmacher bestimmen die Inszenierungsformen der Protestbewegungen. Was wegen seiner Sensationalität nicht einen Schwarm von Journalisten anzieht, was keine profitablen Einschaltquoten verheißt, bleibt sich selbst und der vollkommenen Unaufmerksamkeit überlassen. Dies hat in den Protestbewegungen zur Aufrüstung mit Sensations- und Unterhaltungswert geführt. Mindestens ebensoviel wie über Ziele und Inhalte wird inzwischen auch dort darüber debattiert, wie man sie fernsehgerecht ins Bild setzen könne. Keine Soziale

Bewegung mehr ohne ein Public-Relations-Referat, das seismographisch die Zahl der Nennungen in den Printmedien und die Sekundendauer der ihr gewidmeten Fernsehspots registriert. Jubel, wenn sich die Medien zur Berichterstattung geneigt zeigen, und Existenzkrise, wenn sie ihre Gunst abziehen von einem Thema: Die Brent-Spar-Affaire – ausgelöst durch die vom Ölmulti Shell angekündigte Versenkung einer ausgedienten Bohrinsel auf den Meeresgrund vor Norwegens Küste –, die eine so potente Organisation wie Greenpeace erst in schwindelnde Aufmerksamkeitshöhen trieb und dann wegen eines lächerlichen, für die Sache selbst völlig bedeutungslosen Messfehlers haltlos abstürzen ließ, war ein Lehrstück in Sachen Geiselnahme durch die Medien.

Wie können Soziale Bewegungen sich aus diesem erpresserischen Würgegriff befreien? Die Globalisierungsgegner versuchen es mit einer Doppelstrategie zwischen Internet-Zusammenschluss und Werbung um die Gunst des Fernsehens. Diese Rechnung will nicht recht aufgehen, wie zum Beispiel die Genua-Konferenz im Juli des Jahres 2001 gelehrt hat, wo sich die sozialen Bewegungen mit einem Medienzaren anlegen mussten, der zugleich der Regierungschef war und auch noch der reichste Mann Italiens. Schon den Terminplan müssen sich die Globalisierungsgegner von den Herren der Erde diktieren lassen, weil nur zu Gipfel-Spektakeln das Fernsehen vor Ort ist. Stattdessen sollten sie, wie der französische Philosoph Pierre Bourdieu, der zur Aufkündigung der großen Koalition der Einverstandenen aufruft, einleuchtend fordert, eigene Daten setzen für die internationalen Zusammenkünfte der lokal agierenden Bewegungen. Wenn sie nur reagieren statt zu agieren, droht ihnen, was die Gipfelriesen, sofern sie sich auf elegantes Machtgebaren verstehen, schon generös in Aussicht stellen: die Integration in die Gipfelkonferenzen, was die verführerischste und fraglos eleganteste Weise ist, die Kritiker unschädlich zu machen.

Ohn-mächtig kann man nicht halbherzig sein, der Ohn-Macht muss man sich mit Haut und Haar verschreiben, sonst weicht alle Kraft aus ihr, und sie wird zur Machtlosigkeit, während die Soziale Bewegung gleichzeitig dem Gegner, dem sie die Legitimität entziehen will, immer ähnlicher wird. In der Selbstinszenierung und Fernseheitelkeit, die von dem Glauben lebt, Fernsehpräsenz sei erst der eigentliche Existenzbeweis – ich war im Fernsehen, also bin ich –, waren sich beim Treffen der Gipfelriesen und Gipfelgegner in Genua 2001 beide Seiten beinah einig: „Das politische Großereignis und die Armut in der Welt bilden nur die Folie, auf der die eigene Biographie eingeritzt wird. Diese Signatur ist dabei oft wichtiger als die bekämpfte Wirklichkeit", schrieb ein Kommentator der Frankfurter Rundschau.[4]

Wovon ich nicht reden kann, davon muss ich schweigen …?

Aber die Lage der Sozialen Bewegungen ist noch ernster. Nehmen wir zum Beispiel den Widerstand gegen die wahrhaft monströsen Pläne, die sich in den Biotechnologien Durchsetzung verschaffen. Wer dagegen aufsteht, befindet sich in einem doppelten und dreifachen Dilemma:

Erstens: Es ist durchaus fraglich, ob nicht zur Durchsetzung jener Vorstellung, dass Lebewesen bis hinauf zum Menschen als Molekularmaschinen aufgefasst werden müssen und dass ihr Sein in den Genen sitzt, von den Kritikern mehr geleistet wurde als von den Verfechtern. Noch indem ich mich gegen die Freisetzung genmanipulierter Pflanzen wehre und die Gefahr, die darin liegt, beschwöre, bestätige ich, dass diese Auffassung vom Lebendigen ihren Wahrheits- und Wirklichkeitsanspruch zu Recht erhebt, und trage so zur Rohstoffisierung aller Lebewesen, die Umwandlung von *homo sapiens* in *homo materia* eingeschlossen, bei. Rohstoff aber kann nicht heilig sein, weswegen den Gentechnologen in Forschung und Praxis auch tatsächlich nichts heilig ist.

Zweitens: Noch in der Kritik an den wüsten Praktiken der Gentechnologen, ob ich nun das Klonen oder die Präimplantationsdiagnostik oder die genmanipulierten Nahrungsmittel anprangere, trage ich zur Gewöhnung an das Monströse bei. Während noch 1997 das Schaf, das mit dem possierlichen Namen Dolly seine abartige Herkunft vergessen machen sollte, einen Aufschrei des Entsetzens auslöste, lässt sich heute bereits kommode mit dem Klon witzeln oder Werbung machen. „Schön, dass es wenigstens ihren Mercedes nur einmal gibt", warb im Jahr 1998 bereits die Automarke mit dem Stern und gruppierte um diesen Werbeslogan die Bilder von vierzehn artgleichen ‚Dollies'.

Drittens: Wer sich auf Ethikdebatten einlässt, wird in einen Argumentationskontext genötigt, in dem er die Sprache des Gegners nolens volens übernimmt und im ethischen Diskurs dem Ungeheuerlichen zur Sprache des Arguments, dem Unsäglichen zur Sagbarkeit verhilft, während doch tatsächlich unsere Sprache in keiner Weise mehr die in den Labors geschaffenen Tatbestände angemessen zu bezeichnen imstande ist.

Indessen hat, wer sich in solche ‚Ethik-Debatten' verstricken lässt, bereits die kontrafaktische Unterstellung geschluckt, dass es überhaupt noch erkenntnistheoretische und forschungsethische Fragestellungen gäbe. In Wahrheit ist die Forschung so unentwirrbar mit der Ökonomie verfilzt, dass wir es nur noch mit naturwissenschaftlich-industriellen Komplexen zu tun haben, mit Spekulationsprojekten, in denen Milliardengewinne hin- und hergeschoben werden, Universitäten zu Patentverkäufern degradiert werden, Forschung und Profit ein und dasselbe sind, die zwei Seiten der Medaille, und die Ethik-Debatte dazu ausersehen ist zu verschleiern, dass dies alles in einem ethikfreien Raum sich abspielt.

Soziale Bewegungen haben es also zunehmend mit Gegenständen zu tun, von denen man nicht reden kann und gegen die man nicht Einspruch erheben kann, ohne sie zu affirmieren, von denen man aber auch nicht schweigen kann, ohne sich in die Große Koalition der Einverstandenen einzureihen.

Gesucht: das revolutionäre Subjekt

Ein weiteres wirkt sich verhängnisvoll aus für die Widerständigkeit der Sozialen Bewegungen. Die Frage nach dem revolutionären Subjekt ist zu unterschiedlichen Zeiten mit unterschiedlichen Gründen verschieden beantwortet worden. Zu Marx' Zeiten galt das Proletariat als Träger revolutionärer Potenziale. Die Studentenbewegung war sich nicht ganz schlüssig, ob sie auf die Arbeiter setzen sollte oder auf die Deklassierten – Psychiatrie-Patienten, Gefängnisinsassen, Obdachlosensiedlungsbewohner – oder schließlich doch auf die studentische Mittelklasse. Dann kam die Bürgerinitiativbewegung, und der Durchschnittsbürger in seinen Alltagsmalaisen und -bedrohungen avancierte zum Protestpotenzial. In der Friedensbewegung spielten zweifellos die christlichen Basisgemeinden mit ihrem pazifistischen Ursprung eine besondere Rolle, und heute wird auf die Konsumenten gesetzt.

Der Konsument als Revolutionär, das will schwer einleuchten.

Andererseits aber, wenn man in Rechnung stellt, dass die großen ökologischen Bedrohungen, allen voran die Klimakatastrophe, durch einen Überverbrauch von allem, was der Planet an Verwertbarem hergibt, bedingt sind, dann scheint es doch naheliegend, Bündnispartner unter den Verbrauchern, genauer: den *Überverbrauchern* zu suchen, die Verbrauchermacht zu organisieren, um politischen Zielen zur Durchsetzung zu verhelfen. Tatsächlich ist es immer wieder gelungen, die Verbraucher in Bewegung zu setzen. Verbraucher haben in der Brent-Spar-Affaire durch ihren Boykott den Ölmulti Shell in die Knie gezwungen, sie haben die Agro-Business-Konzerne Monsanto, Novartis, Agrevo und Pioneer-Hi-Bred mit ihren Gen-Food-Protesten das Fürchten gelehrt, sie haben in der BSE-Krise den Fleischmarkt zusammenbrechen lassen, und wer, wenn nicht die Verbraucher, sollte die Herren der Erde veranlassen, umweltschädliche Produkte zu substituieren?

Allerdings: Nichts und niemand stellt in der Konsumentenbewegung den Verbraucher-Status selbst zur Diskussion. Die Tatsache, dass aus daseinsmächtigen Menschen belieferungsbedürftige Mängelwesen gemacht wurden, die jeglicher Fähigkeit zur Selbsterhaltung beraubt sind und wie Säuglinge an den Fütterungsschläuchen der Versorgungskultur hängen, die Tatsache, dass die „Überfülle an Waren die autonome Erzeugung von Gebrauchswerten lähmt," die Tatsache der „entmündigenden Marktabhängigkeit" der Bürger, die damit verbundene weltweite „Standardisierung des menschlichen Handelns", das zunehmend sich auf die beiden Tunsarten der bezahlten Lohnknechtschaft und des mit Wahlfreiheit verwechselten Kaufzwangs beschränkt,[5] dies alles ist nicht Gegenstand des Protestes. So ist es auch nicht verwunderlich, dass die Konsumenten den wesentlichen Inhalt ihres Protestgebarens darin sehen, eine Ware durch eine andere zu ersetzen, BP-Benzin statt Shell-Benzin zu tanken, aus Massentierhaltung gewonnenes Puten- und Straußenfleisch statt des Rindfleisches auf den Tisch zu bringen, und atomfreien Strom statt des Atomstroms zu verpulvern.

Niemand, der Verbrauchermacht organisieren will, traut sich zu, an den Unabhängigkeitswillen und die Phantasie der Verbraucher zu appellieren, damit diese teils durch Verzicht, teils durch schöpferische Erzeugung von unmittelbar brauchbaren Dingen sich aus der Erpressung durch die Marktbeherrscher befreien. Erpressung größtmöglichen Stils ist das Metier der so genannten Arbeitgeber, die ja in Wahrheit Arbeit-Nehmer sind (während umgekehrt die Arbeitnehmer Arbeit geben), und der Verwalter all jener Befriedigungsmittel, die nur durch den Einsatz von Geld auf dem Markt als Ware oder Dienstleistung erworben werden können.

Konsumenten, die in dieser Umklammerung durch Arbeits- und Warenlieferanten fidel ihrem Freiheitswahn huldigen, sind tatsächlich Papiertiger des Widerstands. Sie können jederzeit zum marktgerechten Wohlverhalten gezwungen werden. Die Androhung des Arbeitsplatzverlustes und die daraus folgende Drohung des sozialen Abstiegs sind ungemein wirksam. Tatsächlich lassen die Herren der Erde die Wellen des Verbraucherprotests sich in aller Gelassenheit totlaufen. Und tatsächlich ist die Vergesslichkeit der Verbraucher genauso chronisch wie die des Wahlvolks. Der Rindfleischkonsum ist bereits wieder auf dem alten Stand, obwohl doch viele die Einschränkung nicht mit der medienstimulierten Furcht vor BSE, sondern mit Ekel begründet hatten. Ekel sollte man für eine tiefsitzende Aversion halten, aber auch das ist ein Irrtum. Die großen Gefühle von der Trauer über die Liebe, die Sehnsucht und den Ekel, sind längst vermarktet.

Gesucht: Lösungen

Damit hängt ein letztes zusammen, was die Sozialen Bewegungen ungemein schwächt. Sie haben sich seit den frühen Tagen der Ökologie- und Friedensbewegung nötigen lassen und sich auch genötigt gefühlt, sich von dem klaren und unmissverständlichen ‚Nein' abzuwenden und sind statt dessen ‚konstruktiv' geworden, übergelaufen zu den so genannten lösungsorientierten Ansätzen. Das starke, schöne, selbstbewusste ‚Nein Danke' der Anti-Atom-Bewegung und das klare ‚Nein ohne jedes Ja zu Massenvernichtungswaffen' der Friedensbewegung ist dem Tüfteln an Problemlösungen gewichen. Eleganter konnten Protestbewegungen nicht auf die Seite der Macher gezogen werden. Auf beiden Seiten haben jetzt die Techniker und die Manager das Wort. Der Planet ist endgültig zum „Management-Objekt" (Wolfgang Sachs) geworden. Seine Zerstörung *und* seine Rettung beflügeln gleichermaßen Markt und Profit.

Ist das nun ein Totengesang auf die Sozialen Bewegungen? Nein!

Aber ein Totengesang auf sie, sofern sie die Dilemmata, in denen sie sind, verleugnen. Soziale Bewegungen bleiben wohl trotz alledem die einzige politische Hoffnung, auf die wir setzen können, und das um so mehr, je unbeirrter sie Unmögliches für möglich halten und auf die Selbstherrlichkeit der Sachzwänge pfeifen.

Guter Rat ist teuer

„In den sechziger Jahren des 18. Jahrhunderts empfing die Tante des Diplomaten Talleyrand einmal im Monat alle Bediensteten ihres Gutes in ihrem besten Salon. Sie saß in einem Sessel, die Bediensteten versammelten sich in einem Halbkreis um sie herum: Auf einem Tisch vor ihr standen zahllose Fläschchen, jedes mit einem von ihr selbst beschrifteten Etikett. Die Bediensteten traten nacheinander vor und schilderten ihre körperlichen Beschwerden, für die sie eine Medizin benötigten. Die Tante wählte dann eines der Fläschchen aus; darin befanden sich Kräuterheilmittel, die man auf dem Gut selbst herstellte. Sie erklärte dem Bediensteten, wie er die Medizin einzunehmen hatte und gab ihm ein paar ermutigende Worte mit auf den Weg. Der ‚Patient' verbeugte sich, nahm das Fläschchen entgegen und trat in den Halbkreis zurück. Dann folgte der Nächste. Das war die ‚pharmazeutische Behandlung' der Herzogin.

Erstaunlich an dieser Behandlung war nun, dass Talleyrands Tante ausgesprochen schwerhörig war. Die Bediensteten wussten das, vermieden aber jeden Hinweis darauf und schilderten ihre Beschwerden mit leiser Stimme. Auch die Tante tat so, als höre sie bestens, und wählte mit Bedacht das Fläschchen, das ihr das Beste schien."[6]

Hier wird dargelegt, mit welcher Art von Rat und Beratung man sich in grauer Vorzeit begnügte. Wir werden Zeugen eines Procedere, bei dem es einem professionellen Berater oder einer ebenso professionellen Beraterin unserer Tage nur schaudern kann. Das mag vielleicht vor 200 Jahren noch gerade eben gut gegangen sein, aber in einer komplexen Gesellschaft wie der unseren scheint doch alles darauf hinauszulaufen, dass der Anspruch an das qualitative Niveau der Beratung in allen möglichen menschlichen Angelegenheiten von Tag zu Tag steigt und nur mit schwerwiegenden Folgen unterschritten werden kann, während gleichzeitig sich der Beratungsbedarf rapide vermehrt.

Dennoch wirft die geschilderte Szene Fragen auf, die sich bis heute nicht erledigt haben. Die wichtigste von allen ist natürlich die, ob denn nun damals die Bediensteten der adligen Dame trotz alledem gut beraten waren oder sich zumindest gut beraten fühlten. Das ist ja bereits eine bemerkenswerte Unterscheidung für die Beurteilung der Qualität des Rates. Beides bleibt für uns spät Geborene unentscheidbar, denn weder wissen wir, ob die Hausgemeinschaft sich dank dieser allmonatlichen Prozedur tatsächlich guter Gesundheit erfreute, also gut beraten *war,* noch wissen wir, ob sie den kleinen, aus der Schwerhörigkeit der Dame herrührenden Ungereimtheiten zum Trotz Zutrauen zu dieser Verabreichung hatten, ob sie sich also gut beraten *fühlten* und das ihnen zugedachte Mittelchen aus eigenen Stücken, auf Linderung hoffend, anwandten. Oder taten sie es, wenn sie es taten, etwa nur aus Furcht vor unangenehmen Konsequenzen?

Nehmen wir einmal an, die mit solcher Unbeirrtheit Diagnostizierten trauten der verordneten Rezeptur wirklich eine wohltuende Wirkung zu. Müssen wir dann zwangsläufig zu der Auffassung gelangen, wie es uns wohl unser durch Faktizitäten ernüchterter Sinn nahe legt, dass sie einer naiven Illusion, einem unaufgeklärten Zauberglauben aufgesessen sind? Oder könnte die alte Dame doch über eine Art Gespür, eine Intuition, einen durchdringenden Blick, einen ‚sechsten Sinn für das Stimmige' (Ivan Illich) verfügt haben, der der Auskunft über das Befinden der ihr Untergebenen gar nicht bedurfte? Wer würde sich heute noch trauen, erkennbar so im Ungefähren zu fischen, wenn er einem Anderen zu dessen Wohlsein rät? Ist also Talleyrands Tante im Umgang mit den Hausgenossen leichtfertig oder anmaßend? Handelt sie aus Wohlgesonnenheit oder aus Herrschsucht? Ist das Ganze eine Farce, die die Dienstboten augenzwinkernd und gutmütig mitspielten?

Weiter ist bemerkenswert, dass in dieser Episode die Spenderin des Rates ihrer Stellung und Autorität wegen darauf pochen und rechnen kann, dass der Rat beherzigt wird, will sagen, dass er einer Anordnung nicht unähnlich ist. Auch das ist eine Vorstellung, die heutige Beratungstätigkeit, die doch angeblich alles in die ‚Entscheidung' des Beratenen stellt, in Misskredit brächte. Dennoch verweist uns Madame Talleyrand auf die Frage der Autorität des Ratgebenden. Worauf gründet sie? Wie werden Ratgeber und Rat mit Glaub- und Vertrauenswürdigkeit ausgestattet? Halten wir einstweilen fest:

Erstens: Zum Raten gehören zwei: derjenige, der den Rat gibt oder erteilt, und derjenige, der ihn erhält oder erbittet. Ratender und Beratener begründen ein besonderes prekäres Verhältnis. Fraglich, ob das notwendigerweise eines von Über- und Unterlegenheit ist, ob es also hierarchisch zugeht in dieser Konstellation.

Zweitens: Die Frage nach der Vertrauenswürdigkeit des Rates ist vordringlich, auch wenn wir aus unserer Geschichte nicht die leiseste Belehrung darüber erhalten, aus welchen Quellen sie sich speist. Bleibt es doch ganz und gar im Dunkeln, ob Madames Rat überhaupt vertrauenswürdig befunden wurde.

Drittens erhebt sich die heikle Frage nach dem Rat-Folge-Zusammenhang. Was bedeutet es, wenn ich einen mir erteilten Rat nicht befolge, sei es, dass ich selbst um Rat ersucht habe, sei es, dass er mir unaufgefordert aufgenötigt wurde? Darf sich der Ratende gekränkt fühlen? Muss er sich nicht gekränkt fühlen, wenn sein Rat in den Wind geschlagen und also seine Vertrauenswürdigkeit offen bezweifelt wird? Habe ich mich schon an den Anderen ausgeliefert, wenn ich ihn überhaupt um Rat ersuche? Sitze ich schon in der Falle und habe nur noch die Wahl zwischen Teufel und Beelzebub, zwischen Schroffheit und Unterwürfigkeit? Und was ist, wenn mir der Ratgeber generös zugesteht, dass ich seinen Rat *nicht* befolgen müsse, ‚selbstverständlich nicht' – wie er, seine durch und durch demokratische Gesinnung demonstrierend, hinzufügt? Kann ich seinen Rat dann noch brauchen, kann ich ihn noch ernst nehmen, wenn der Andere ihn so leichthin gleich wieder zur Disposition stellt, ihm also offenbar selber gar nicht traut?

Eine Peinlichkeit, die mit dem modernen Ratgebewesen eingehandelt wird, erspart uns die Herzogin. Sie wird für ihre Präskription nicht bezahlt. Ihr guter Rat ist *nicht* teuer. Wir wissen nicht, ob er von Fall zu Fall tödlich war, aber teuer war er nicht. Er wird also nicht zur ‚Rate', die man abstottern muss.[7] Wir können die Qualität ihres Rates demnach nicht im Geldwert ermessen. Während heutzutage der zu entrichtende Preis doch als ein untrügliches Zeichen für seine Vertrauenswürdigkeit gilt: Guter Rat ist – leider – teuer. Ich aber werde den Verdacht nicht los, dass der teure Rat eine *corruptio optimi* (Ivan Illich) ist: eine Verderbnis des Kostbarsten, seine Verwandlung in das krasseste Gegenteil.

Das ist eine starke Behauptung. Das hieße ja, dass der *teure* Rat den Beratenen geradewegs ins Unheil führt. Allerdings mit dem Vorbehalt, dass das Wort ‚teuer' seinerseits bereits durch und durch verdorben wurde, als es nämlich mit ‚Geld' in Berührung kam und dessen Verwesungsgeruch annahm. Pecunia non olet? Und ob es stinkt! Es stinkt zum Himmel. Wenn mir dein Rat teuer ist, weil du mir teuer bist, dann ist der teure Rat ein wirkliches Geschenk. Er kostet nichts, aber ist kostbar in dem doppelten Sinn, dass er geschmeckt werden kann wie ein guter Wein und dass er mir teuer-wert ist, weil *du* ihn mir gibst. Der teure Rat, der nichts kostet, ist eine Angelegenheit zwischen unverwechselbaren und unaustauschbaren Personen. Das, was ihn teuer macht, ist ganz und gar verwurzelt in dem ‚Du' auf das ich mich verlasse und vice versa.

Raten und Beraten sind zweierlei

Was hat es also auf sich mit dem zweierlei teuren Rat; jenem, den man für teures Geld als eine Dienstleistung eines Experten in Anspruch nehmen kann, und dem anderen, der teuer ist, weil er nichts kostet? Die Wortgeschichte des ‚Ratens' und des ‚Rates' ist turbulent, was den Bedeutungswandel dieser Wörter angeht. Und da der Bedeutungswandel des Begriffs Hinweise gibt auf eine veränderte Praxis, belehrt er uns auch über veränderte Interessenlagen. Wer ist der Nutznießer einer – oftmals schleichenden, kaum merklichen – Umdeutung eines Wortes, das sich äußerlich gleich bleibt, aber doch für die Bezeichnung eines ganz anderen Tatbestandes herhalten muss. Wann wurde zum Beispiel der Begriff ‚Rüstung', der ursprünglich einen aus Leder oder Metall bestehenden Körperschutz bezeichnete, also rein defensive Bedeutung hatte, in Gebrauch genommen für ein ganzes Arsenal von Angriffswaffen, die jetzt hinter dem Begriff ihre Aggressivität verbergen und sich als reines Verteidigungsinstrumentarium maskieren?

Das Verb ‚raten' und das zugehörige Substantiv ‚Rat' gehören einer schönen, starken Wortfamilie an.[8] Zunächst einmal meinen sie die ‚Mittel, die zum Lebensunterhalt notwendig sind'. Wir begegnen dieser handfesten Bedeutung noch in Wörtern wie ‚Vorrat' und ‚Unrat' und auch in dem Wort ‚Gerät', das die Hilfsmittel bezeichnet, die zur Hervorbringung des Lebensnotwendigen zur Verfügung stehen.

Aus ihr leitet sich dann der Sinn ‚Abhilfe, Fürsorge' her und auch der ‚gutgemeinte Vorschlag, die Empfehlung'. ‚Jemandem raten' heißt ursprünglich ‚für jemanden sorgen'. – Hier sei schon einmal angemerkt, dass das den Zweck moderner Beratungsverhältnisse bei weitem übersteigt. Im Gegenteil, um der dem Beratenden zur Pflicht gemachten ‚Professionalität' willen ist er gehalten, es so weit auf keinen Fall kommen zu lassen, dass er in das Geschick des Anderen verstrickt wird. Eine noble Distanz darf keinesfalls unterschritten werden.

‚Rat' und ‚raten' gehören aber auch in den Umkreis von ‚Rede' und ‚reden' und damit kommt auch das ‚Lesen' (im Englischen *read*) ins Spiel der Bedeutungen. Von da aus, nämlich vom ‚Runen lesen', ist es nicht mehr weit zum ‚Raten' im Sinne des ‚Erratens', der Rätselhaftigkeit, des nicht zutage liegenden blanken Sinnes, der der Deutung bedarf. Das ‚Raten' und der ‚Rat' sind also umflort von Uneindeutigkeit, und damit behaftet mit Ungewissheit und Wagnis, denn sie haben es mit der unaufhebbaren Rätselhaftigkeit des Anderen zu tun. Dies wirft wiederum die Frage nach der Legitimation des Rates mit aller Dringlichkeit auf, denn der Rat kann in ‚Verrat' umschlagen; es kann aus ihm Geratenes und Missratenes erwachsen. Alles in allem ist ‚raten' eine schöne und hilfreiche Tätigkeit, die gewagt sein will, die aber vielen Gefährdungen des Misslingens und Entgleisens ausgesetzt ist.

Der springende Punkt in der Wortgeschichte des Ratens ist aber, wie mir scheint, der Umschlag vom ‚Raten' in das ‚Beraten'. Man kann *jemanden* und *etwas* beraten. ‚Etwas beraten' meint, eine Sache hin und her zu erwägen, nach allen Regeln der Kunst, sie gründlich und ganz und gar in Betracht zu ziehen, um zur Entscheidungssicherheit zu gelangen. Interessant ist für unsere Überlegung die andere Form der Beratung: *jemanden* beraten.

Was unterscheidet die Situation, in der ich dir rate, von derjenigen, in der ich jemanden berate? Der Unterschied steckt in der unscheinbaren Silbe ‚be'. Wenn ich diese beiden Buchstaben als Präfix einem beliebigen Verb voranstelle, dann geht eine eigentümliche Verwandlung mit dem Verb und dem Wortsinn vor sich. Das Präfix ‚be' drückt erstens so etwas wie ‚rundherum', ‚zur Gänze überziehen mit …' aus, zweitens bedeutet es „die vollendete Einwirkung auf einen Gegenstand." Es „bildet lauter Transitiva mit dem Akkusativ der Person oder Sache".[9] Zum Beispiel: bedenken, bedecken, behandeln, bekämpfen, bearbeiten, betreuen usw. Wenn also aus dem ‚Raten' ein ‚Beraten' wird, dann wird das Gegenüber zur Gänze mit Rat überzogen, und der

Rat legt alles Zaudernde, Erwägende, das ja der Unsicherheit und Mehrdeutigkeit geschuldet ist, ab. Der solchermaßen Beratene wird im Akt des Beratens zum Objekt, er wird zum *Gegen*über, auf das ich absichtsvoll einwirke.

‚Ich rate dir'. In diesem Satz erscheinst *du* im Dativ, in dem Kasus des Schenkens, der Gabe (*dare* = geben). Der Rat wird dem Anderen geschenkt. Ein Geschenk kann man nicht zurückweisen, ohne den Geber zu beleidigen. Aber nachdem es angenommen wurde, hat der Geber jedes Recht daran verloren. Jetzt ist es ganz und gar in der Verfügung des Beschenkten. Es ist das Wesen des Geschenkes, dass man es im Akt des Schenkens vollkommen preisgibt. Die Kunst des Schenkens ist eine hohe Kunst, deren Verwahrlosung in dem widerwärtig kalkulatorischen Satz von den ‚kleinen Geschenken, die die Freundschaft erhalten', offen zutage tritt. Das wahre Geschenk beeinträchtigt die Freiheit des Beschenkten nicht im Mindesten, es stellt keine Bedingungen an ihn, nicht einmal die, dass er sich freuen soll, schon gar nicht die, dass er sich revanchieren solle.

Die harmlos scheinende Vorsilbe ‚be' macht nun, dass aus dem beschenkten Anderen ein zu behandelndes Gegenüber wird. Sie verwandelt durchgängig das Dativ- in ein Akkusativ-Objekt, in einen Gegenstand planmäßiger, gezielter Verrichtung. Der Akkusativ ist der Fall der Anklage *(accusare)*. Das Gegenüber ist nicht, wie es sein sollte, ihm muss zu seinem besseren, will sagen korrekteren Selbst erst verholfen werden.

Damit hört der Andere auf, ein Rätsel zu sein, das mir mit Überraschung aufwartet, er erscheint nurmehr als ein mit Defiziten behaftetes Mängelwesen. Und die Beratung, die ihm zuteil werden soll, hört auf, ein Wagnis zu sein. Die Situation des Ratens ist ein Verhältnis zwischen Ebenbürtigen, die sich gegenseitig Vertrauen schenken. Die Beratung schafft eine Hierarchie zwischen einer wissenden und einer unwissenden Person. Ja mehr noch: Es kommt womöglich auf die Person gar nicht an: Die Beratung hat ganz andere Orientierungspunkte als diese konkrete andere Person, der ich von Angesicht zu Angesicht gegenüberstehe. Sie verfügt über ein Vorabwissen in Sollensfragen und über ein Methodenarsenal, das die Beratung zu einem beliebig oft wiederholbaren Verfahren macht, welches der oder die Beratende in fremdem ‚höheren' Auftrag anwendet. Demgegenüber ist das Raten eine vollkommen einmalige Konstellation. Die Beratung richtet sich aus an Normalitätsvorstellungen. Der Beratende hat mit dem Beratenen etwas Bestimmtes im Sinn. Er betrachtet ihn als jemanden, der ein Normalitätsmanko hat und dem darum, normalitätsbedürftig, wie er ist, eine Unterstützung zuteil werden muss, damit er zugehörig wird zum Kollektiv der ‚Normalen'.

Der diagnostische Blick

In der Beratung ist eine Macht am Werk, die sich auf Diagnose versteht. Sie verfügt über ein Normalitätsmonopol. Ihr obliegt die Entscheidung, was in einer Gesellschaft als normal zu gelten hat, was gerade noch geduldet werden kann und was eine intolerable Abweichung ist, die den Abweichler einer speziellen Behandlung oder Beratung bedürftig macht. Die diagnostische Macht wird oligarchisch von einer Heerschar von Experten ausgeübt, mit sorgfältig gegliederten und abgegrenzten Zuständigkeiten.

Natürlich gibt es harmlose Beratung. Wenn ich mich zum Beispiel von einem guten Handwerker beraten lasse, wie ich vermeiden kann, beim Aufhängen eines Wandschrankes die Wasserleitung anzubohren, dann ist das Verhältnis von Über- und Unterlegenheit offenkundig, und niemand nimmt dabei Schaden an seiner Seele. Alle heilenden, helfenden und lehrenden Tätigkeiten sind aber, was die Beratung angeht, nicht von dieser harmlosen Art.

Nun scheint ja gerade dem modernen Beratungswesen ein solch machtvoller Dirigismus vollkommen fern zu liegen. Vielmehr gehört es zur Professionalität des Beraters, sich als Berater so weit wie möglich zurückzunehmen. Das heißt, er oder sie rät gar nicht, sondern legt allenfalls Alternativen dar und überlässt alles andere der Entscheidung der Beratenen. Die müssten den für sie geeigneten, gangbaren Weg selbst finden. Die Beratenen allein seien zuständig für die Lösung ihrer ‚Probleme'.

Man könne sogar die Zurückhaltung noch weiter treiben. Nicht einmal Alternativen solle der Berater zur Verfügung stellen, sondern lediglich den Zuspruch, dass der Beratene diese Selbstzuständigkeit getrost übernehmen könne, dass ihm die Selbstverantwortung zugetraut und zugemutet werde. Ein Berater, der riete, sei unprofessionell.

Dieses Verständnis von Beratung passt vorzüglich zu dem, was Silja Samerski über die selbstbestimmte Entscheidung der Ratsuchenden in Beratungssituationen schreibt: „‚Selbstbestimmung' heißt heute offenbar, zwischen einer wachsenden Zahl vorgefertigter Optionen wählen zu müssen. ... – als selbstbestimmt gilt heute derjenige, der in jeder Lebenslage entscheiden kann, was er sich antun lassen will. ...

Eine ganze Expertenzunft lebt ... davon: Berater und andere professionelle Aufklärer bringen ihren Klienten bei, wie man ‚eigenverantwortlich' und ‚selbstbestimmt' Entscheidungen trifft. ... Die Beratenen lernen, dass sie sich nur noch auf professionelle Diagnosen, Laborbefunde und statistische Werte verlassen können, und nicht mehr auf das, was sie erleben, spüren und begreifen. Ausschließlich derjenige kann ‚selbstbestimmt' sein, der seiner Intuition und Erfahrung abgeschworen hat. Ihnen bleibt nur noch übrig zu entscheiden, welches Behandlungsprogramm abgespult werden soll. Eventuelle Risiken und Folgeschäden müssen sie jedoch selbst verantworten – denn schließlich haben sie sich, aufgeklärt und informiert, selbst dafür entschieden."[10] Mir scheint, die Beratung, die sich aus allem heraushält und die Entscheidung des Unentscheidbaren den Ratsuchenden überlässt, ist eine besonders abgefeimte Variante der diagnostischen Macht. Die Beratung wird an eine Person erteilt, die da leibhaftig vor dem Berater sitzt, aber in ihrer Leibhaftigkeit ist von ihr nicht ernsthaft die Rede. An ihr werden nicht ihre Eigenheit und ihre besondere Lage wahrgenommen, sondern etwas, das als ein *typisches* Defizit zu gelten hat, ein Mangel an Angepasstheit an die Erfordernisse des Großen-Ganzen.

Die Historikerin Barbara Duden schreibt über die gesamtgesellschaftliche Funktion von Beratung im ausgehenden 20. Jahrhundert, sie sei vielfach die Aufforderung zur systemtheoretischen Selbststeuerung anhand von statistischen Wahrscheinlichkeiten, die programmatisch mit persönlichen zukünftigen Wirklichkeiten verwechselt werden sollen. „Diese ‚Selbststeuerung' verwandelt den Menschen in einen ‚Entscheidungsfinder', der sich selbst zum Produkt einer Kosten-Nutzen-Bilanzierung gemacht hat. Denn nur dem Wortlaut nach hat diese ‚Entscheidung' etwas mit dem zu tun, was noch in der Nachkriegszeit umgangssprachlich unter ‚Entscheiden' verstanden wurde, nämlich umsichtiges Urteilen, vorsichtiges und mutiges Entschließen.

Ein *actus humanus* – das entschieden menschliche, souverän freie Handeln – wird durch die Beratung zu einer Verrechnungsfunktion."[11]

Um zu verstehen, was in diesem Zusammenwirken von Berater und Beratenem, das angeblich der Befähigung zu eigenverantwortlicher Entscheidung dient, tatsächlich geschieht, sei auf den wirklich bedeutenden Unterschied zwischen ‚Wahl' und ‚Auswahl' hingewiesen, einen Unterschied, der in den theoretischen Erörterungen über das moderne Individuum systematisch vernebelt, verwischt, wegerklärt wird.

Wir leben in einer Gesellschaft, in der Entscheidung kaum noch möglich ist. An die Stelle der Entscheidungen sind Optionen getreten und an die Stelle des Wagnisses statistische Risikokalkulationen. Ist das nicht reine Wortklauberei? Ist es nicht dasselbe, ob ich etwas wähle oder nur etwas auswähle? Dass wir diesen tief greifenden Unterschied kaum noch wahrzunehmen imstande sind, ist ein Teil des modernen Verhängnisses. Wenn ich wählen will, dann brauche ich einen Handlungsspielraum, in dem ich selbstbestimmte Tuns- und Lassensmöglichkeiten habe. Ganz anders die Auswahl. Wer auswählt, greift aus einem Sortiment von fix und fertigen Angeboten das ihm Gefällige heraus. Seine Tätigkeit beschränkt sich auf den bloßen Fingerzeig und ist mit ihm erledigt.

Die *Wahl* ist das Präludium eines gestaltenden Tuns oder eines begründeten Unterlassens. Der Auswählende bedient sich aus einer Palette von fertigen Versatzstücken, als die sich ihm die Welt präsentiert, und kann sich demzufolge nur das aussuchen, was ihm offeriert wird. Konsumenten von vorfabrizierten Offerten, seien dies Meinungen, Produkte, Dienstleistungen, Verhaltens- oder Persönlichkeitsmodule, können nicht wählen, sondern nur auswählen. Die Behauptung, der Beratene solle ermutigt werden, seinen eigenen Weg zu gehen, ist trügerisch oder gar betrügerisch, wenn alle Wege in den Supermarkt der Waren- und Dienstleistungs-Angebote führen. Und umgekehrt, der Berater kann an seinem ratsuchenden Gegenüber nur die Bedrängnis wahrnehmen, für die er Abhilfe zu wissen glaubt.

Was nun bedeutet im Unterschied zur Beratung das Rat-Geben. Es ist vielsagend, dass ich über den Rat gar nicht abstrakt sprechen kann, sondern nur in Form einer ganz konkreten, einmaligen, unverwechselbaren Geschichte, in der Personen auftreten, die Namen und etwas miteinander zu tun haben. Ich spreche von zwei Freunden, dem einen war gerade eine Krebsdiagnose gestellt worden. Der behandelnde Arzt hatte ihm die verschiedenen Behandlungsoptionen dargelegt, er hatte ihm in Wahrscheinlichkeitsprozenten die damit einhergehenden Risiken zu bedenken gegeben, die Möglichkeit einer Nicht-Behandlung war allerdings nicht erwogen worden. Der erkrankte Freund meldet seinen Besuch bei dem ihm befreundeten, um einige Jahre älteren Ratgeber an. Der empfängt ihn mit einer Flasche Wein, spricht mit ihm über bevorstehendes Sterben und rät ihm eindringlich, seine Sachen zu packen und mit seiner Freundin in das geliebte Spanien zu reisen und, solange er noch dazu in der Lage ist, sich auf dem Rücken des Pferdes durchs Land zu bewegen, wie er es seit vielen Jahren getan hat, und sich dort in der alten Mühle, die ihm vertraut ist wie eine Heimat, auf sein Sterben einzurichten. Denn: das, was ihm die Medizin in Aussicht stelle, sei keine Lebensverlängerung, sondern eine Lebensverschlechterung. Sie gingen tief in der Nacht in gelassener Heiterkeit auseinander.

Der Erkrankte ist dem Rat des Freundes nicht gefolgt, was die Freundschaft nicht oder kaum beeinträchtigte. Er hat sich der Medizin überlassen und künftig auf die Frage nach seinem Ergehen mit Tumormarkerwerten geantwortet. Nach weniger als anderthalb Jahren zermürbender Krebsbehandlung, die ihn von einer ‚Hoffnung' in die nächste jagte und ihn mit der Inaussichtstellung von einer, in Prozentpunkten ausgedrückt, immer geringer werdenden Chance bei der Stange hielt, ist er gestorben.

Wie aber hatte der Ratgeber es wagen können, einen so entschiedenen Rat zu erteilen? Nur darum, weil der Ratsuchende der Freundschaft, der Zuneigung und des Wohlwollens des Ratgebers sicher war und umgekehrt. Der Ratgeber hätte dem Anderen (nicht sich selbst) von Herzen gewünscht, dass er seinen Rat befolgt hätte, aber er war sich vollständig bewusst, dass der Rat ein Geschenk ist, das man dem Beschenkten ohne Wenn und Aber zu dessen Gebrauch überlässt.

Vorbeugen ist besser als heilen

Zum Beispiel: Sucht-Prävention. Die zwei Teile des Begriffs ‚Suchtprävention' scheinen in unterschiedliche Richtungen zu streben. Der erste Teil kündet Unheil und der zweite verspricht die Abwendung des Unheils. Heillosigkeit und Heilung balancieren sich auf eine labile Weise, labil deshalb, weil wir womöglich der Unheilsbotschaft mehr trauen als dem Heilsversprechen, der Gefahr gewisser sind als dem Rettenden. Welche Gefühlslagen rufen die beiden Teilbegriffe unmittelbar in uns auf?

Zunächst die Sucht: Wir wissen schon, dass die kommode Deutung, die die ‚Sucht' mit dem ‚Suchen' verbinden möchte und so Bemühung um Orientierung in sie hineinliest, etymologisch nicht haltbar ist. Vielmehr gehören worturspünglich das Siechtum und die Sucht zusammen, womit die Sucht als ein körperliches und seelisches Leiden kenntlich ist. Sucht, das ist der schrittweise Verlust der Freiheit und der Selbstbestimmung, quälende und unentrinnbare Abhängigkeit, physische Verelendung, ausbrechendes unbändiges Chaos, der allzu teuer erkaufte Augenblick seliger Elends- und Selbstvergessenheit, kurz: die Misere schlechthin; eine desolate Lage, in die Menschen schuldlos-schuldig hineinschliddern, ohne sich aus eigenen Kräften wieder daraus befreien zu können. Sucht, das ist eine unaufhaltsame Abwärtsbewegung, die schließlich in der Selbstzerstörung an ihr heilloses Ende kommt.

Und dann die Prävention. Sie scheint der Inbegriff der Rechtzeitigkeit zu sein. Sie signalisiert, dass man etwas unternimmt, bevor es zu spät ist. Vorsicht und Vorausschau sind ihr Metier. Sie deckt die Brunnen zu, bevor die Kinder hineinfallen. Sie kommt erwartbarem Unheil zuvor, bevor es, seine aufgestaute Wucht entladend, hereinbricht über unvorbereitete und darum ausgelieferte Menschenwesen. Prävention offenbart, dass da jemand aus Schaden klug geworden ist und Umsicht walten lässt. Die Schwierigkeit mit der Prävention besteht im Wesentlichen darin, dass die Klugen den Unvernünftigen ihre Sorge und Vorsorge einpflanzen müssen. Prävention hat es ja nicht nur mit der Sorge um sich zu tun, sondern mit der Sorge für und um andere und auch für und um das Wohl der Gesellschaft. Gegenüber einer *therapeutischen* Orientierung scheint die Prävention im Vorteil zu sein. Sie ergreift die Initiative, solange das Übel in *statu nascendi* ist, ja sogar solange es noch im pränatalen Zustand heranreift. Während der Arzt jahrhundertelang ein zur Erscheinung gekommenes Übel, das sich so oder so als Krankheit manifestierte, diagnostizierte, muss der Präventionsexperte etwas ins Auge fassen, das noch gar nicht da ist. Er ist Spezialist fürs Noch-Nicht mit der Aufgabe, dessen Erscheinen zu verhindern. Er wird gewissermaßen auf Verdacht hin tätig.

Wie nun aber, wenn die Verhältnisse so klar nicht sind? Welche Tatbestände und Argumente muss man umschiffen, um bei einer so klaren Verteilung von Heil und Unheil anzukommen? Was kann mir auffallen, wenn ich mich von meinem Vorwissen verabschiede?

Abhängigkeit und rechtes Maß

Das erste, was mir auffällt, ist, dass im Laufe meiner Lebensgeschichte die Süchte wie Pilze aus dem Boden geschossen sind. Phasenweise verging kaum ein Tag, an dem nicht die Presse einer besorgten Öffentlichkeit eine neue Sucht, der man erliegen, an der man erkranken konnte, präsentierte. Nicht nur, dass sich die süchtig machenden Stoffe vermehrten, auch im nichtstofflichen Bereich lauerten Suchtgefahren in allen Winkeln. Neben die Arbeits- und Aktivitätssucht trat die Sehsucht, die Tablettensucht, die Kaufsucht, die Fernseh- und Computersucht, die Fresssucht, die Magersucht, die Spielsucht, die Geschwindigkeitssucht und so weiter und so weiter. Manches Produkt wurde damit beworben, dass es süchtig mache, was als besondere Verlockung galt, anderes wurde mit dem Etikett ‚Sucht' ins Abseits der gesellschaftlichen Normalität manövriert. Kurzum, der Alkoholiker und der Morphinist befanden sich in zahlreicher Gesellschaft. Apropos Alkoholiker: Auch übermäßiger Alkoholgenuss, wenn es denn ein Genuss war, wurde nicht immer schon als Sucht identifiziert. In den großen Romanen Leo Tolstois – *Krieg und Frieden* zum Beispiel – werden Hektoliter von Alkohol konsumiert, ohne dass die Teilnehmer an diesen Sauforgien als ‚Alkoholiker' gälten oder von besorgten Zeitgenossen Suchtgefahren gewittert würden.

Die Frage also, die sich mir aufdrängt: Wie wird die Übertretung des rechten Maßes, wie wird der Exzess zur anerkannten Sucht? Was ist der Unterschied zwischen Ausschweifung und Sucht? Und wer hat ein Interesse an der Neuschöpfung von Süchten, wie wir sie in den achtziger Jahren des vorigen Jahrhunderts erlebt haben?

Überdies habe ich den Eindruck, dass sich dieser Eifer in der Suchtkreation merklich abgekühlt hat. Zum Beispiel hat in Zeiten der Ich-AG und des Arbeitskraft-Unternehmertums der ‚Workaholic' als Suchtgeschädigter ausgespielt, im Gegenteil, er wird zur Leitfigur des Normalen und repräsentiert in seiner Extremform eine Art neuen Heroentums. Ich habe also den Verdacht, dass das Abschwellen des Suchtbooms etwas mit leeren Kassen zu tun hat. Trotzdem oder gerade deshalb suchen arbeitslose Sozialarbeiter und Sozialarbeiterinnen nach wie vor mit dem Austüfteln unbekannter Süchte ein neues Betätigungsfeld, um ihre eigene Existenz zu sichern. Allerdings müsste man heutzutage solche Süchte erfinden, die nachweislich so gesellschaftsschädigend sind, dass man sie nicht privatisieren und in die Zuständigkeit und Verantwortlichkeit des jeweiligen Süchtigen zurückverweisen kann, wie man es mit anderen Leiden an der Gesellschaft wieder tut. Damit sind wir bereits in den Dunstkreis einer Thematik geraten, die die klaren Konturen der ‚Sucht' weiter vernebelt: die Sucht und das Geld.

Ein Beispiel: Als im Zusammenhang des Terroranschlags vom 11. September 2001 auch hierzulande über aufwändige Maßnahmen zur Verbesserung der Sicherheit gegen die terroristische Bedrohung nachgegrübelt wurde, während doch gleichzeitig klar war, dass es dafür an Geld mangelte, trat der Bundesfinanzminister mit dem Vorschlag hervor, die Tabaksteuer zu erhöhen, um das notwendige Geld für Sicherheitsmaßnahmen zu hecken. Wohlgemerkt, auf jedem Zigarettenpaket steht zu lesen, dass Rauchen die Gesundheit gefährde, weswegen von Zigarettenkonsum ministeriellerseits dringend abgeraten wird. Und nun also die Finanzspritze für die Sicherheit aus der Tabaksteuer. Will sagen: um unsere innere Sicherheit zu gewährleisten, müssen wir den Tabakkonsum, die Nikotinsucht anheizen, die ansonsten und gleichzeitig als ein extremes Gesundheitsrisiko gelten, also sicherheitsgefährdend durch und durch sind; ein Risiko zudem, das nicht nur den Raucher selbst, sondern auch die Gemeinschaft enorm schädigt. Also, was hat es mit den Süchten auf sich, die unbedingt bekämpft werden müssen, an denen aber doch gleichzeitig privat und staatlich verdient wird und werden soll?

So wie die Dinge heute unter dem Wachstumsimperativ liegen, ist vermehrter Verbrauch doch zu einer Bürgerpflicht gegenüber der Solidargemeinschaft geworden, und darum werden moderne Staatsbürger zur Selbstschädigung geradezu angehalten. Man ist nicht besonders wählerisch in der Frage des Konsums, Hauptsache, er steigt und fördert das Wachstum. Der gute Konsument muss vor allem viel konsumieren und eine ‚expandierende Nachfrage' erzeugen. Ein Nebeneffekt des Konsums von Suchtmitteln ist der, dass ein entsprechendes Dienstleistungsgewerbe – Suchtprophylaxe und Suchttherapie – nicht in die Krise gerät. Ich wage die Hypothese, dass all diese ‚Neusüchte' – mindestens die – eine Ausgeburt der konsumistischen Gesellschaft sind. Ich glaube, dass in subsistent wirtschaftenden Gesellschaften, in denen die Menschen ihren Lebensunterhalterhalt dadurch sichern, dass sie die Dinge, die sie gebrauchen und verbrauchen, in selbstbestimmten Tätigkeiten selber erzeugen – inklusive der Mittel, mit denen sie sich berauschen –, die Suchtgefahren sehr gering sind. Anders in der Industriegesellschaft, in der die Menschen sinnlose und fruchtlose Arbeit zu bloßem Gelderwerb verrichten, um auf unterschiedlichem Niveau ihr Konsumentendasein zu fristen.

Natürlich gab es in alten Kulturen eine je spezifische Form der Herstellung von Rauschzuständen: im Orient das Opiumrauchen, in der Antike die Weinseligkeit beim Symposium oder bei den Bacchanalien, in lateinamerikanischen Kulturen das Rauschkraut-Kauen, in Japan das Teezeremoniell und in Afrika den biergestützten Trancetanz; aber diese Rauschzustände sind eingebettet in Riten und Zeremonien, in eine Drogenkultur, die eine Gegenwelt zur Alltagskultur konstituiert. Nirgends wird dort Sucht oder Suchtgefährdung vermutet. Suchtkultur vergeht sich nicht am rechten Maß, sie setzt es nur gelegentlich und rituell wirksam außer Kraft. In Konsumgesellschaften kann es solche Kultur nicht geben, weil das Prinzip der Konsumgesellschaft nicht das rechte Maß (punktuelles Übermaß eingeschlossen) ist, vielmehr wird ihr Bestand durch Überverbrauch gesichert. Unmäßigkeit ist ihr als Funktionsprinzip eingeschrieben. Folglich gibt es dort keine Drogenkultur, sondern Prohibition oder Duldung mit Besteuerung.

Und noch ein weiteres ist über den Zusammenhang von Droge, Sucht und Geld zu sagen: „Sobald sie nicht ärztlich beaufsichtigt gegen körperlichen Schmerz verschrieben sind, werden Drogen als ein Weg zu Lust, Trost, Entgrenzung oder Weltflucht angesehen, dessen Beschreitung vom Staat nicht geduldet werden kann. Der Kampf gegen die Droge treibt ihren Preis in die Höhe, was sicherlich der Mafia zugute kommt. In Kalifornien ist dank dieser indirekten Preisstützung Marihuana das im Dollarwert wichtigste Agrarprodukt. Seit mehr als einem Jahrzehnt veröffentlicht der Fiskus in Washington, was ihm an Steuern dadurch entschlüpft, dass Drogenhändler keine Steuern zahlen. Wir können deshalb das Einkommen schätzen, das der Mafia durch das Drogenverbot zufließt. Es ist enorm. Im Vergleich aber mit den Kosten von Drogenbekämpfung und -behandlung in den USA sind die illegalen Einkünfte aus dem Drogenhandel minimal: kaum 1,2 bis 3 % der durch die Drogensorgen anlaufenden legalen Finanzierungen. Je nachdem, ob die military hardware, die Kriegsausrüstung und internationale CIA-Tätigkeit zu den Gehältern von Psychiatern, Sozialarbeitern und Küchenpersonal in Entwöhnungsanstalten hinzu addiert werden oder nicht, verdienen ehrenwerte Bürger am Drogenverbot zwischen 30- und 70-mal so viel wie die Mafia. Parallel zu diesem kostspieligen Kampf gegen die kriminalisierte Droge wird im Namen der Schmerzverwaltung ein neues kostspieliges Unternehmen zur Verabreichung medikalisierter Drogen geschaffen. Aus dem Blickwinkel der Dritten Welt, wo die Mehrzahl aller Menschen lebt – also auch stirbt –, sind die Folgen dieser Lust- und Schmerzverwaltung bereits sichtbar. Südamerika wurde schon von einem dichten Netz nordamerikanischer Berater überzogen. Kampfhubschrauber ‚behandeln' equatorianische Indianerdörfer, in denen Kokablätter verkocht werden, mit Napalm. Auf Drängen der nordamerikanischen Regierung ist in den Krankenhäusern der Stadt Mexiko die ärztliche Verschreibung von Morphiumpillen praktisch unterbunden worden. Nach Meinung der Polizei würde sonst ein großer Teil der in Mexiko verschriebenen Drogen von geplagten US-Dollar-Besitzern auf eigene Faust zum Selbstverbrauch auf dem Schwarzmarkt gekauft."[12]

Grund genug also, die Frage neuerlich aufzuwerfen, wie viel von dem Elend der Drogenabhängigen auf das Konto ihrer psychophysischen Abhängigkeit und ihrer gesundheitlichen Schädigung geht und wie viel auf das Konto der Überteuerung des Stoffs, der Kriminalisierung des Umgangs mit ihm und der Abhängigkeit vom Dealer und Sozialarbeiter.

Halten wir also einstweilen fest: die konsumistische, wachstumsorientierte Gesellschaft ist vollkommen unfähig, dem ‚Drogenproblem' wirksam zu begegnen, denn süchtiges Verhalten ist die Grundbedingung ihrer Bestandssicherung. Zu ihren unerlässlichen Funktionsprinzipien gehören Überabhängigkeit und Überverbrauch ihrer Mitglieder, also Suchtgebaren. Es gehört auch dies dazu, dass die Konsumenten gegenüber der Schädlichkeit oder Nützlichkeit der Produkte ignorant oder gleichgültig sind. Auch dies ein Kriterium für Sucht. Die Konsumgesellschaft ist also in sich selbst und als Ganzes eine Drogengesellschaft, die sich vorbehält, ausgewählte Stoffe unter Strafe zu stellen, sofern sie sie nicht selbst verwaltet.

Halten wir zweitens fest: Es gibt eine Expertenkaste, die aus dem Drogenproblem nicht nur Existenzsicherung, sondern auch Macht bezieht. Die Macht nämlich, das Problem zu definieren, sich selbst als die einzige Möglichkeit, es zu kurieren, auszugeben und schließlich sich selbst den Erfolg der Kur bescheinigen zu können. Halten wir drittens fest: Diejenigen, an denen das ‚Drogenproblem' schließlich hängen bleibt, die Drogenabhängigen sehen sich einer paradoxen Forderung gegenüber, der Forderung, einerseits das nicht zu dürfen, was sie andererseits sollen: Süchtig sein, nämlich.

Verglichen mit dieser Grundbedingung scheinen mir alle anderen Fragen, die sich um das Suchtproblem gruppieren, sekundär, zum Beispiel die, warum bestimmte rausch- und suchterzeugende Substanzen erlaubt und andere verboten sind; oder welches der Unterschied zwischen harten und weichen Drogen sei; die Frage, warum Menschen überhaupt zu Drogen greifen und wie gesundheitsgefährdend die reinen Stoffe sind oder an welchem Schwellenwert Genuss in Sucht umschlägt.

Dem Unheil zuvorkommen

Der Experte in Sachen Prävention muss, um seiner Aufgabe gerecht zu werden, seine Fähigkeit, Verdacht zu schöpfen, kultivieren und verfeinern. Er muss gewissermaßen hellseherisch werden, um vorwegzunehmen, was kommen könnte. Und in der Tat ist das erste und ursprüngliche Anwendungsfeld präventiver Maßnahmen die Verbrechensbekämpfung. Erst von da aus breitet sich das Früherkennungsprinzip in alle möglichen Gefahrenbereiche aus und schärft den Blick für gefährliche oder gar katastrophenträchtige medizinische und soziale Entwicklungen. Was ist aber gegen solche Voraussicht und Vorbeugung zu sagen, wie gerät sie ins Zwielicht? Sie ist ein Generalangriff auf die Zukunft, die nicht mehr sein soll, was sie von sich aus ist: nämlich dasjenige, was auf uns zukommt. Die Zukunft soll nicht mehr fraglich und im konjunktivischen, im Möglichkeitshorizont verbleiben, sondern ganz und gar indikativisch werden. Es soll absehbar sein, was sein wird. Zukunft soll ihrer dunklen Unbestimmtheit entkleidet werden. Sie soll – aufgehellt – schon jetzt offenbaren, was in ihr steckt. Sie wird vergegenwärtigt, in die Gegenwart hereingezerrt. Prävention ist ein Sieg über das Widerfahrnis. Darin erweist sie sich als ganz und gar modern. Das Projekt der Moderne besteht ja in der Eliminierung des Unvorhersehbaren, es ist eine Generalprävention, von der einzelne präventive Maßnahmen nur Sonderfälle und Unterabteilungen sind.

Aber noch einmal: Was ist dagegen zu sagen, dass man der Zukunft die Zähne zieht, sie zähmt und den eigenen Absichten gefügig macht um der individuellen und gesellschaftlichen Sicherheit willen? Prävention hat zwei verschiedene Stoßrichtungen, die jeweils zu sehr unterschiedlichen Maßnahmen führen. Da sind einerseits die so genannten ‚strukturellen' Maßnahmen, die darin bestehen, die Lebenswelt von Menschen so einzurichten, dass darin bestimmte Entwicklungen und Verhaltensvarianten mit hoher Wahrscheinlichkeit unterbleiben. Es sind andererseits die auf die Personen gerichteten Maßnahmen, die darauf zielen, die Personen so zu präparieren, dass sie gewissen schädlichen Neigungen mit hoher Wahrscheinlichkeit nicht erliegen. Die eine Sorte Maßnahmen setzt bündige Theorien darüber voraus, ‚was wovon kommt', welche Ursachen man also den jeweiligen unerwünschten Wirkungen – zum Beispiel Drogenkonsum – zuschreibt. Ich kann ja die Lebensumstände nur dann so gestalten, dass sie erwünschtes Verhalten hervorbringen oder zumindest begünstigen, wenn ich klare Vorstellungen von diesen Ursache-Wirkungs-Mechanismen habe. Bisher ist die dominante diesbezügliche Theorie die, dass der Drogenkonsum in erster Linie dadurch begünstigt wird, dass sich Drogen überhaupt in der Reichweite potenzieller Konsumenten vorfinden, folglich: Prohibition. Ganz sicher wäre das eine unschlagbare Theorie; denn was es nicht gibt, kann ich nicht konsumieren, sehr einfach.

Nur ist eben die Unterstellung, man könnte reinen Tisch machen und Drogen überhaupt zum Verschwinden bringen, eine kontrafaktische. Drogenfreie Weltareale gibt es trotz Verbotes, trotz drakonischer Strafandrohung und trotz des Kriegs gegen die Droge eben nicht. Auch erklärt diese Theorie ja nicht, warum trotz Vorhandensein der Stoffe die absolut überwiegende Mehrheit der Bevölkerung sich ihnen gegenüber abstinent verhält.

Verallgemeinernd könnte man sagen, dass die Ursache-Wirkungs-Theorien, insbesondere dann, wenn sie sich auf menschliches Verhalten und dessen Eintretenswahrscheinlichkeit beziehen, auf äußerst tönernen Füßen stehen. Dennoch muss jede Prävention dieses ersten Typs so tun, als seien ihre Annahmen über Ursachen und Wirkungen gesichert und stichhaltig. Entscheidungen auf der Basis von Entscheidungsunsicherheit zu fällen, ist offensichtlich bedenklich, aber geradezu gewissenlos ist es, Entscheidungen auf die Illusion von Entscheidungssicherheit zu gründen. Und genau das passiert in der Prävention.

Präventives Denken sieht den Gegenstand seiner Besorgnis immer als einen gefährdeten, von Krankheit oder Fehlentwicklung gerade eben noch nicht befallenen; aber doch durchaus so, dass Sorglosigkeit und Zuversicht gänzlich unangebracht, ja geradezu leichtsinnig sind. Prävention gehört einer Sorte von Wirklichkeitsverhaftung an, die den ‚Möglichkeitssinn' (Robert Musil) enorm schwächt. Sie engt die Vorstellungskraft auf die in jedem Fall zu kurz geratene Diagnose ein und im Zuge der von ihr ergriffenen Maßnahmen werden dann tatsächlich unzählige Möglichkeiten ausgelöscht. Unter der Flut der präventiven Maßnahmen werden alle Hoffnungen begraben. Ich bin überzeugt, dass Prävention und Hoffnung nicht miteinander bestehen können. Prävention engt den Möglichkeitshorizont ein. Es sind ja immer unendlich viel mehr Möglichkeiten im Spiel, als wir uns in unseren Vorsorgebemühungen ausmalen können. Sie werden unweigerlich verstellt, wenn die Hoffnung der Prognose weicht.

Was für die vorsorgende Bereinigung der Lebensumstände gilt, dass sie in ihren Möglichkeiten wie eine französische Parkanlage beschnitten, zurückgestutzt und in ihrer Entfaltung behindert werden, das gilt auch für die Personen, die mit ‚fürsorglicher Belagerung' an jedem Ausbruch aus der Normalität gehindert werden sollen.

Ich muss mir von dem Gegenüber, das ich vor Selbstgefährdung bewahren will, ein Bild machen, ein doppeltes sogar, ein Bild von dem, was angesichts der überall lauernden Gefahren aus ihm werden könnte und ein Bild von dem, was es werden soll. Präventiver Umgang mit dem anderen Menschen schließt die Möglichkeit einer wirklichen Begegnung aus. Ich habe mit dem Anderen etwas im Sinn, ich diagnostiziere ihn als gerade eben noch nicht krank, aber eben auch keinesfalls mehr gesund. Ich schränke seinen Bewegungsspielraum durch meine Diagnose enorm ein. Er kann sich dazu nur bestätigend oder widersetzlich verhalten, hat aber nicht mehr die Möglichkeit, sich ganz anders zu entscheiden und lässig und aktiv *seiner* Wege zu gehen.

Prävention ist nicht ein Verhältnis auf Gegenseitigkeit, in dem mir der Andere als Du gegenübertritt, sondern eines, in dem mir der Andere erst zum Objekt und dann zum Projekt wird. Weder als Objekt noch als Projekt kann ich auf ihn hoffen, ihm vertrauen oder ihn gut leiden, er bedarf der Behandlung, der Betreuung, der Belehrung, kurz der Erziehung.

Und schließlich ist Prävention immer als Maßnahmenbündel konzipiert, während vielleicht heute alles darauf ankäme, ein begründetes, besonnenes und entschiedenes Unterlassen zu üben. Keinesfalls nämlich darf Prävention mit der Kunst des Unterlassens verwechselt werden, sie ist vielmehr tatendurstig durch und durch und von Macherphantasien getrieben.

V Passagen

Es gibt ein paar untrügliche Anzeichen für gesellschaftlichen wie privaten Reichtum. Wer reich ist, kann sich seine Sehnsüchte erfüllen. Wer reich ist, kann in der Welt herumkutschieren, und wenn er nicht ganz so reich ist oder keine Lust hat, sich aufzumachen, dann lässt er sich die Welt auf dem Bildschirm servieren. Welch ein enormer Zuwachs an Erfahrungsmöglichkeit, dass wir uns die ganze Welt, so fern und entlegen sie auch sein mag, zur Ansicht kommen lassen können, und nicht nur das: Wir können sogar vergangene Welt wiederauferstehen lassen im Bild und uns eine kleine Unsterblichkeit sichern. Wie bedauernswert eng war doch die Welt unserer Vorfahren.

Wer reich ist, kann wegwerfen, wessen er überdrüssig ist, und immer auf dem neuesten Stand der Moden und der technischen Entwicklung sein. Wer reich ist, repräsentiert im Weltmaßstab die Spitze der Fortschritts, verfügt über die jeweils avanciertesten Errungenschaften. Wer reich ist, kann Maschinen für sich arbeiten lassen und mit ihrer Hilfe Zeit schinden, um noch mehr Welt einzuheimsen. Wer reich ist, kann genießen und sich nehmen, was er mag. Wer reich ist, wohnt in Metropolen, und zwar dort, wo das Leben sprudelt.

Wie nun aber, wenn es ganz anders ist?

- *Wenn die erfüllten Sehnsüchte uns leer und lustlos zurücklassen?*
- *Wenn die Bilder der Welt uns die Welt vermiesen und die Erinnerung verkleistern?*
- *Wenn uns der Überdruss zu Bewohnern von Müllhalden macht?*
- *Wenn der Fortschritt uns nicht voranbringt, sondern zurückwirft?*
- *Wenn die Maschinen, statt unser Leben bequem zu machen, uns zur Sklaverei verdonnern?*
- *Wenn der Genuss nicht aus dem kommt, was man sich nehmen kann, sondern aus dem, was man tun kann?*
- *Wenn wir da, wo wir untergekommen sind, gar nicht mehr leben, sondern gelebt werden?*

Verstehen heißt, sich ein Bild machen

Wer etwas über die Macht der Bilder erfahren, das heißt sie auf eine verblüffende oder bestürzende Weise erleben will, dem empfehle ich einen Besuch in der Mailänder Kirche Santa Maria presso San Satiro, ein Bauwerk aus der Frühphase des Donato Bramante (1444–1514). Im Reiseführer wird berichtet, wie Bramante in Verlegenheit geriet, diese Kirche in stimmigen Abmessungen zu bauen, denn es fehlte ihm an Baugrund für den Altarraum. Die Kirche sollte, wie es üblich war, den Grundriss eines lateinischen Kreuzes haben, aber der Baugrund reichte nur für Lang- und Querhaus, nicht aber für das Chorhaupt. So entschloss sich der Architekt, Presbyterium und Apsis, die er nicht bauen konnte, zu malen und zwar perspektivisch so raffiniert, dass der Eindruck entstehen konnte, der Raum jenseits des Querhauses messe etliche Meter in die Tiefe, während in Wahrheit für diesen ‚Raumkörper' nur gerade ein paar Dezimeter zur Verfügung standen.

Wir betreten das Gotteshaus mit diesem Wissen und halten inne: Nein, wir sind ersichtlich in der falschen Kirche, hier ist ja tatsächlich ein ausgedehnter Chorraum vorhanden. Wir haben uns offenbar in der Adresse geirrt. Aber nicht doch, hier steht es schwarz auf weiß. Der Reiseführer bestätigt es, wir sind an Ort und Stelle. Doch angesichts dessen, was wir *sehen*, können wir nicht *glauben*, was wir *wissen*. Wir gehen also den Mittelgang entlang, und im Vorwärtsgehen zeigt sich uns das Ganze als eine Sinnestäuschung. Tatsächlich, der mit einer Kassettendecke überwölbte Altarraum verschwindet Schritt um Schritt und zeigt sich als das, was er ist: eine bemalte Wand, auf der es nichts von dem ‚gibt', was sie vortäuscht, keine Säulen, keine Nischen, keinen Raum. Es ist etwas zugleich Faszinierendes und Kränkendes mit dieser Erfahrung verbunden, und die Frage, was die schiere Scheinbarkeit eines Allerheiligsten in den Gläubigen anrichten mag, drängt sich unvermeidlich auf. Folgt man den Auslegungen der alten Glaubenszeugen, so wird der Altar als „Ort des Unsichtbaren, ein von der Welt getrenntes Gebiet, ein Raum, der nicht von dieser Welt ist"[1], gedeutet, und hier nun also ist er ein Ort der Täuschung und der Lüge, genau genommen, ein Nicht-Ort.

Da wir nun aber das Trugbild durchschaut haben, kehren wir, gewitzt, an den Ausgangspunkt zurück, überzeugt, dass jetzt unsere Augen klug geworden sind. Aber wieder ist die Täuschung absolut zwingend. Wir können ihr nicht entgehen. Sie hat uns fest im Griff trotz des besseren Wissens. Das Gefühl der Kränkung und Überrumpelung verstärkt sich zusammen mit dem Staunen darüber, dass der Trug gelingen kann. Wir erfahren, was wir immer schon wussten, dass nämlich den Augen nicht zu trauen ist. Oder wollen wir doch unseren Augen trauen und nur dem Maler, der sein Spiel mit uns trieb, nicht? Eine nicht endende Fragerei nach dem Verhältnis von Sinnen und Verstand und nach ihrer jeweiligen Vertrauenswürdigkeit könnte an dieser Stelle einsetzen.

Das besonders irritierende an dieser Erfahrung ist, dass sich auch der Verstand, dem doch gemeinhin die Überlegenheit über die Sinne nicht streitig gemacht wird, hier nicht wirklich als souverän erweist. Er vermag die Sinne nicht zu überzeugen.

Der Schein und das Scheinen

Verlassen wir einstweilen diese Kirche, aber bleiben wir bei ihrem Architekten Donato Bramante: In seinen Manuskripten findet sich, zur „Ergötzung" des Autors niedergeschrieben, ein Geheimnis, das ihm der Freund Raffael anvertraut hat und dessen Mitwisser wir eigentlich gar nicht sein dürften, denn es wurde ihm streng vertraulich mitgeteilt. Diese merkwürdige Eintragung verdient zur Gänze zitiert zu werden:

„Zu meinem eigenen Vergnügen, und um es mir genau aufzubewahren, will ich hier einen wunderbaren Vorfall aufzeichnen, welchen der teure Raffael, mein Freund, mir unter dem Siegel der Verschwiegenheit vertraut hat. Als ich ihm vor einiger Zeit meine Bewunderung wegen seiner über alles schön gemalten Madonnen und Heiligen Familien aus vollem Herzen zu erkennen gab und mit recht viel Bitten in ihn drang, mir doch zu sagen, von woher er denn in aller Welt die unvergleichliche Schönheit, die rührenden Mienen und den unübertrefflichen Ausdruck in seinen Bildern der Heiligen Jungfrau entlehnt habe; so ward er, nachdem er mich eine Zeitlang mit seiner ihm eigenen jünglinghaften Schamhaftigkeit und Verschlossenheit hingehalten hatte, endlich sehr bewegt, fiel mir mit Tränen um den Hals und entdeckte mir sein Geheimnis. Er erzählte mir, wie er von seiner zarten Kindheit an immer ein besonders heiliges Gefühl für die Mutter Gottes in sich getragen habe, so daß ihm zuweilen schon beim lauten Aussprechen ihres Namens ganz wehmütig zumute geworden sei. Nachher, da sein Sinn sich auf das Malen gerichtet habe, sei es immer sein höchster Wunsch gewesen, die Jungfrau Maria recht in ihrer himmlischen Vollkommenheit zu malen; aber er habe es sich noch immer nicht getraut. In Gedanken habe sein Gemüt beständig an ihrem Bilde, Tag und Nacht, gearbeitet; allein er habe es sich gar nicht zu seiner Befriedigung vollenden können; es sei ihm immer gewesen, als wenn seine Phantasie im Finstern arbeitete. Und doch wäre es zuweilen wie ein himmlischer Lichtstrahl in seine Seele gefallen, so daß er die Bildung in hellen Zügen, wie er sie gewollt, vor sich gesehen hätte; und doch wäre das immer nur ein Augenblick gewesen, und er habe die Bildung in seinem Gemüte nicht festhalten können. So sei seine Seele in beständiger Unruhe herumgetrieben; er habe die Züge immer nur umherschweifend erblickt, und seine dunkle Ahndung hätte sich nie in ein klares Bild auflösen wollen. Endlich habe er sich nicht mehr halten können und mit zitternder Hand ein Gemälde der Heiligen Jungfrau angefangen; und während der Arbeit sei sein Inneres immer mehr erhitzt worden. Einst, in der Nacht, da er, wie es ihm schon oft geschehen sei, im Traume zur Jungfrau gebetet habe, sei er, heftig bedrängt, auf einmal aus dem Schlafe aufgefahren. In der finstern Nacht sei sein Auge von einem hellen Schein an der Wand, seinem Lager gegenüber, angezogen worden, und da er recht zugesehen, so sei er gewahr worden, daß sein Bild der Madonna, das, noch unvollendet, an der Wand gehangen, von dem mildesten Lichte strahle und ein ganz vollkommenes und wirklich lebendiges Bild geworden sei. Die Göttlichkeit in diesem Bilde habe ihn so überwältigt, dass er in helle Tränen ausgebrochen sei. Es habe ihn mit den Augen auf eine unbeschreiblich rührende Weise angesehen und habe in jedem Augenblick geschienen, als wolle es sich bewegen; und es habe ihn gedünkt, als bewege es sich auch wirklich. Was das wunderbarste gewesen, so sei ihm vorgekommen, als wäre dies Bild nun gerade das, was er immer gesucht, obwohl er immer nur eine dunkle und verwirrte Ahndung davon gehabt habe. Wie er wieder eingeschlafen sei, wisse er sich durchaus nicht zu erinnern. Am andern Morgen sei er wie neugeboren aufgestanden; Die Erscheinung sei seinem Gemüt und seinen Sinnen auf ewig fest eingeprägt geblieben, und nun sei es ihm gelungen, die Mutter Gottes immer so, wie sie seiner Seele vorgeschwebt habe, abzubilden, und er habe immer selbst vor seinen Bildern eine gewisse Ehrfurcht gefühlt. – Das erzählte mir mein Freund, mein teurer Raffael, und es ist mir dieses Wunder so wichtig und merkwürdig gewesen, daß ich es für mich, zu meiner Ergötzung niedergeschrieben habe."[2]

In den beiden hier geschilderten Episoden haben wir es mit zweierlei Macht der Bilder zu tun: mit der verführerischen Macht der *Illusion* und der zwingenden der *Vision*. Am Doppelsinn des ‚Scheinens' scheiden sich die Geister der Bildwelten. Geht das Bild auf ein vorgetäuschtes ‚Als Ob' aus, das sich den Anschein des Wirklichen gibt und aus der Überlistung des Betrachters Gewinn zieht? Oder kommt in ihm etwas zur *Erscheinung*, das aus ihm herausleuchtet, dessen Quelle es aber nicht selbst ist, und das eigentlich den Sinnen nicht zugänglich ist, weil es dem Reich des Unsichtbaren angehört. Sind also Bilder Abbilder oder Ebenbilder?

„Sind sie Fenster oder Spiegel? ... Sind sie Ersatz der Dinge oder Gipfel der Erscheinungen? ... Ist die letzte Funktion der Bilder, die reale Welt zum Verschwinden zu bringen?"[3] oder mindestens doch entbehrlich und verschmerzbar zu machen, oder sind sie ein Vorschein von dem, was Nietzsche durchaus abfällig die ‚Hinterwelt' genannt hat, das hinter den eingetrübten Erscheinungen verborgene wahre leuchtende Wesen?[4]

Diese Frage nach dem Wesen der Bilder ist alt. Im Jahr 787 wird nach blutigen Auseinandersetzungen und endlosen theologischen Streitigkeiten auf dem Konzil von Nizäa das in der jüdischen und islamischen Tradition strikt observierte Bilderverbot außer Kraft gesetzt. Die Sorge, dass die Anbetung vor dem Bild, der Ikone, in eine Anbetung des Bildes, das heißt in Götzendienst umschlagen, dass also der Betrachter des Bildes vom Gegenstand der Betrachtung weggelenkt werden und in den Bann des Bildes geraten könnte, wird auf dem Konzil durch Johannes von Damaskus zerstreut, indem er dem Bild den

Status einer Schwelle gibt. „Es ist eine Schwelle, an der der Künstler in beständigem Gebet eine Farbspur der Herrlichkeit hinterlässt, die er hinter der Schwelle gesehen hat – einen typos vom prototypos, der im Himmel ist. Die Ikone ist ein Fenster in die Ewigkeit ... und die anbetende Person nutzt diese vom Künstler betend geschaffene Schönheit, um andächtig durch den typos zum prototypos zu schreiten.“[5] Aber diese Konzeption vom Bild als der Schwelle, als der durchlässigen Grenze zum Jenseitigen, hat sich Ivan Illich zufolge im Westen nicht durchsetzen können. Hier wurde das Bild sehr bald zum Abbild und in Dienst genommen als eine Lesehilfe für Nicht-Leser, als *evangelium pauperum,* die Bibel der nicht lesekundigen armen Leute.

Raffael kommt in seinem Ringen unter Gebet und Tränen der Vorstellung vom Bild als einer Schwelle zu dem, was nicht von dieser Welt ist, noch recht nahe, wenigstens soweit es sich um die Bildnisse der Madonna handelt. Im Ganzen aber ist das Bildschaffen der Renaissance von jener anderen Vorstellung des Bildes als eines Spiegels beherrscht: „In diesem Sinn ist es vielleicht bezeichnend, dass in dem Experiment, welches der ‚Erfinder‘ der Zentralperspektive, Filippo Brunelleschi, im Jahr 1425 im Eingangsportal des Florentiner Doms ausführte, er nicht seinen Augen, sondern allein einem Spiegel glaubte trauen zu können, daß er weiterhin, nicht wie man es hätte erwarten können, seine Staffelei seinem Bildobjekt gegenüber aufbaute, sondern im Gegenteil, ihm den Rücken kehrte. So daß, was er sah und malte, nicht das Baptisterium war, sondern der Spiegelreflex des Baptisteriums, den er sorgsam mit einem Zirkel vermaß und auf die daneben stehende Staffelei übertrug.“[6]

Brunelleschi macht keinen Hehl daraus, dass dem Bild unbedingter Vorrang gegenüber dem wirklichen Ding gebührt, dessen in die Fläche gebanntes Abbild gegenüber seiner raumgreifenden Körperlichkeit die höhere Daseinsform sein soll.

Das Bild soll nicht mehr den Durchblick auf das ganz unbegreiflich Andere eröffnen, sondern es ist die Verdoppelung des Selben, und es feiert sich als perfekte Spiegelung der Wirklichkeit durch Anwendung der mathematischen Gesetze der Zentralperspektive. Eine merkwürdige Zwiespältigkeit im Weltverhältnis offenbart sich in dem Experiment. Die Aufmerksamkeit des Künstlers richtet sich ganz auf die sichtbare Welt des Vorhandenen, sie wird ganz und gar immanent und weltlich, aber gleichzeitig wendet sie sich ab von den Weltdingen und kehrt der Wirklichkeit den Rücken zu, als sei diese nicht mehr als ein Anlass für ihre Spiegelung. Die Wirklichkeit wird zugleich der einzige Gegenstand des Interesses und vollkommen gleichgültig. Die ganze Leidenschaft gilt ihrer spiegelbildlichen Verdoppelung auf der Leinwand.

Und dennoch halten sich die Maler nicht sklavisch an die Gesetze der Perspektive, und die großen Kunstwerke erweisen ihre Größe darin, dass sie sich vergehen an der strikten Geometrisierung des Bildraumes: „Der Geist der Renaissance, wie auch der Geist der Neuzeit im allgemeinen ist uneinheitlich und gleicht einer gespaltenen Seele. ... Denn das lebendige Schöpfertum ließ sich trotz allem ... nicht von den Forderungen des Verstandes knechten. ... Denn die Maler selbst ... machten alle ... grobe ‚Patzer' und ‚Fehler' im Hinblick auf ihre eigenen Forderungen. Doch das Studium der entsprechenden Bilder zeigt, dass ihre Stärken gerade in eben jenen ‚Patzern' und ‚Fehlern' lagen."[7]

Bildlichkeit und Zeitlichkeit

Gleichwohl ist Brunelleschis Experiment ein hochsymbolischer Ausdruck eines neuen Weltverhältnisses. Woher diese Leidenschaft für die spiegelbildliche Verdoppelung der Welt? Was ist das für ein Weltinteresse, das vom Gegenstand des Interesses sich wegwenden muss, um seine Neugier zu befriedigen? Es ist eben nicht ein Interesse an dem Gegenstand als an ihm selbst, sondern eines an den in ihm waltenden Gesetzen. Es ist ein Bemächtigungsinteresse. In der Ab-Bildung wird der Betrachtungsgegenstand seiner Zeitlichkeit, seiner Vergänglichkeit enthoben. Ins Bild gebannt, gewinnt das flüchtig Gegenwärtige Dauer, eine kleine Unsterblichkeit, es bleibt, was es im Augenblick ist. Das Bild, wenn es dem Vorbild vollkommen gleicht, kann die Zeit anhalten. Es kann andererseits die räumliche Fesselung aufheben, das Situative, Ortsgebundene transportabel machen, es kann also Flüchtiges stillstellen und Feststehendes verrücken; es kann buchstäblich Berge versetzen, Fernes nah machen und Vergangenes gegenwärtig.

Was muss die damals aufkommende und in kürzester Zeit zur Blüte gelangende Porträtmalerei für die Selbstwahrnehmung der Porträtierten bedeutet haben? Wie konnte überhaupt dieses Interesse am eigenen Konterfei so drängend werden? Jahrhundertelang hatte es dergleichen nicht gegeben. Und auf einmal war es nun möglich, sich nicht nur im Spiegel zu betrachten, um sich mit seinem gegenwärtigen Sein zu konfrontieren, sondern man konnte seinem eigenen vergangenen Ich gegenübertreten, seiner selbst ansichtig werden als derjenige, der man nicht mehr war. Wir heutigen sind an die Betrachtung unseres eigenen Gewesenseins, sogar in bewegten Bildern, so bis zum Überdruss gewöhnt, dass wir uns kaum den Schrecken und die Lockung vorstellen können, die es bedeutet haben mag, seiner eigenen konservierten Kindheit und Jugend oder – aus der Sicht des Greises – seinem tatkräftigen Mannesalter quasi ‚leibhaftig' zu begegnen. Es muss etwas von Wiedergängerei gehabt haben, wie ein Blick in eine Gespensterwelt: eine ganz andere Art der Begegnung mit der Welt des Unsichtbaren als die visionäre Überschreitung der Schwelle, die Raffael erfuhr.

Das Porträt ist eine Art der Mumifizierung zu Lebzeiten und ein Menetekel der Sterblichkeit. Es macht das Werden und Vergehen der eigenen Leiblichkeit sichtbar statt fühlbar. Und das Sichtbare ist allemal mit der höheren Beweiskraft ausgestattet als das Fühlbare. Zugleich aber ist es ein Versprechen auf Überdauern-Können, ein Jungbrunnen, ‚ewige Jugend'. Auf die eine oder andere Weise ist das Bildschaffen der Renaissance vom Todeshauch umweht und im innersten Kern gezeichnet von dem Verlangen, der Vergänglichkeit etwas Haltbares, etwas Dauerhaftes und Bewahrendes entgegenzustellen. Darum die Leidenschaft für die naturgetreue Nachbildung der Natur. Nur perfekte Mimesis kann das Vorbild ersetzen und, indem es den Augenblick festhält, sogar überbieten. Nur das genaue Abbild kann zum Augenblick sagen: „Verweile doch, du bist so schön."

In diesem Enthusiasmus über die Wirklichkeitsverdoppelung und Zeitherrschaft geht die alte Skepsis gegenüber der Macht des Spiegelbildes verloren. Der über Narziss erzählte Mythos weiß noch um die Gefährdung durch das eigene Spiegelbild: Als er nämlich „sich selbst in einem klaren Brunnen, aus welchem er trinken wollte, gewahr wurde, so verliebte er sich dergestalt in sich selbst, daß er endlich auch vor Liebe vergieng und in eine Bluhme seines Namens verwandelt wurde."[8] Die Selbstbespiegelung führt über die Selbstverliebtheit und Selbstvergötzung in den Selbstverlust, das ist die Tragik des Narziss. Aber diese Tragik soll mit dem Aufkommen der neuen Bildideen nicht mehr gelten. Nicht Selbstverlust, sondern Selbstreflexion wird dem Betrachter des eigenen Spiegelbildes verheißen.[9]

Bilder helfen der Erinnerung?

Wir modernen Menschen haben gänzlich verlernt, die Selbstverdoppelung im Bild zu fürchten. Wir sind vollkommen unerschrocken vor unserem eigenen Konterfei. Ein langer Prozess der Wandlung unseres Bewusstseins hat uns immun gemacht gegenüber der Vorstellung, in den Abbildern unserer selbst könnte eine Gefahr für unsere Person lauern. Bilder als solche sind harmlos und alltäglich geworden, es ruhen weder große Hoffnungen auf ihnen noch heften sich große Befürchtungen an sie. Kaum vorstellbar, dass jemand beim Betrachten der zu Hunderten existierenden Erinnerungsfotos, mit denen heute ein Normalleben dokumentiert wird, von dem Schrecken erfasst würde, er könnte in ihnen verschwinden, sie könnten ihn auslöschen und an seine Stelle treten.

Und doch sind diese Abbilder imstande, ihren Gegenstand zu ‚bannen', um nicht zu sagen zu verhexen. Sie sind ja gedacht als eine Art Vergangenheitsgarantie, als Erinnerungshilfen, als ein Daseinsbeweis, den man einem oft allzu unzuverlässigen Gedächtnis nicht allein überlassen will. Aber sie sind besitzergreifend, sie graben sich tief in die Erinnerung ein und verändern sie fundamental. Nicht mehr die leiblichen Erfahrungen vergangener Ereignisse tragen wir in uns, sondern bestenfalls die fotografischen Bilder der Geschehnisse; wofern nicht die Erinnerungen gänzlich veräußert und in den dafür vorgesehenen Speicherplätzen außerhalb der Personen abgelagert werden. Bilder also können leibhaftige Erfahrungen tilgen oder besser überlagern. Die zugleich segensreiche und peinigende Fähigkeit der Menschen, sich zu erinnern, das heißt, in ihr eigenes Inneres hinabzusteigen, sich zu versenken und in diesem Akt der Versenkung Vergangenes in seiner Fülle zu vergegenwärtigen, zeitliche und räumliche Distanz mit Hilfe der Imagination zu überwinden und Dinge und Menschen in Abwesenheit anwesend werden zu lassen, diese Fähigkeit verschwindet. Die Quellen der Erinnerung drohen zu versiegen. Und die in der Erinnerung lebendigen Ereignisse werden im Sarg des Bildes eingeschlossen: auf ewig tot. Diese Feststellung ist wiederum ungeeignet, eine Generation, die vollkommen selbstverständlich mit wahren Bilderfluten Umgang pflegt, in Sorge zu versetzen. Mühsam müssen wir rekapitulieren, was es bedeutet, wenn an die Stelle der Erinnerung an Gewesenes, die Erinnerung an die Bilder des Gewesenen tritt, um die selbstverständliche Allgegenwart der Bilder fragwürdig finden zu können.

Wenn ich mich an das Bild eines gewissen Ereignisses erinnere, schrumpft seine pralle Fülle zur Oberfläche, es wird plattgemacht. Bilder haben keine Kehrseite, ihre Rückseite ist leer; sie haben auch keine Tiefe, man kann nicht in sie hinein, nicht mitten inne sein, sich nicht in sie versenken; sie sind nur einem der fünf Sinne zugänglich, sie duften nicht, schmecken nach nichts, klingen nicht, sie sind in jeder Hinsicht körperlos. Sie entleiblichen die Erinnerung. Das ist es, was man meint, wenn man ein Gedächtnis ‚fotografisch' nennt: präzise, aber seelenlos. Es begnügt sich mit dem Aussehen, mit dem Design der Sache, und gibt ihr Sein verloren.

„Du sollst Dir kein Bildnis machen." Das alte Bilderverbot mag mir eine Warnung sein vor der Gewalt, die ich mir selber antue, wenn ich mich bespiegele. Es ist jedoch auch ein Schutz des Anderen vor der Gewalt, die ihm durch Verbildlichung angetan wird: „Menschen fotografieren heißt ihnen Gewalt antun, indem man sie so sieht, wie sie sich selbst niemals sehen, indem man etwas von ihnen erfährt, was sie selbst nie erfahren; es verwandelt Menschen in Objekte, die man symbolisch besitzen kann. Wie die Kamera eine Sublimierung des Gewehrs ist, so ist das Abfotografieren eines anderen ein sublimierter Mord – ein sanfter, einem traurigen und verängstigten Zeitalter angemessener Mord."[10]

Der gewohnheitsmäßige Umgang mit Bildern verändert nicht nur unser Erinnerungsvermögen, sondern ganz allgemein unser Weltverhältnis. Wir werden so abgerichtet, dass wir nur noch sehen, was man uns zeigt. Eigentlich sehen wir gar nicht mehr, sondern *werden gesehen*, in dem Sinne, dass unser Sehen kein aktives, suchendes, bemerkendes ist, sondern ein gelenktes und gesteuertes. Was Wunder, dass alle Welt so scharf darauf ist, ins Bild, will sagen, ins Fernsehbild gesetzt zu werden, wenn denn dies zunehmend der einzige Garant dafür ist, dass man ‚zu Ansehen' kommen kann.

Wenn uns das eigenmächtige Anschauen der Welt abhanden kommt und wir mehr und mehr an die Bilder der Welt verwiesen werden, sind wir gegen Überraschungen gefeit. Wir sehen nur, was wir bereits im Sinn haben. Wir betrachten nicht mehr den Gegenstand, das Antlitz des Anderen, vielmehr dient die flüchtige Hinsicht lediglich dazu, das Bild, über das wir bereits verfügen, einzuschalten. Im Nu schiebt sich zwischen mich und den Gegenstand der Betrachtung das Bescheidwissen.

Bescheidwissen ist die Attitüde desjenigen, der darauf trainiert ist, unverzüglich im Bilde zu sein. Ich erinnere mich des Morgens, als ich zum ersten Mal in meinem Leben durch die mir völlig fremde Welt der indischen Stadt Agra ging und wie ich mich kaum von dem zwingenden Gefühl befreien konnte, Zuschauerin eines Films zu sein, und zwar eine solche, die mit dem Leinwandgeschehen, wie fremd und unerhört das auch sein mochte, bestens bekannt war. Ich meinte, ich müsste die Leinwand, die sich zwischen mich und die Wirklichkeit gespannt hatte, durchstoßen, um etwas von der fremden Welt dahinter zu fassen zu kriegen. So sehr sind wir gewohnt, das reale Leben als Darbietung, als Statisterie für die Produktion von Bildern des Lebens zu betrachten.

Vergessen wir aber nicht, das perfekte Bild ist perfekte Simulation, es soll den Schein von Wirklichkeit erzeugen. Was uns in Bramantes Kirche noch als Trug zu Bewusstsein kam und ein gewisses mit Empörung vermischtes Staunen auslöste, das geschieht uns täglich tausendfältig unbemerkt. Der Trug ist zur Normalität geworden, und wir erliegen ihm anstandslos. „Die Allgegenwart der Fotografien hat eine unberechenbare Auswirkung auf unsere Fähigkeit, ethisch zu empfinden. Indem sie die ohnehin unübersichtlich gewordene Welt abbildet, und so mit einem Duplikat ihrer selbst ausstattet, lässt uns die Fotografie die Welt verfügbarer erscheinen, als sie in Wirklichkeit ist.“[11]

Das Bild und das Geld

Und auch damit haben wir uns abgefunden, dass es in dieser Welt der Dominanz der Bilder nicht mehr um uns geht in unserem gesellschaftlichen Alltag, nicht mehr um unser Sein und unser Tun und Lassen, sondern nurmehr um das Image, das wir von uns zu erstellen vermögen. Nicht was wir machen, zeichnet uns aus, sondern das, was wir von uns hermachen. Imagepflege wird zur vorherrschenden Form unseres Umgangs miteinander, nicht nur in den Chefetagen der Konzerne und im politischen Mächtespiel, sondern längst auch in den Niederungen der Alltäglichkeit. Wir überlassen es nicht mehr den anderen, sich ein Bild von uns zu machen, wir wollen wenigstens mitwirken an der Ausmalung unserer selbst, an der Erzeugung des schönen Scheines von uns selbst, ohne zu merken, dass wir – wie Narziss – als Person darin verschwinden.

Die Bilder wiegen uns in Sicherheit. Sie tun, als sei nichts. Das ist ihre List, und darin sind sie teuflisch: „Die List des Teufels scheint eben gerade darin zu bestehen, daß er nichts zu tun vorgibt. In Wirklichkeit vernichtet er."[12] Bilder begründen heutzutage eine veritable Parallelwelt zur Realität oder genauer noch: eine Art Überzug, eine Schimmelschicht über der Realität. Sie machen es möglich, die Grenzen zwischen beiden immer mehr verschwimmen zu lassen, während sie gleichzeitig die Wirklichkeit aufzehren. Ihre Attraktivität besteht darin, dass sie beliebig vermehrbar und reproduzierbar sind. In ihrer unbegrenzten Wiederholbarkeit scheinen sie uns gegen jeden Verlust zu versichern. Sie machen alles ersetzbar und so auf eine diesseitige Weise untot. Sie gelten als Präsenzgarantie. Diese Funktion, alles ersetzbar und verschmerzbar zu machen, teilen sie mit einer anderen Parallelwelt, die sich ebenso gefräßig der leibhaftigen Wirklichkeit bemächtigt: mit der Welt des Geldes.

Bildlichkeit und Geldlichkeit sind heutzutage die wichtigsten Indikatoren für das, was gilt. Ihnen gegenüber hat Wirklichkeit in ihrem Geltungsanspruch keine Chance. So wie heutzutage allem, Weltinventar sein bildlicher Doppelgänger wird, so wird auch allem was nützlich und verwertbar scheint, sein Geldwert zugemessen. Wie sehr die Vergeldlichung der Welt mit ihrer Verbildlichung zusammenhängt, zeigt sich daran, dass auch der Geldwert eine Frage des ‚Scheins' ist: Womit wir uns die käuflich gewordene Welt zuschlagen, nachdem wir ihren Wert veranschlagt haben, ist ein Schein: ein Geldschein.

Die Unterstellung, es könne alles, was von dieser – und jener – Welt ist, vergeldlicht und verbildlicht werden, ist ein Generalangriff auf die Wirklichkeit. Die Bilderwelt und die Geldwelt vernichten alle Singularitäten. Dabei ist die eine wie die andere gespenstisch, nichtreal. Geldwert und Bildwert sind nichts, was den Dingen oder den Wesen oder den Phänomenen oder Begebenheiten eignet. Sie sind Resultat von Veranschlagung und von Simulation, Gespensterwelten eben. Aber trotz oder gerade wegen ihrer Leere verfügen sie über die Macht, die Wirklichkeit in sich einzusaugen und sich selbst als äußerst wirkmächtig zu erweisen.

Und das alles soll Brunelleschi mit seinem Experiment auf dem Gewissen haben? Natürlich nicht. Es ist ein weiter Weg von den Malern der Renaissance zur modernen Bilderflut. Und „die Erziehung durch Fotografie ... ist nicht das gleiche wie Erziehung durch ältere, stärker von handwerklicher Technik geprägte Bilder".[13] Der Unterschied liegt nicht nur in der ins Unermessliche gestiegenen Vielzahl der Abbilder, sondern auch in der jeweiligen Dauer ihres Zustandekommens. Vom schnellen Schuss wussten Renaissancemaler noch nichts, und es ist zu bezweifeln, dass sie ihn sich je erträumt haben. Dennoch wurde der Weg in die Parallelwelt der Bilder eröffnet durch die Umdeutung des Bildes von einer Schwelle, die einen Blick auf das ganz Andere freigibt, ja es sogar hereinzuholen erlaubt ins Diesseitige, in den Spiegel als perfekte Abbildung der sichtbaren Welt. Und es ist mehr als ein Zufall, dass die andere Parallelwelt, die Welt der Geldwerte, zu eben der Zeit zur Blüte gerät, als der Enthusiasmus für die Wiederspiegelung der Welt ausbricht.

Jenseits der Stadt liegt das Land

Die Kirche San Piero in Grado liegt heute auf dem halben Weg von Pisa ans Meer. Zur Zeit ihrer Erbauung erhob sie sich an der Mündung des Arno, direkt an der Lagune, in deren bergenden Bogen die Pisaner ihren Hafen gebaut hatten. Ihr Standort an der Grenze zwischen Wasser und Land ist bedeutungsträchtig: An dieser Stelle, so weiß eine alte Tradition, habe Petrus, von Antiochien kommend, den Boden der Appeninen-Halbinsel betreten, einen Altar und darüber eine Kapelle errichten lassen und die erste christliche Gemeinde in dieser Weltgegend gesammelt.

Im Mittelalter war San Piero in Grado eine wichtige Station auf dem Pilgerweg nach Rom. Grund genug also, sich einer so ehrwürdigen Stätte zu Fuß zu nähern, auch wenn der Blick auf die Landkarte, was diese Fortbewegungsart betrifft, nicht sehr ermutigend ist. Irgendwie werden wir wohl, wenn wir einmal die Stadt verlassen haben, auf Feldwegen und am Fluss entlang an unser Ziel gelangen. Am Fluss entlang, das heißt zunächst, am Rande einer vielbefahrenen Uferstraße zu balancieren auf einem schmalen grasbewachsenen Streifen, der zwar erkennbar den Autofahrern nicht gehört, aber zur Allmende für herumstreunende Fußgänger auch nicht taugt. Und die abschüssige Uferböschung auf der rechten Seite ist schon besiedelt von zusammengeflickten Garbage-Houses inmitten kleiner gepflegter Gemüsegärtchen. Ein paar Hühner vermelden kaksend gefundenes Fressen, und ein ausgewachsener Truthahn ist irgendwie aufs Dach einer Hütte geraten und gibt von dort aus seine Gebietsansprüche bekannt: ein Stückchen lebenstüchtiger Dritter Welt im Stadtgebiet einer Touristenmetropole.

Bald werden wir durch meterhohe Zäune überhaupt ganz vom Fluss abgedrängt, wir geraten in eine Art Villenvorstadt, wiewohl der Begriff ‚Villa' bei diesen in Reih und Glied aufmarschierten architektonischen Einfallslosigkeiten sich nur zögernd einstellt. Deutlich ist hier der private Besitz vom begehbaren Raum durch wehrhafte, spitzige Eisengitter abgegrenzt. Als ob es der Warnung ‚*Attenti al cane*' bei so aggressiver Reviermarkierung noch bedurft hätte. Hinter den Zäunen zurechtgeputzte und zurechtgestutzte Gartenimitate, denen alles Leben so gründlich ausgetrieben ist, dass Gartenbeton und Wohnbeton bruchlos ineinander überzugehen scheinen. In diese fabrikneuen Umbauungen menschlicher Existenz lassen sich Spuren des Daseins kaum einzeichnen. Umso nachhaltiger werden *ante portas* ‚Spuren' deponiert. In ihnen waten wir knöcheltief. Es sind nicht die Spuren tätiger Menschen, sondern die Hinterlassenschaften konsumierender Menschen: Müll, die einzige Gestalt, in der Konsumenten Spuren ihres Daseins zustande bringen. Achtlos weggeworfene Relikte der Verpackungsorgien? Viel mehr als das.

Die Müllhalden vor dem Gartenzaun erfüllen, so scheint mir, eine wichtige Funktion für das Wohngefühl der Bewohner. Sie erlauben ihnen, sich in ihren fabrikneuen seelenlosen, nicht mit ihnen gewachsenen, sondern vorgefertigten Behausungen ‚drinnen' und heimisch zu fühlen, abgeschirmt gegen ein ungeordnetes, wüstes Draußen. Früher einmal verlief die Grenze zwischen dem der Wildnis abgerungenen, bewohnten und behüteten Ort hüben und der unberechenbaren, eigenmächtigen, gar feindseligen Natur drüben. Heute verläuft sie zwischen Wohngarage und Mülldeponie. Der vermüllte städtische Raum ist die pervertierte Nachbildung der Wildnis. Die Verhässlichung hat Methode. Sie bestätigt den Bewohnern die relative Wirtlichkeit ihrer unwirtlichen Bleibe. Nachdem das Wohnen als gestalterischer, raumschaffender, spurenlegender Akt in den Fertigzellen moderner Unterbringung unmöglich geworden ist, ist die Wegschaffung des Unrats über die Grenze der Parzelle die einzig verbliebene Wohnaktivität. Die aggressive Entwertung des ‚öffentlichen' Raums dient der Herstellung heimischer Behaglichkeit.

Vielleicht verdankt der moderne Verbraucher überhaupt seine Zufriedenheit dem Müll in einem Maße, das ihm nicht sehr schmeicheln mag. Der Kehricht, der uns die Spaziergängerlaune verdirbt, ist natürlich Müll von der harmlosesten Sorte. Vergiftung oder Verseuchung hat man von ihm nicht zu gewärtigen. Es sind die Schachteln, Dosen, Tüten und Behältnisse, die aus allem, was in sie eingeschweißt war, Stapelware und Werbeflächen machten. Es sind die Verpackungen, die grellen Kaufanreize, die verführerischen Signale an den Käufer, die in ihm die Frage nach der Brauchbarkeit und Bekömmlichkeit dessen, was sie ein- und verhüllen, im Keim ersticken sollen. Es sind die glitzernden Außenhäute, mit denen der ganze Ramsch der Massenproduktion pretiös und begehrenswert gemacht wird. Harmlos gewiss, aber doch jedes Mal die Bestätigung eines Reinfalls für den, der ihren Lockungen erlegen ist, obwohl er doch eigentlich den ganzen glamourösen Verpackungszauber längst als Schwindel durchschaut hatte.

Wenn die Hüllen fallen, grinst ihn die Dürftigkeit der Innereien an. Der Verheißung folgt keine Erfüllung. Für die erlittene Niederlage hält sich der Verführte schadlos, indem er verächtlich macht, was ihn verführte: Er wirft es achtlos weg, bescheinigt ihm seine Nichtigkeit. Durch die Vermüllung der Mogelpackung erscheint dann das, was man bei sich behält – ob man es sich nun zwischen die Zähne schiebt oder als Nippes in die dafür vorgesehene Vitrine stellt – wie durch ein Wunder doch seinen Erwerb zu rechtfertigen.

Ihren Wert bekommen die Dinge für den Konsumenten nicht durch die an sie gewendete Mühe, nicht durch ihre Brauchbarkeit oder Annehmlichkeit, sondern einzig dadurch, dass sie Nicht-Müll sind. Und diese Adelung erfahren sie durch einen immer revidierbaren Akt willkürlicher Zuordnung.

Je mehr Müll jemand deklariert und je achtloser er sich seiner entledigt, desto lohnlicher erscheint ihm das Verbleibende, so etwa könnte das erste Grundgesetz der Vermüllung lauten.

Und ein zweites könnte heißen: Je schneller ein Raum durchquert wird, desto mehr wird er zum Kehrichthaufen.

Aber brechen wir jetzt die Spekulationen über die zufriedenheitstiftenden Qualitäten von Unrat ab, die ja ohnehin für unsere kleine Pilgerschaft nach San Piero in Grado nicht ganz passend sind. Sobald wir aus der Stadt heraus sind, werden wir uns querfeldein auf unser Ziel zubewegen und dem bedrohlichen Vorbeirasen der Autos entkommen. Man kann aus dem Geräusch der herannahenden Fahrzeuge den Grad der aggressiven Verbissenheit heraushören, mit der die Insassen den Kampf um Geschwindigkeitsvorteile führen. Als Fußgänger haben wir Gelegenheit, den entgegenkommenden Autofahrern für Sekunden in die von der Geschwindigkeitsobsession verzerrten Gesichter zu schauen. Uns kommt dieser Windschutzscheibenblick in umgekehrter Richtung wie eine Indiskretion vor, und wir fürchten, uns durch diese zusätzliche Provokation Feinde unter den Platzhaltern der Straße zu machen.

Es zeigt sich bald, dass man auf diesem Wege nicht aus der Stadt hinausgelangen kann. Das Asphaltband, das die Landschaft zerschneidet, nimmt die Stadt überallhin mit. In den Verkehrsadern ergießt sich die Stadt ins Land und macht sich das Andere ihrer selbst ähnlich und untertan. Die Grenze zwischen städtischem Drinnen und ländlichem Draußen gibt es nicht mehr. Die Stadt hat ihre Fangarme weit ins Land gereckt. Überall ist Stadt, Nicht-Stadt ist nirgends. Wahrscheinlich ist der Verlust ihres Gegenübers der Grund für die Gesichtslosigkeit moderner Städte. Sie haben sich das Land einverleibt und haben nun nichts mehr, wovon sie sich unterscheiden könnten.

Was wir heute das Land und Landwirtschaft nennen, ist auch nichts anderes als industrielle Produktionsstätte. Nahrungsindustrie und Autoindustrie unterscheiden sich nur unerheblich. In meinem Lateinunterricht spazierten noch *mus rusticus* und *mus urbanus* herum: die Fabel von der Stadtmaus und der Landmaus. Die Stadtmaus im Wohlleben zwischen Speck und Käse, lädt mit einer Mischung aus Mitleid und Verachtung die Landmaus, *mus rusticus,* zu sich ein, um vor ihr mit ihrem Wohlstand zu protzen und sie zugleich gönnerisch daran teilhaben zu lassen. Die Fabel endet damit, dass *mus rusticus* einsichtsvoll und belehrt zu ihrem spärlichen Getreidemahl auf dem Acker zurückkehrt und ihr karges Auskommen als einen Segen preist, nachdem *mus urbanus* von der Katze gefressen worden war. Heute unterscheiden sich *mus rusticus* und *mus urbanus* nicht mehr, sie sind zur neuen Spezies von *mus industrialis* mutiert. Ich konnte als Kind über den tiefen Sinn dieser Fabel noch in staunendes Nachdenken versinken. Ich wüsste aber nicht, wie ich sie heutigen Kindern begreiflich machen sollte.

Noch Goethe berichtet in einem Brief an Herder aus Neapel in der *Italienischen Reise* von diesem wunderbaren Wechselspiel zwischen Stadt und Land, bei dem jedes durch das andere seine Lebensfähigkeit, seine Eigenart und seine Kenntlichkeit gewinnt: „Eine sehr große Anzahl von Menschen, teils mittlern Alters, teils Knaben, welche meistenteils sehr schlecht gekleidet sind, beschäftigen sich, das Kehricht auf

Eseln aus der Stadt zu bringen. Das nächste Feld um Neapel ist nur ein Küchengarten, und es ist eine Freude, zu sehen, welche unsägliche Menge von Küchengewächsen alle Markttage hereingeschafft wird und wie die Industrie der Menschen sogleich die überflüssigen, von den Köchen verworfenen Teile wieder in die Felder bringt, um den Zirkel der Vegetation zu beschleunigen. ... Zwei große biegsame Körbe hängen auf dem Rücken eines Esels und werden nicht allein ganz voll gefüllt, sondern noch auf jeden mit besonderer Kunst ein Haufen aufgetürmt. Kein Garten kann ohne einen solchen Esel bestehen. Ein Knecht, ein Knabe, manchmal der Patron selbst eilen des Tags so oft als möglich nach der Stadt, die ihnen zu allen Stunden eine reiche Schatzgrube ist. Wie aufmerksam diese Sammler auf den Mist der Pferde und Maultiere sind, läßt sich denken."[14]

Wir müssen über das Ortsende, das sich nicht mehr zu erkennen gibt, durch ein Schild belehrt werden, erlebbar ist die Grenze nicht. Aus der Traum vom Querfeldein durch Felder, Wiesen und Sumpfland. Die Straße erlaubt keine Abirrung. Man kann nur ihrem Richtungssinn folgen. Auf Menschen, die sich ihrer Füße im Zickzackkurs bedienen wollen, ist sie nicht vorbereitet. Sie erheischt Gefolgschaft im strikten Geradeaus, und obwohl wir von brausendem Verkehr, also von Hunderten von Menschen umgeben sind, begegnen wir niemandem. Das Verkehrsgedränge ist eine einsame Angelegenheit. In ihren Vehikeln werden die Insassen zu ‚fensterlosen Monaden'.

Aber endlich, kurz bevor wir uns in den riesigen Schlingen der Autobahnauffahrten verfangen werden, weist uns ein kleines Nebensträßchen eine Ausflucht. Sobald wir den Herrschaftsbereich der Autos verlassen haben, treffen wir einen Menschen. Er trägt eine Tasche und wird von einem zerzausten, schmutzergrauten Spitz begleitet. Von ihm suchen wir zu erkunden, ob wir auf diesem unbotmäßigen Abweg nach San Piero kommen. Er ist etwas zögerlich mit seiner Auskunft. Er begleitet uns ein Stück Weges, bis wir von einer kleinen Erhebung aus Überblick über das flache Land gewinnen. Er weist auf eine Gebäudegruppe im Schatten einiger mächtiger Zypressen. Das sei die Kirche. Aber *diese* Straße werde nach ungefähr 200 Metern sehr schlecht, *non asphaltata, solo battuta.* Ob wir nicht doch auf der großen Straße bleiben wollten, die führe direkt zu unserem Ziel. Wir zeigen uns mutig genug, es mit der nicht asphaltierten, nur gestampften

Straße aufzunehmen. Unser freundlicher Ratgeber ist darüber verwundert, sein Vorstellungsvermögen reicht offenbar nicht mehr aus, die Belange von Fußgängern von denen von Autochauffeuren zu unterscheiden.

Als wir schließlich vor der jahrhundertealten Wallfahrtskirche stehen, zeigt sich, dass sie im Fadenkreuz von fünf Zufahrtsstraßen liegt, aber zu Fuß eigentlich nicht erreichbar ist. In ihrem Innern finden wir Fresken, die das himmlische Jerusalem darstellen. Rundherum haben Engel die Fensterläden geöffnet und schauen aus ihnen heraus auf uns herab.

Rauchen gefährdet die Gesundheit

New York liegt hinter mir. Aufatmend – nach nur drei Tagen – beendige ich vorerst einen Zustand der Daueralarmierung, in den mich die Stadt aller Städte versetzt hat. Er begann mit einem ungestümen Gerüttel an meiner Hotelzimmertür, kaum, dass ich angekommen war und, der Anordnung der Hoteldirektion folgend, meine Tür verriegelt hatte, um bei ausgeschaltetem Licht – Simulation des Feuerfalls – ihre Entriegelung zu trainieren. Der gewaltsame Angriff auf meine Tür ließ mir den Atem stillstehen, weil mir schien, dass sein unerhörter Lärm mich verraten werde. Die Tür kam zur Ruhe, ich nicht mehr. Später wurde ich aufgeklärt, dass der Watchman des Hotels Anweisung habe, regelmäßig seine Runde zu machen, um mit genau dieser gewalttätigen Bearbeitung der Zimmertüren zu überprüfen, ob sich die Hotelgäste ordnungsgemäß eingeschlossen hätten, dreifach, mit Riegel, Schloss und Kette. Die Leitung eines guten New Yorker Hotels weiß, was sie sich und ihren Gästen schuldig ist.

In New York werden alle Sinne bis an die Grenze der Erträglichkeit überreizt oder beleidigt. Es ist, als hätten die Wahrnehmungsgegenstände einen unerbittlichen Krieg um ihre Vorrangstellung geführt. Das Automobil hat dabei zweifellos entscheidende Siege errungen. Noch die empfänglichste und genussbereiteste Nase wird hier schnöde bis zum Rand mit Abgasgestank abgefüllt. Alle anderen Gerüche sind diesem hoffnungslos unterlegen. Das Auto hält das radikale Geruchsmonopol. In der Erzeugung des Höllenlärms wird ihm seine Hegemonie allenfalls von Pressluftbohrern, die die Straßen aufwühlen, streitig gemacht.

Der Lärm hat die Stille knapp werden lassen. Er wäre unentrinnbar, wäre da nicht ein wohltuender Ort, zu dem man Zuflucht nehmen kann: die ägyptische Abteilung des Metropolitan Museum. Kunstraub großen Stils, gewiss, aber die alten Ägypter erweisen hier dem modernen Menschen einen Liebesdienst, indem sie ihn an die Klänge der

Stille erinnern und den Ohren erlauben, auf sie zu lauschen, statt sich vom Maschinenlärm verstopfen zu lassen.

Am ärgsten ergeht es der Zunge. Wofern es ihr nicht den Appetit verschlagen hat, übt der ‚Hamburger' die Herrschaft über sie aus. Nebst Coca-Cola, versteht sich. Dies ist natürlich ein wohlfeiles Klischee, aber doch insoweit mit der Wirklichkeit in Einklang, als auch alles, was nicht Hamburger ist auf der Speisekarte, ihm doch auf fatale Weise ähnelt.

Den Blick haben die Wolkenkratzer fest im Griff. Wie unter Zwang gleitet er an den Kathedralen des Geldes himmelwärts. Den Fingerzeig in den Himmel haben sie ihren mittelalterlichen Vorgängerinnen abgeguckt, und auch in manchem Dekor sind sie deren Epigonen. Sie müssen diese jedoch umso protziger und pompöser überbieten, je leerer der Himmel ist, in den sie weisen. Vom Himmel über New York ist ja nicht nur der Thron Gottes weggeräumt, er ist auch von den Sternen leergefegt, wenn ich denn meinen Augen trauen will und nicht den zuständigen Experten, die beteuern, dass die Sterne trotz allem da sind. Der entstirnte Himmel: die Perversion der Unsichtbarkeit; die Wiederverhüllung in Dreck, Smog und Lichtkaskaden.

Auch die Phantasie gerät unter Zwang: Wie lange noch wird der Grund dem Druck standhalten, wie lange noch wird die Erde die ihr aufgebürdete Last aus Stein, Stahl, Beton und Glas tragen, ehe sie nachgibt und in einem Riesenschlund alles begräbt? Und noch eine Vorstellung, die sich ungebeten einstellt beim Anblick der dampfenden Kanaldeckel in einer regenfeuchten Nacht: die stinkende, brodelnde, blasenwerfende Unterwelt unter dieser Oberfläche, mit der verglichen das Dante'sche Inferno ein wirtlicher Ort sein mag.

New York liegt hinter mir, diese atemberaubende, trotz allem faszinierende, erschreckende Stadt, in der mir die Moderne buchstäblich in die Knochen gefahren ist. Ich sitze im Greyhound-Bus Richtung State-College und freue mich auf den beruhigenden ebenerdigen Blick auf die rot-gold erglühten Indian Summer-Wälder, auf das sonore Geräusch des Dieselmotors, auf die Behaglichkeit einer Low-Speed-Reisevariante. Die Anspannung fällt von mir ab in dem Maße, in dem die Silhouette der Stadt sich hinter mir auflöst.

Doch dann räuspert sich der Busfahrer, und seine Stimme nimmt einen drohenden Klang an, seine Miene verdüstert sich, wie ich im

Spiegel wahrnehme, und tatsächlich droht er jedem Reisenden eine Geldbuße von bis zu 30 000 Dollar für den Fall an, dass jemand sich über das strikte Rauchverbot, das in diesem Bus gelte, hinwegsetze. Aus Gründen der Korrektheit verweist er auf den einschlägigen Gesetzesparagraphen. Dann bringt er zwischen Freundlichkeit und Drohung eine weitere Nuance des Tonfalls hervor: Beinahe väterlich appelliert er an die Einsicht der Fahrgäste, indem er sie auf die Verantwortung für die Gesundheit ihrer Mitreisenden hinweist. Dies mag dem Reisenden als ein staunenswertes Beispiel staatlicher Daseinsfürsorge vorkommen, wenn er gerade der dicken New Yorker Luft, die man fast nur noch in Scheiben atmen kann, entronnen ist. Das gestufte Ritual aus Drohung, Belehrung und Ermahnung wiederholte sich jedes Mal, wenn sich der Bus nach einem Zwischenhalt wieder in Bewegung setzte.

Gegen Nachmittag wandte sich der Fahrer mir zu. Er hatte mich völlig zu Recht als landesunkundig erkannt. Mit der Gebärde, mit der man auf eine touristische Attraktion hinweist, gab er meinem Blick die Richtung an: Dort drüben könne ich Three Miles Island sehen, nur einen kurzen Moment lang, zwischen den Bäumen hindurch. Wegen der Eile, der es bedurfte, um den flüchtigen Blick zu erhaschen, geriet seine Stimme in Erregung, nicht wegen des Reaktors und seiner unheilvollen Geschichte. Immerhin setzte er voraus, dass ich davon gehört haben könnte. Und dann, nach dem Halt in Harrisburg, wiederholte der an sich freundliche Busfahrer ohne jede Irritation seinen bekannten Text. Grund genug, um über die neuerlich beschworene Verantwortung der Businsassen für die Gesundheit ihrer Mitreisenden ins Grübeln zu kommen: eine raucherfreie Zone inmitten einer atomaren Landschaft, die zum Symbol für die Bereitschaft wurde, um des Fortschritts willen die Vergiftung von Erde, Luft und Wasser in Kauf zu nehmen.

Man kann das Rad der Geschichte nicht zurückdrehen

„Wir haben keine Anfänge mehr." Mit dieser lapidaren Feststellung eröffnet George Steiner seine *Grammatik der Schöpfung,* vielmehr gebe es im geistigen Klima am Ende des 20. Jahrhunderts „eine Müdigkeit im Kern". „Wir sind Spätlinge oder fühlen uns als solche. Das Geschirr wird abgeräumt. ‚Feierabend die Herrschaften.'"[15]

Schlechte Zeiten für Utopien? *Ex oriente lux.* Utopien gedeihen in der Morgenluft, nicht in der Melancholie der Abenddämmerung. Sie wollen den unangebrochenen Tag in seiner ganzen Länge vor sich haben. Sie sind ins Anfangen vernarrt. Ihre Zeit ist die Zukunft und ihr Blick ist nach vorn gerichtet. Aber ist denn die Diagnose Steiners richtig, dass es dem 20. Jahrhundert an Zukunftselan gebrach und an der Courage, Anfänge zu wagen? Kaum je in der Geschichte galt das Interesse der Menschen so ausschließlich der Zukunft. Kaum je hatte eine Epoche es so eilig, in die Zukunft zu gelangen, wie wir Heutigen. Mit nichts sind wir so beschäftigt wie mit Planungen für morgen, übermorgen und noch fernere ‚Danachs'. Die Gegenwart ist kaum der Rede wert, und die Vergangenheit erreicht uns allenfalls noch als kraftlose, im Dunst des Vergessens sich auflösende Erinnerungsspur. Dieser Drang nach vorn bedient sich freilich nicht des alten Begriffs ‚Utopie'. In solcher Unbestimmtheit, so ganz und gar im ‚Nirgendwo' wollen moderne Menschen ihre Zukunft nicht ansiedeln, und einem so phantastischen Spiel mit unmöglichen Möglichkeiten wollen sie sie nicht überlassen. Sie soll fester in den Griff genommen werden, konturierter vor Augen stehen, wirklichkeitsnäher angegangen werden.

Wo fortschrittlich gedacht wird, ist von Innovation die Rede. Sie ist zum maßstäblichen Generalnenner aller gesellschaftlichen Bemühungen geworden. Aber ist nicht ‚Innovation' eine modernisierte Variante der alten ‚Utopie', nur dass sie die Bodenhaftung nicht verlieren will und den Möglichkeitssinn am Wirklichkeitssinn ebenso schärft wie umgekehrt? Ist nicht Innovation mit utopischer Energie aufgeladen, ohne dem Hang zum Träumen und zum blauen Dunst nachzugeben?

Zweifellos ist unsere Epoche vom Neuerungswillen getrieben. Geradezu fieberhaft werden unablässig Novitäten in die Welt gesetzt. Nie zuvor war die Bereitschaft, mit dem Überkommenen zu brechen, so groß, nie zuvor glaubte man das Seufzen der Erlösungsbedürftigkeit aus allen Ritzen der Verhältnisse so unüberhöbar und gebieterisch zu vernehmen, nie zuvor überschlugen die Veränderungen sich so turbulent wie heute. Offenbar verträgt sich dieser Vorwärtsdrang, diese Zukunftsobsession, nicht mit der Steinerschen Beobachtung, dass wir in einem müden und erschöpften Jahrhundert leben.

Wenn aber nun das, was wie ein von Optimismus beflügelter Angriff und Vorausgriff auf die Zukunft sich darbietet, eine Täuschung ist? Wenn sich unser Richtungssinn hätte verwirren lassen, wenn also, was allgemein als unerhört zielstrebiger Fortschritt sich darbietet, in Wahrheit eine überstürzte, zunehmend beschleunigte Rückwärtsbewegung ist? Könnte es sein, dass sich hinter der Angriffspose eine allgemeine Fluchtbewegung verbirgt? Und ist dieser ganze Ansturm auf die Zukunft in Wahrheit ein gut getarntes Bemühen, bei der uranfänglichen Vergangenheit wieder unterzukriechen? „O dass wir unsere Ururahnen wären, / ein Klümpchen Schleim in einem warmen Moor."[16] Dann wären Utopien, Hoffnungen, Anfänge, die sich auf Künftiges richten, und der als Innovation getarnte Rückzug unvereinbar; weit davon entfernt aus gleichem Geist zu sein, schlössen sie sich gegenseitig aus.

Der Fortschritt – das ist die These – ist in Wahrheit eine Regression im psychoanalytischen Sinn des Wortes; ein Rückfall in eine längst ausgestanden geglaubte Entwicklungsstufe, kein kühner Vormarsch, sondern ein klägliches Zurückweichen.

Das klingt absurd, aller Augenschein spricht dagegen, hier soll offenbar Konfusion gestiftet werden. Wäre da nicht der Umstand, dass es dem Menschen nicht gemütlich ist in seiner Welt, dass er sich in ihr aller Selbstverständlichkeit beraubt sieht, dass ihm sein Dasein eine schwere Bürde ist. „Der Mensch ist das einzige Lebewesen, das sich in der Natur nicht zu Hause fühlt, das sich aus dem Paradies vertrieben fühlen kann, das einzige Lebewesen, für das die eigene Existenz ein Problem ist, das es lösen muß und dem es nicht entrinnen kann. Er kann nicht zu dem vormenschlichen Zustand der Harmonie mit der Natur zurückkehren, und er weiß nicht, wohin er kommt, wenn er vorwärts geht. ... Als der Mensch seine Entwicklung begann, war sein Verhalten bereits nur wenig von Instinkten geleitet. ... (er) verfügt ... über kein ererbtes Programm, das ihm sagen würde, wie er sich in den meisten Fällen zu verhalten hat, in denen sein Leben von der richtigen Entscheidung abhängt. So ist anscheinend der Mensch, biologisch gesehen, das hilfloseste und schwächste aller Lebewesen."[17]

Nun ist allerdings die Hilflosigkeit nur die eine Seite seiner fragilen Existenz. Diese ‚Unbeholfenheit' ist zugleich die Bedingung der Möglichkeit seiner Freiheit. Wie im Märchen treten an die Wiege des eben zur Welt gekommenen Menschen in der grauen Vorzeit seiner Menschwerdung die gute und die böse Fee. Was die eine ihm wie eine Verheißung verkündet, raunt ihm die andere als drohendes Unheil ins Ohr. Endlich sei er losgekommen von der Fesselung durch die Instinkte, so die erste, endlich sei er nicht mehr angekettet an deren unerbittliche, Gefolgschaft erzwingende Strenge. Nun könne er sein Heil auf eigene Faust suchen, könne hinaustreten ins Freie, die Ketten abschütteln und das beengende Gehäuse verlassen. Die Gabe, die sie ihm bringe, sei die Fähigkeit zur Freiheit, die ihm in Gestalt der Vernunft zuteil werde. Die andere der beiden Feen hat Unheil im Sinn, sie nähert sich der Menschenwiege mit dem Fluch der Vertreibung. Sie kündet dem Weltneuling den Urverlust an, seine Verstoßung aus dem bergenden, dem schützenden, dem Sicherheit bietenden Gehäuse. Sie stürzt ihn in die Unbehaustheit, in fundamentale Unsicherheit hinaus.

Unter diesen Fluch- und Segenssprüchen ist die menschliche Existenz zwiespältig geworden, sie ist in einen unauflöslichen existenziellen Konflikt geraten: den Konflikt zwischen Sicherheit und Freiheit. Immer neu muss der aus der Instinktbindung entlassene Mensch Entscheidungen darüber treffen, wie viel Sicherheit er der Freiheit opfern will und wie viel Freiheit der Sicherheit, denn es ist sein Schicksal, dass Freiheit und Sicherheit nicht gleichzeitig wachsen können.

Der Zwiespalt lässt in ihm Sehnsüchte gedeihen, die in entgegengesetzte Richtung streben. Er sehnt sich *zurück* in den seligen Zustand der Fraglosigkeit, er trägt in sich eine verzweifelte Neigung, sich anzuklammern an das, was ihm verwehrt wurde und die Rückkehr in das verlorene Paradies doch zu bewerkstelligen. Gleichzeitig aber verlockt ihn die Möglichkeit, sich vorzuwagen ins Unbekannte und Unerprobte, seine Welt zu erweitern, den Horizont seiner Möglichkeiten hinauszuschieben, denn mit der Fähigkeit zur Freiheit, die ihm an der Wiege gesungen wurde, hat er ja die Freiheit noch nicht, er kann sie jederzeit verlieren und dem Sicherheitsverlangen opfern, kurz: er ist das zur Entscheidung verdammte Wesen.

Dieser Verdammnis zu entkommen, das eine haben zu können, ohne das andere lassen zu müssen, Sicherheit und Freiheit dem Schicksalsspruch zum Trotz gleichzeitig zu erlangen, darauf richtet sich die äußerste Bemühung des modernen Menschen. Wenn es ihm gelänge, die Unvereinbarkeitsklausel außer Kraft zu setzen, dann könnte er seiner misslichen Lage entkommen. Es dämmert ihm durchaus, dass er sich dazu aller List, zu der er qua Vernunft fähig ist, bedienen muss. Ihm ist bewusst, dass er ganz und gar anständig, mit makellos weißer Weste sich nicht aus der Affäre ziehen kann. Er muss sich zum Herrn aufwerfen. Der Ausweg, auf den er verfällt, ist die technische Beherrschung der Natur. Vermag er deren Eigensinn durch Überlistung zu brechen und sie seinen Absichten gefügig zu machen, dann, das ist die Spekulation, hat er die Sicherheitsfrage ein für allemal gelöst. Als Naturbeherrscher glaubt er sich frei und sicher zugleich. Ihm ist, als habe er den gordischen Knoten zerschlagen, als sei es ihm gelungen, die Freiheit seines Wollens zu erlangen, ohne den Preis dafür entrichten zu müssen.

Jedoch konnte das „Grandiositätsbewußtsein ... die Trennungserfahrungen und Entsagungen, die in die Gründungsakten der Vernunft eingeschrieben sind“[18], nicht einfach vergessen machen. Der Trennungsschmerz bleibt trotz Betäubung bohrend und die Sehnsucht nach der Einheit mit der Natur, nach dem Zustand der Fraglosigkeit und Ungeschiedenheit, wirkt als Unterströmung in allen Bemächtigungsanstrengungen fort. Unversehens, während der Naturbeherrscher vermeintlich Horizonte aufreißt, das Weite sucht und zukunftswärts strebt, zieht es ihn mächtig zurück. Nicht dass die Wiedervereinigung mit der Natur in seiner Macht stünde, nicht dass er die ursprüngliche Trennung rückgängig machen könnte, sein erfinderischer Geist ist ganz auf die Bereitstellung einer ‚zweiten Natur‘ gerichtet, mit deren Hilfe er den Urzustand der Sorglosigkeit und Eingebettetheit wiederherzustellen, ja zu überbieten trachtet. Er hofft, nach langer

Wanderschaft das Paradies gleichsam auf seiner Rückseite wieder zu erreichen. Die Redeweise von der zweiten Natur ist vielsagend. Der Rousseau zugeschriebene Satz „Zurück zur Natur“ könnte demnach als Schlachtruf des technischen Fortschritts in Anspruch genommen werden, wäre da nicht der unüberwindliche Widerwillen gegen jegliches ‚Zurück‘. Die zweite Natur, dieses schwindelerregende Konstrukt aus Stahl, Glas, Beton, Kabel und Information, wäre dazu ausersehen, den Menschen von der Last der Entscheidung zu befreien, ihn erneut in den Zustand der ‚Instinktgeleitetheit‘ zu versetzen. ‚Intelligente Gerätschaften‘ treten dabei die Nachfolge der Instinkte an. Dem in sie eingeschriebenen Programm soll sich der Mensch so überlassen können, wie sich vormenschliche Existenz in das Instinktprogramm fügte. Seine letzte Freiheit bestünde darin, dass er sich zu ihr nicht länger verurteilen lässt (Jean Paul Sarte). Und er kann sich schmeicheln, dass er sich die Möglichkeit, sich von der Freiheit zu befreien, selbst verdankt.

Überall sehen wir die Repräsentanten der avanciertesten Forschungs- und Entwicklungsbranchen damit beschäftigt, diese weltumspannende, selbstgängige Maschinerie zu installieren und am Laufen zu halten. Überall sind die Konstrukteure der zweiten Natur damit befasst, nicht Geräte zu schaffen, *mit* denen Menschen hantieren können, sondern Apparaturen, die *statt* ihrer funktionieren. Überall werden Menschen als Entscheidungsbefugte aus der Maschinerie ausgeschieden und als Funktionseinheiten in sie wieder eingeklinkt.

Das Wirkungsprinzip dieses neuen Mensch-Maschine-Komplexes erschließt sich an einer Szene aus dem Geschichtenrepertoire der bemannten Raumfahrt: Ein Astronaut umkreist die Erde in einer Raumkapsel, begleitet von einem Hund. Die einzige Tätigkeit, die dem Raumfahrer bei dieser Mission obliegt, ist die regelmäßige Fütterung des Hundes. Und der Hund ist so dressiert, dass er den Raumfahrer beißt, wenn dieser sich anschickt, in das komplexe Funktionssystem der Kapsel einzugreifen.

Ob wir nun die Selbstregulierungskräfte des Marktes preisen hören oder den Computer die ‚Entscheidung‘ treffen lassen, wann die Lebenserhaltungsmaschinerie bei einem Todkranken abgeschaltet wird, ob wir an Türen denken, die sich vor uns öffnen und angeblich unsere Absichten durchschauen, wenn sie uns gleichsam widerstandslos hineinsaugen in Konsumtempel, Banken und schnelle Vehikel, uns jede Rücksichtnahme auf Mitpassanten ersparend, weil das Gerät so gewissenhaft ist, dass wir es nicht mehr sein müssen, ob wir an die phantastischen Speicherkapazitäten denken, denen wir die Aufbewahrung unseres kulturellen Erbes auftragen können, statt es unzuverlässigen Gedächtnissen von Personen anzuvertrauen, überall sehen wir innovative Energie auf dieses Grundmuster des Astronauten mit dem Hund in der Kapsel gerichtet. Das einzige, was diese geölten Maschinerien wirklich gefährdet, sind die störenden Eingriffe durch den tendenziell katastrophenträchtigen ‚Faktor Mensch'.

Die Realisierung des Traums vom neuen Menschen beschränkt sich darauf, den vormenschlichen Zustand der perfekten Steuerung zu imitieren. Der Fortschritt hat jeden Beigeschmack von utopischer Inspiration abgetan und sich ganz auf das Geschäft des Steuerns und Programmierens verlegt. Sein ganzer Ehrgeiz läuft auf eine friedliche Koexistenz der unbeseelten mit den entseelten ‚Automaten' hinaus. Allen anderslautenden Behauptungen zum Trotz besteht die Geschichte des technischen Fortschritts in nichts anderem als genau darin, das Rad der Geschichte zurückzudrehen, zurück zum Zustand vollständiger Programmiertheit: Freiheit kann eben furchterregend sein und Totalitarismus sehr verführerisch.

Sehnsucht will Erfüllung

Das Wort ‚Sehnsucht' erweckt innere Bilder und Töne: Gartenlaubenmelancholie. Man kann es sich kaum anders als gehaucht vorstellen, begleitet von Seufzern, tränenschwer und tränenselig. Man denkt sich die Sehnsucht vorzugsweise als den zugleich beklagenswerten und – aus der Distanz betrachtet – ein wenig lächerlichen Zustand junger Mädchen, gelegentlich, wenngleich seltener, auch jugendlicher Liebhaber, deren Liebesflehen unerhört blieb. Die Sehnsuchtsgeplagte ist ein Sujet der subalternen Malerei. Wir sehen sie als entrückte Gestalt am Gestade des unendlichen Meeres, die Arme verlangend und ergeben zugleich ins Leere reckend, einen in unbestimmte Fernen gerichteten Blick, halb leer und halb beseligt. Ein Bild der Unerfülltheit und Unerfüllbarkeit, die in sich selbst verliebt ist und an der Selbstverzehrung ihre Nahrung findet: ‚Hangen und Bangen in schwebender Pein'.

„Nur wer die Sehnsucht kennt, weiß, was ich leide"

Wohl nur in der deutschen Sprache wird das Sehnen derart hinfällig, schmelzend und schmachtend gedacht. Die entsprechenden Begriffe in anderen Sprachen sind viel tatkräftiger und entschlossener, dem Sehnen auch Erfüllung werden zu lassen: *Craving, yearning* und *longing* gehen nicht ins Leere, das *desiderium* gar holt die Sterne vom Himmel, und die italienische *nostalgia* ist beinah zwingend *ardente,* feurig, brennend, flammend.

Im Deutschen hingegen: „Nur, wer die Sehnsucht kennt, weiß, was ich *leide*." Leiden, gewiss, aber süße Melancholie. Sehnsucht findet an sich selbst nicht nur Genüge, sondern Gefallen, eine selige Selbststeigerung. Die Erfüllung, nach der sie so verlangend Ausschau hält, ist doch ihr Todfeind. Erfüllung, dieser Übergang aus der schwebenden, zarten Möglichkeit in die aufdringlich präsente, alles vergröbernde Wirklichkeit bedroht die Sehnsucht mit Auslöschung. Unter der Wucht der Erfüllung stirbt sie dahin und mit ihr, das ist ihre posthume Rache, die Erfüllung selbst, die schon im Augenblick ihres Triumphes fahl und blass wird oder satt, übersatt, ernüchtert.

Aber so kraftlos und leidend, so selbstverliebt in die Unfähigkeit, wirklich zu werden, ist die Sehnsucht nicht. Sie hat ihre eigene Zeugungskraft. Unvergängliche Meisterwerke wurden in diesem Schwebezustand zwischen Erfüllungsverlangen und Erfüllungsbangen hervorgebracht. Fünfzehn Jahre lang habe Petrarca seine geliebte Laura mit unsterblichen Versen bedichtet. Er war ihr, so wird berichtet, nur einmal begegnet, als nach dem Kirchgang der Saum ihres Kleides seine Fußspitze streifte. Der Sehnsüchtige ist auf der Höhe seiner Sehnsucht buchstäblich zu allem fähig.

Das Wesen der Sehnsucht hat viele Farbschattierungen: Sie hat es zu tun mit Abwesendem, mit Verlorenem; sie will erlittene Trennung überwinden. Sie richtet sich auf *etwas*, das schmerzlich vermisst und dessen Anwesenheit herbeigewünscht wird. Jedoch mit Abwesenheit ist der Gegenstand der Sehnsucht nicht ganz zutreffend charakterisiert. Anders gesagt, sofern die Sehnsucht nur Trennungsschmerz ist, ist sie noch nicht auf der Höhe ihrer Möglichkeit. Das Unbestimmte, das ihr Wesen umgibt, rührt daher, dass sie sich nicht nur auf ein Anderswo-Seiendes richtet, sondern auf ein Nicht-Seiendes, das nur als Verheißung existiert. Das Sehnen sei, so Fichte, ein Trieb nach etwas völlig Unbekanntem, der darauf aus ist, „etwas außer dem Ich wirklich zu machen".[19] Das Ersehnte ist dann nicht konkret und bildlich in der Vorstellung präsent, sondern nur ahnungsweise und schemenhaft als Erinnerungsspur eines Verlustes oder einer höheren Bestimmung.

So macht die Sehnsucht dem Sehnsüchtigen seinen oder ihren jetzigen Zustand als einen fühlbar, der etwas zu wünschen übrig lässt. Sie ist eine Brutstätte des Wünschens, des Hinauswollens über das, was ist. Wer wunschlos glücklich ist, kennt sie nicht. Im Schlaraffenland hat sie keine Bleibe.

Ihre Existenz hängt an ihrer Unerfülltheit. Im Augenblick ihrer Erfüllung erlischt sie. Wahre Sehnsucht ist auf ein Unerreichbares gerichtet, sagt Goethe, und Tieck erklärt sie für ewig, „weil sie ewig nicht erfüllt wird, damit sie nicht sterbe, denn sie sehnt sich im innersten Herzen nach sich selbst".

Sie ist in ihrer Unerfülltheit ein Zustand eigener Seligkeit, deshalb muss sie das Begehrte zugleich herbeiwünschen und seine Ankunft als ihren Selbstverlust fürchten. Sie ist also eine Bewegung, die vom Sehnsüchtigen aufbricht, ohne zu ihm zurückkehren zu können. In ihr verströmt sich das Selbst. Sie ist reine Hingabe. Vielleicht ist sie die einzige wirkliche Leidenschaft.

Sie ist in ihrer Hin*gabe* viel weniger hin*fällig*, als es scheinen mag. Der schwindelnde Schwebezustand, in dem sie sich erhält, treibt die Leidenschaft zu ihren höchsten Möglichkeiten, zu ihrer höchsten Erregungspotenz und zu staunenswerten Hervorbringungen.

Liebessehnen

Der Sehnsucht genuiner Ort ist wohl die erotische, die an Erfüllung und Gegenwärtigkeit gehinderte Liebe. In diesem Milieu gewinnt sie ihre Farben und ihre Schattierungen, hier entsteht der Hof ihrer Bedeutungen. Von hier trägt sie aber ihr Repertoire an Sinn und Bedeutung in andere Sphären der menschlichen Existenz.

Sie entwickelt einen Bewegungs- und Selbsterweiterungsdrang, schweift umher und vervielfältigt sich dabei, und unversehens haben wir es mit einer kaum übersehbaren Fülle von Sehnsüchten zu tun. Die Sehnsucht wird Plural.

Aber trifft denn auf das Liebessehnen zu, was wir als ein Wesensmerkmal der Sehnsucht identifiziert haben, dass sie unerfüllbar ist? Trennung ist doch überwindbar. Und nicht alle Trennungsgeschichten gehen so tragisch aus wie die Mär von den zwei Königskindern, die „einander so lieb hatten", aber durch ein „viel zu tiefes Wasser" getrennt waren und ihre Vereinigung nur im Tode finden konnten. Das Liebessehnen scheint von Zeit zu Zeit doch immerhin nicht von Aussichtslosigkeit bedroht, insbesondere nicht in unserer Epoche der hochgeschwinden Vehikel und der famosen Übertragungsmöglichkeiten von Stimmen und Bildern über den Äther, die die Anwesenheit überall in der Welt zur Sache von Sekundenbruchteilen machen.

Der Graben, der im Lied besungen wird, ist jedoch viel mehr als ein hinderliches, räumliches Dazwischen. Er bezeichnet darüber hinaus die letzte unüberwindliche Distanz und Fremdheit zwischen den Menschen, selbst denen, die wie die Königskinder „einander so lieb hatten". Der Graben symbolisiert das Ausgesperrtsein aus der Geist-,

Seelen- und Empfindungswelt des Anderen, zu der kein Zugang sich auftut; eine Fremdheit, über deren Vorhandenheit wir uns täuschen möchten, indem wir uns ein Verstehen, einen trauten Einklang, eine Übereinstimmung des Denkens, Fühlens und Erfahrens vorgaukeln. Sehnsucht ist der Drang, dem Kerker der Ichbezogenheit zu entkommen. Wenn ich mich sehne, dann wünsche ich, dass das Ersehnte zu mir komme, aber gleichzeitig, dass ich aus mir heraus zu ihm gelangen könnte. Es ist ein überschießendes Moment in der Sehnsucht nach dem Anderen, das durch dessen physische Anwesenheit nicht abgegolten werden kann.

Platon lässt im *Symposium* den Komödiendichter Aristophanes der allen am Gastmahl Beteiligten gestellten Aufgabe, eine Lobrede auf den Gott Eros zu halten, sich so entledigen, dass er die in dunkler Vorzeit liegenden Ursprünge der sehnsüchtigen Liebe aufklärt. Das ist eine hoch amüsante und zugleich tief ernste Geschichte, die ich nur in den Grundzügen wiedererzähle. Ursprünglich habe es drei Geschlechter gegeben, ein männliches, ein weibliches und ein drittes mannweibliches, das aus jenen ersten beiden zusammengesetzt gewesen sei: „Ferner war die ganze Gestalt eines jeden Menschen rund, so daß Rücken und Brust im Kreise herumgingen. Und vier Hände hatte jeder und Schenkel ebensoviel wie Hände und zwei Angesichter auf einem kreisrunden Halse, einander genau ähnlich und einen gemeinschaftlichen Kopf für beide einander gegenüberstehende Angesichter, und vier Ohren, auch zweifache Schamteile, und alles übrige, wie es sich hieraus ein jeder weiter ausdenken kann. ... An Kraft und Stärke nun waren sie gewaltig und hatten auch große Gedanken, ... dass sie sich einen Zugang zum Himmel bahnen wollten, um die Götter anzugreifen.

Zeus also und die anderen Götter ratschlagten, was sie ihnen tun sollten. ... Mit Mühe endlich hatte sich Zeus etwas ersonnen und sagte: Ich glaube nun ein Mittel zu haben, wie es noch weiter Menschen geben kann und sie doch aufhören müssen mit ihrer Ausgelassenheit, wenn sie nämlich schwächer geworden sind. Denn jetzt, sprach er, will ich sie jeden in zwei Hälften zerschneiden, so werden sie schwächer sein ... Dies gesagt, zerschnitt er die Menschen in zwei Hälften, wie man Früchte zerschneidet, um sie einzumachen, oder wenn sie Eier mit Haaren zerschneiden. Sobald er aber einen zerschnitten hatte, befahl er dem Apollon, ihm das Gesicht und den halben Hals herumzudrehen nach dem Schnitte hin, damit der Mensch, seine Zerschnittenheit vor Augen habend, sittsamer würde ... Nachdem nun die Gestalt entzweigeschnitten war, sehnte sich jedes nach seiner andern Hälfte. ... Von so langem her also ist die Liebe zueinander den Menschen angeboren, um die ursprüngliche Natur wiederherzustellen, und versucht aus zweien eins zu machen und die menschliche Natur zu heilen."[20]

Das Liebessehnen ist demnach ein tiefes Verlangen, wieder ganz zu sein, den Urverlust rückgängig zu machen, die erlittene Entzweiung und Beschädigung aufzuheben und zu heilen. Es ist das Streben nach Vollständigkeit und Unversehrtheit. Es ist der nicht zur Ruhe kommende Wunsch, Vollkommenheit zu gewinnen, mit dem Anderen seiner selbst zu verschmelzen, dessen Fremdheit und Unzugänglichkeit überwinden und alles in einem sein zu können. Wenn wir diese Sehnsucht in ihrer allgemeinsten Gestalt beschreiben wollten, dann wäre der Urverlust nicht nur in der Selbstspaltung, sondern in der Vertreibung aus dem Paradies, in der Verstoßung vom nährenden und bergenden Daseinsgrund auszumachen, und die Sehnsucht wäre die Suche nach dem verlorenen Paradies und der Wunsch, diese Verstoßung zu revidieren.

Die Sehnsucht nach dem ganz Anderen

Was ist das Paradiesische am Paradies? Die Vorstellung, die sich an seiner Schlaraffenlandisierung berauscht, es als einen Ort der Überfülle ohne Mühe imaginiert, ist plump und hat ihren Ursprung eher im knurrenden Magen und in müden Knochen als in Menschheitsträumen. Das Paradies ist ein Garten, in dem nichts zu wünschen bleibt, gewiss, aber nicht in jenem derben Sinn der gebratenen Tauben, die einem in den Mund fliegen, noch bevor sie ihn wässrig machten. Dass der Garten *alles in allem* ist, macht ihn zum Paradies. Er hat kein Draußen, kein Jenseits-der-Grenze. Das Draußen ist ja das dem Menschen Vorenthaltene, ihm nicht Zukommende, das ihm ein unstillbares Verlangen einpflanzt, ihm die prinzipielle Unvollständigkeit seiner menschlichen Existenz nagend bewusst macht und ihn für den Neid disponiert. In der Idee des alles umschließenden Gartens ist das beunruhigende schlechthin Andere aufgehoben – im dreifachen Sinn des Wortes. So kann das Paradies als ein Ort letzter Zufriedenheit gelten.

Und: Das Paradies gibt Anteil an der Ewigkeit. Paradiesessehnsucht ist also auch „Liebe zum Ewigen“, „der Trieb, mit dem Unvergänglichen vereinigt zu werden und zu verschmelzen“, um noch einmal Fichte zu Wort kommen zu lassen.

In letzter Hinsicht also will die Sehnsucht sich doch erübrigen, aber da sie um die Unerfüllbarkeit ihres Strebens weiß, muss sie sich selbst zum Ziel haben, um nicht zu verstummen. Nur die Sehnsucht nach der Sehnsucht macht es möglich, dass sie sich nicht mit einem schäbigen Abklatsch abspeisen lässt und auf kläglichem Niveau zufrieden geben mag. Wenn sie sich von den erreichbaren Erfüllungen betäuben lässt, hat sie ihre schöpferische Zauberkraft eingebüßt, und der Impuls, die Daseinsenge zu übersteigen, verstummt. Wenn die Sehnsucht sich begnügt, dann liest das Wollen seine Reichweite am Vorfindlichen ab. Die Sehnsucht ist aber diejenige Kraft, die die Menschen hindern könnte, mit schlechten Verhältnissen ihren Frieden zu machen.

Aber noch ein anderes ist zu sagen über die Erfüllung der Sehnsüchte. Es gibt Ziele, nach denen zu streben Menschen um ihres Menschseins willen nicht aufhören dürfen, bei denen sie aber andererseits auch nicht anlangen dürfen. Das klingt paradox; oder protestantisch. Die Protestanten stehen ja immer unter dem Verdacht, das Bestreben anzuspornen, aber die Erfüllung madig zu machen und Entsagung zu predigen.

Aber so einfach ist das nicht: Ich denke an Gegenstände der Sehnsucht wie Freiheit und Wahrheit. Was sollte jemanden hindern, zum Fanatiker zu werden, wenn er glaubt, dass sich seine Wahrheitssehnsucht erfüllt habe und er bei der Wahrheit angekommen sei. Und eine Freiheit, die man *hat*, ist schon keine mehr. Schlimmer noch: Die Freiheit, derer man als einer Errungenschaft habhaft zu sein meint, schlägt allzu oft um in Terreur. Zur Freiheit ist man immer unterwegs. Und die Sehnsucht ist Wegzehrung auf dieser beschwerlichen Reise.

Was nun die Wahrheitssehnsucht angeht, so ist sie dem ‚emphatischen Zweifel‘ von dem Max Horkheimer spricht, verwandt, dem Inbegriff der Nichtankunft. So wie die Sehnsucht selbst wird auch der Zweifel nicht genährt durch das, was der Fall ist, sondern durch das, was *nicht* der Fall ist. Er entspringe „der Sehnsucht nach dem Absoluten, nach dem Andern“ und erlösche, wenn die Idee der Wahrheit dem „positivistischen Begriff der Richtigkeit“ geopfert werde.[21] Der emphatische Zweifel tendiert nicht dazu, sich selbst aufzulösen, indem er zur Gewissheit drängt. Er ist der Zweifel, der bleibt, der sich nicht in sein positivistisches Gegenteil verkehren lässt. Sein Gegenstand ist das, was nicht von dieser Welt ist, wovon sich nur unbestimmt oder sehnsüchtig reden lässt. Vom „Anderen" ist die Rede, vom ‚Absoluten', gelegentlich auch vom ‚Guten' oder von der ‚Möglichkeit des Besseren', lauter Bezeichnungen für etwas, das sich „nicht begreifen läßt, indem man dieses ‚andere' beschreibt, sondern indem man die Welt, so wie sie ist, im Hinblick darauf, dass sie nicht die einzige ist, darstellt, nicht das einzige, wohin unsere Gedanken zielen".[22] Von dem, was über das Bestehende hinausweist, kann kein Bild mit festen Konturen gezeichnet werden, ohne es zur Zerrgestalt, zum ermächtigten Dogma zu machen, in dessen Namen alleinseligmachende Diktate verhängt werden.

Der Sehnsucht nach dem nicht benennbaren ganz ‚Anderen' ist also der Zweifel gemäß oder, was dasselbe ist, der Glaube, nicht aber Wissen oder Gewissheit oder vermeintliche Erfüllung. Der Preis, der für den Verzicht auf den Zweifel bezahlt werden muss, ist hoch: Wie viele wähnten „bei ihren schlimmen Taten ... ihrer Sache völlig gewiß zu sein. Bewußter Zweifel hätte sie zu Menschen machen können".[23]

Sehnsucht und Bedürfnis

Heute nun ist die ‚Sehnsucht' oder was man dafür hält und halten soll, viel weniger wählerisch. Sie kann sich auf beinahe jeden Gegenstand richten, sie kann in verschiedenster Intensität und Dringlichkeit vorkommen, sie hat ihre Unbestimmtheit abgestreift, sie ist präzis und fordernd geworden, viel weniger von Skrupeln und Zweifeln angekränkelt, zu ihren Gunsten soll man sagen können, sie sei handfest und vernünftig geworden, sei ihres ätherischen Dämmerzustands überdrüssig und habe sich ihres irrationalen Beigeschmacks und ihrer Erfüllungsgehemmtheit entledigt. Wenn wir versuchen, die modernen Sehnsüchte in all ihren Ausprägungen und Ausrichtungen zu erfassen, ergreift uns ein Schwindel. Ihre möglichen Gegenstände sind so inkommensurabel, dass wir vor deren Vergleichung zurückschrecken sollten. Die Gottessehnsucht und die Sehnsucht nach Sinn finden sich in unmittelbarer Nachbarschaft zu der nach einem sonnigen Urlaubsort. Die Wahrheitssehnsucht konkurriert mit der nach Unterhaltung,

Zerstreuung und Spaß. Die Sehnsucht nach Freiheit mit der nach Erfolg, Renommee, Macht oder einem kräftigen Schluck aus der Coca-Cola-Flasche. In diesem Potpourri, in diesem Gedränge und Geschiebe, werden sie einander auf eine heimliche, aber unentrinnbare Weise alle gleich. Es gibt nicht mehr Hohes noch Niederes, alles ist austauschbar. Und sobald die Sehnsucht sich erst einmal in der Welt der marktgängigen Dinge heimisch gemacht hat, hat sie natürlich auch den Makel der Unerfüllbarkeit abgelegt. Es scheint, als könne man *doch* sehnsüchtig und *besitzergreifend* zugleich werden, indem man, noch während man zugreift, die Sehnsucht unverzüglich auf das nächste Ziel ausschickt und so das Behagen und die Selbstfeier des Sehnens gleichzeitig genießt.

Um nicht der allgemeinen Gleichmacherei, der Nivellierung aller Unterschiede Vorschub zu leisten, in der alle Bedeutungen und aller Sinn aufgesogen werden, will ich all das, was sich heute als Sehnsucht präsentiert und sich als ‚anspruchsberechtigt' – was für ein Wort aus der Alchimistenküche der Ramschveredelung – aufplustert, ausschließen von der Teilhabe am Sehnsuchtsbegriff. In unserer erfüllungsversessenen Epoche wird die Sehnsucht nicht mehr geduldet. Und was sich heute diesen Namen borgt, ist nichts anderes als ihr schäbiger Ersatz: das Bedürfnis. Flüchtiger Betrachtung mag Sehnsucht und Bedürfnis als eine ähnliche Gemütslage erscheinen, tatsächlich sind sie vollkommen unvergleichbar. Im Gegensatz zum ahnungsvollen, schemenhaften Wesen der Sehnsucht, die es unmöglich macht, sie mit einer Definition im Kommandoton, mit einem „aufspießenden ‚Das ist'" (Theodor W. Adorno) zu erledigen, hat das Bedürfnis eine klare und eindeutige Kontur angenommen, die an Deutlichkeit wenig zu wünschen übrig lässt und den Umgang mit ihm jeder Zweideutigkeit enthebt. Das Bedürfnis, so sagen die Ökonomen, sei das Gefühl eines Mangels, verbunden mit dem Streben, ihn zu beseitigen. Nun, warum sollte das nicht eine aus der romantischen in die praktische Sphäre übertragene Neufassung desselben Phänomens sein? Kann man wirklich sagen, dass jemand, der eine Sehnsucht in sich trägt, demjenigen, der ein Bedürfnis anmeldet, unvergleichlich ist?

Das Bedürfnis hat es nicht wie die Sehnsucht mit Abwesendem oder Entschwundenem zu tun oder gar mit etwas, das nur als Verheißung geahnt und geglaubt und erhofft werden kann. Sein Gegenüber ist im Gegenteil zudringlich vorhanden, nur eben dem Begehrlichen noch nicht verfügbar. Es gehört zum Wesen des Bedürfnisses, dass die Begehrlichkeiten ausgerichtet werden auf etwas, das schon da ist. Bedürfnisse gehen zu Markte. Sie greifen aus dem Angebot wie im Supermarkt heraus, was ihnen lohnend scheint, um hab-selig zu werden. Es wird nur etwas, das bereits zum Weltbestand gehört, von einer Verfügungsgewalt in eine andere überführt. Bedürfnisse lassen keine Träume von einer anderen, besseren Welt entstehen, sondern signalisieren Angewiesenheit auf die herumschwirrenden Weltofferten. Im Gegensatz zu der Ideologie, dass Bedürfnisse die Welt zu ändern vermöchten, weil doch angeblich das Angebot der Nachfrage folgt, bestätigen sie und betonieren so Verhältnisse, in denen Glückseligkeit und Kaufrausch systematisch verwechselt werden.

Von der Sehnsucht haben wir gesagt, dass sie einen langen Atem aus ihrer Unerfüllbarkeit beziehe. Nichts ist so unmodern wie ein langer Atem. Bedürfnisse sind ungeduldig und mit Unerfüllbarkeit haben sie gar nichts im Sinn. Im Zuge der allgemeinen Beschleunigung wäre eine Befriedigungspraxis wünschbar und wird auch schon praktiziert, die so prompt, ja vorauseilend ist, dass das Bedürfnis gar nicht mehr aufkommen muss. Da wäre dann vollends deutlich, dass nicht die Bedürfnisse die Welt verändern, sondern umgekehrt, dass die Welt der Waren sich die Bedürfnisse passend macht.

Und was die Unerfüllbarkeit angeht, über diese Vergeblichkeitserfahrung sind die modernisierten marktfähigen Sehnsuchtsimitate hinaus. Wohlgemerkt, nicht jeder kann seine auf dem Markt geltend gemachten Bedürfnisse tatsächlich befriedigen lassen, im Gegenteil, die ungleiche Verteilung des gesellschaftlichen Reichtums trägt dafür Sorge, dass es immer weniger sind, die sich am großen Kuchen auskömmlich bedienen können. Das ist ein anderes Thema. Mir geht es jedoch darum, dass die Sehnsucht, jenes Verlangen, das seiner Unerfüllbarkeit zum Trotz und unter Schmerzen aufrechterhalten wird, in der Welt der käuflichen Dinge der Irrationalität überführt ist.

Schon Immanuel Kant hatte keine hohe Meinung von der Sehnsucht. Sie sei der „leere Wunsch, die Zeit zwischen dem Begehren und Erwerben des Begehrten vernichten zu können“. Kant ist einem Irrtum erlegen. Seine ernüchternde Betrachtungsweise kommt dem Bedürfnis und nicht der Sehnsucht zu. Sehnsucht entwickelt keinen Erwerbsfleiß, und sie ist auch nicht wie der Zustand des Bedürfens leere Zeit, sondern Zeit der Fülle im Angesicht der Unerfüllbarkeit, die dem Sehnenden doch immerhin in Spuren, Ahnungen und Beunruhigungen Anteil gibt an dem alles Vorstellungsvermögen übersteigenden ‚ganz Anderen'. Und noch im Leiden an der Unvollkommenheit der *conditio humana* wird ihm eine höhere Bestimmung und ein anderes Gemeintsein zugesprochen. Sehnsucht ist der „Kristallisationspunkt dessen, was der Mensch ahnt und erstrebt, aber nicht benennen kann".[24] Sehnsüchte verweisen die Menschen an ihre höheren Menschenmöglichkeiten (Peter Sloterdijk), Bedürfnisse machen sie zu belieferungsbedürftigen Mängelwesen (Ivan Illich). Die Sehnsucht entspringt in Träumen, Ahnungen und Verheißungen, das Bedürfnis in Schaufensterauslagen und Warenkatalogen.

Was wir ersehnen ist dennoch als Glaube, Liebe und Hoffnung in der Welt und darum auch im Horizont des Möglichen. Die „Beschleunigung des Verlustes der Sehnsucht (ist) letztlich der Tod der Liebe".[25]

Anmerkungen

I Sicherheit und Sorge im Alltag

1 Lafargue 1980, S. 21.
2 Honorieren heißt zunächst einmal ‚ehren' und nicht ‚bezahlen'.
3 Steiner 2003, S. 39.
4 Vgl. Heindl 1997.
5 Peter Sloterdijk, *Eurotaoismus,* Frankfurt 1989, S. 22.
6 Safranski 1994, S. 52.
7 Ebenda, S. 55 f.
8 Heindl 1997, S. 22.
9 Voß 2004.
10 Ebenda, S. 138.
11 Gorz 2000, S. 57.
12 Marco Revelli bei Gorz 2000, S. 56 f.
13 Voß 2004, S. 146.
14 Kadritzke 2005, S. 9.

II Lebensphasen unter dem Zwang des Konsums

1 Augustinus 1987, S. 629.
2 Ritter 1974, Sp. 274.
3 Duden 1989, S. 802.
4 Burckhardt 1997, S. 264.
5 Ebenda, S. 229.
6 ‚Subjekte' in der Bedeutung des Unterworfen-Seins und der des Entwerfens.
7 Coupland 1991.
8 Beck 1997, S. 14.
9 Bauman 1992, S. 239 f.
10 Lévinas 1998, S. 190.
11 Das Humane und der Humus haben gleichen Wortursprung. Beide werden unendlich langsam angesammelt. Ein Zeitraum von 30 bis 100 Jahren erbringt ohne weiteres Zutun eine Humusschicht von 2 ½ cm. Moderne Landwirtschaft zehrt dieses über Jahrtausende angesammelte Gut fruchtbaren Bodens in wenigen Jahrzehnten auf. Das Humanum nimmt eine parallele Entwicklung.
12 Er stand im Internet und wurde mir im Zuge seiner Verbreitung zugeschickt, ohne dass ich die genaue Quelle angeben könnte.
13 Vgl.: Arendt 1978, S. 206 f.
14 Strauß 1984, S. 17.
15 Mann 1990, S. 26 f.
16 Pasolini 1979.
17 ‚Gerät' ist das, was Rat schafft, nämlich die zum Leben notwendigen Dinge, dies aber dem modernen Equipment nachzusagen, wäre eine völlige Verkennung seiner Beschaffenheit.
18 Illich 1998, S. 27.
19 Anders 1980, S. 105 f.
20 Illich 1995, S. 31.
21 Fromm 1974, S. 310 ff.
22 Baudrillard 1979, S. 95 ff.
23 Anders 1988, S. 247.

III Bildung im Angebot

1 Pasolini 1979, S. 47.
2 Hirsch 1978, S. 5 f.
3 Anders 1988, S. 364 f.
4 Habermas 1973, S. 104.
5 Vgl. dazu Spaemann 1979.
6 Vgl. dazu Ivan Illich, *Text und Universität. Zur Idee und Geschichte einer einzigartigen Institution,* Festvortrag, gehalten in Bremen am 15. Oktober 1991.
7 Blumenberg 1986, S. 194 ff.
8 Diesen Vortrag habe ich am 30. April 2004 in Erfurt gehalten auf einem Symposium zum Gedenken an das Massaker im Gutenberg-Gymnasium, zwei Jahre danach.
9 Sennett 1998, S. 201.
10 Sloterdijk 1993, S. 29 f.
11 Steiner 2003, S. 39.
12 Vgl. Arendt 1979, S. 11.
13 Bei diesem Text handelt es sich um die Vorlesung, die ich aus gegebenem Anlass, nämlich zum Ausscheiden aus dem Berufsleben, am 27. Januar 2006 gehalten habe.
14 Goethe 1999, Vers 6785–6790.
15 Montaigne 1998, S. 348.
16 Habermas/Luhmann 1971, S. 137.
17 Russel 1983, S. 112 und Platon 1959b, S. 17 f. Verse 77b–78a
18 Vgl. dazu Bauman 1992, S. 234 ff.
19 Vgl. dazu Illich 1988a, S. 198–213.
20 Lyotard 1977, S. 43.
21 Marcuse 1967, S. 26.
22 Calvino 1984, S. 192.

IV Widerstand und Anpassung

1 Canetti 1980, S. 208.
2 Thoreau 1973.
3 Krippendorf 2001, S.7.
4 Frankfurter Rundschau 2001, S. 17.
5 Illich 1978 S. 15 ff.
6 Sennett 2002.
7 Die ‚Rate' und der ‚Rat' gehören etymologisch zusammen.
8 Vgl. hierzu: Grimm 1984, Sp 156 ff.; Duden 1989, S. 572 f.; Kluge 1989, S. 583.
9 Grimm 1854, Sp. 1202.
10 Silja Samerski, Entmündigende Beratung. Über die Aufforderung zur „selbstbestimmten Entscheidung", unveröffentlichtes Manuskript.
11 Duden 2002, S. 11f.
12 Ivan Illich, *Zur Geschichte der Verkörperung und der Enteignung des Schmerzes,* unveröffentlichtes Manuskript, Amsterdam 1988.

V Passagen

1 Florenskij 1996, S. 66.
2 Ebenda, S. 84 f.
3 Kamper 2000, S. 13 ff.
4 Vgl. Adorno 1998, S. 11 und 21.
5 Ivan Illich, The Corruption of Christianity. Gespräche mit David Caley, ‚Ideas' Canadian Broadcasting Corporation 2000, Teil 3.
6 Burckhardt 1997, S. 116 und 125 f.
7 Florenskij 1989, S. 39 f.
8 Hederich 1770, Sp. 1697.
9 Vgl. Burckhardt 1997, S. 124 f.
10 Sontag 2004, S. 20.
11 Ebenda, S. 29.

12 Rosenstock-Huessy 1963, S. 491.

13 Sontag 2004, S. 9.

14 Goethe 1982, S. 334 f.

15 Steiner 2001, S. 7.

16 Gottfried Benn zit. in: Blumenberg 1989, S. 24.

17 Fromm 1974, S. 202 f.

18 Böhme/Böhme 1985, S. 23.

19 Die Hinweise auf die Bedeutungsgeschichte der ‚Sehnsucht' entnehme ich dem entsprechenden Artikel Ritter/Gründer 1995, Sp. 165 ff.

20 Platon 1959a, S. 221 f.

21 Horkheimer 1985a, S. 217 f.

22 Horkheimer 1985b, S. 294.

23 Ebenda, S. 218.

24 Ritter/Gründer 1995.

25 Horkheimer 1985c, S. 397.

Literaturverzeichnis

Adorno 1998 • Theodor W. Adorno, „Metaphysik. Begriff und Probleme", in: *Nachgelassene Schriften*, Bd. 14, hg. von Rolf Tiedemann, Frankfurt a. M. 1998

Anders 1980 • Günther Anders, *Die Antiquiertheit des Menschen,* Bd. 1: *Über die Seele im Zeitalter der zweiten industriellen Revolution*, 5. Aufl. München 1980

Anders 1988 • Günther Anders, *Die Antiquiertheit des Menschen,* Bd. 2: *Über die Zerstörung des Lebens im Zeitalter der dritten industriellen Revolution*, 7. Aufl. München 1988

Arendt 1978 • Hannah Arendt, *Vom Leben des Geistes,* Bd. 2: *Das Wollen*, München/Zürich 1978

Arendt 1979 • Hannah Arendt, *Vom Leben des Geistes,* Bd. 1: *Das Denken*, München 1979

Augustinus 1987 • Augustinus, *Bekenntnisse*, Frankfurt 1987

Baudrillard 1979 • Jean Baudrillard, *Der Tod tanzt aus der Reihe*, Berlin 1979

Bauman 1992 • Zygmunt Bauman, *Dialektik der Ordnung*, Hamburg 1992

Beck 1997 • Ulrich Beck (Hg.), *Kinder der Freiheit*, Frankfurt a. M. 1997

Blumenberg 1986 • Hans Blumenberg, *Lebenszeit und Weltzeit*, Frankfurt a. M. 1986

Blumenberg 1989 • Hans Blumenberg, *Höhlenausgänge*, Frankfurt a. M. 1989

Böhme/Böhme 1985 • Hartmut Böhme/Gernot Böhme, *Das Andere der Vernunft*, Frankfurt a. M. 1985

Burckhardt 1997 • Martin Burckhardt, *Metamorphosen von Raum und Zeit. Eine Geschichte der Wahrnehmung*, Frankfurt a. M./New York 1997

Calvino 1984 • Italo Calvino, *Die unsichtbaren Städte*, München/Wien 1984

Canetti 1980 • Elias Canetti, *Masse und Macht*, Frankfurt a. M. 1980

Coupland 1991 • Douglas Coupland, *Generation X. Geschichten für eine immer schneller werdende Kultur*, München 1991

Duden 1989 • Der Duden, *Das Herkunftswörterbuch. Etymologie der deutschen Sprache*, Bd. 7, Mannheim/Wien/Zürich 1989

Duden 2002 • Barbara Duden, „Vorwort", in: Silja Samerski, *Die verrechnete Hoffnung*, Münster 2002

Florenskij 1989 • Pavel Florenskij, *Die umgekehrte Perspektive. Texte zur Kunst*, München 1989

Florenskij 1996 • Pavel Florenskij, *Die Ikonostase*, 3. Aufl. Stuttgart 1996

Frankfurter Rundschau 2001 • „Gesten in Genua“, in: *Frankfurter Rundschau* vom 24. Juli 2001, S. 17

Fromm 1974 • Erich Fromm, *Die Anatomie der menschlichen Destruktivität*, Stuttgart 1974

Goethe 1999 • Johann Wolfgang von Goethe, *Faust*, hg. von Erich Trunz, München 1999

Goethe 1982 • Johann Wolfgang von Goethe, *Italienische Reise*, in: *Goethes Werke* (Hamburger Ausgabe), hg. von Erich Trunz, Bd. 11, 11. Aufl. München 1982

Gorz 2000 • André Gorz, *Arbeit zwischen Misere und Utopie*, Frankfurt 2000

Grimm 1984 • Jakob und Wilhelm Grimm, *Deutsches Wörterbuch*, Bd. 14, Art. ‚Rat‘ und ‚Raten‘, München 1984 (urspr. Leipzig 1854), Sp 156 ff.

Grimm 1984 • Jakob und Wilhelm Grimm, *Deutsches Wörterbuch*, Bd. 1, Art. ‚be‘ München 1984 (urspr. Leipzig 1854), Sp. 1202

Habermas/Luhmann 1971 • Jürgen Habermas/Niklas Luhmann, *Theorie der Gesellschaften oder Sozialtechnologie*, Frankfurt a. M. 1971

Habermas 1973 • Jürgen Habermas, *Legitimationsprobleme im Spätkapitalismus*, Frankfurt a. M. 1973

Hederich 1770 • Benjamin Hederich, *Gründliches Mythologisches Lexikon*, Darmstadt 1996 (urspr. 1770)

Heindl 1997 • Bernhard Heindl, *Einwärts – Auswärts. Vom Hegen der Erde*, Innsbruck 1997

Hirsch 1978 • Fred Hirsch, *The Social Limits to Growth*, Cambridge/Mass. 1978

Horkheimer 1985a • Max Horkheimer, „Über den Zweifel“, in: ders., *Gesammelte Schriften*, Bd. 7, Frankfurt a. M. 1985, S. 213–223

Horkheimer 1985b • Max Horkheimer, „‚Himmel, Ewigkeit und Schönheit‘. Interview zum Tode Theodor W. Adornos (1969)“ in: ders., *Gesammelte Schriften* Bd. 7, Frankfurt 1985, S. 291–294

Horkheimer 1985c • Max Horkheimer, „Die Sehnsucht nach dem ganz Anderen“, in: ders., *Gesammelte Schriften* Bd. 7, Frankfurt 1985, S. 385–404

Illich 1978 • Ivan Illich, *Fortschrittsmythen*, Reinbek 1978

Illich 1988 • Ivan Illich, „Von der Verkehrung der Gastfreundschaft durch das Christentum“, in: *Biotope der Hoffnung. Ludwig Kaufmann zu Ehren*, hg. von Nikolaus Klein u. a., Freiburg 1988, S. 198–213.

Illich 1995 • Ivan Illich, *Genus. Zur einer historischen Kritik der Gleichheit,* München 1995

Illich 1998 • Ivan Illich, *Selbstbegrenzung. Eine politische Kritik der Technik*, München 1998

Kadritzke 2005 • Ulf Kadritzke, „Übernächtigt in Seattle. Die neue Arbeit enteignet die Zeit“, in: *Le monde diplomatique*, Juli 2005, S. 9

Kamper 2000 • Dietmar Kamper, „Bildzwang. Im Gefängnis der Freiheit“, in: *Der Zweite Blick*, hg. von Hans Belting und Dietmar Kamper, München 2000, S. 13–21

Kluge 1989 • Friedrich Kluge, *Etymologisches Wörterbuch der deutschen Sprache*, Berlin/New York 1989

Krippendorf 2001 • Ekkehard Krippendorf, „Wie war ich, war ich gut?“, in: *Frankfurter Rundschau* vom 21. Juli 2001, S. 7

Lafargue 1980 • Paul Lafargue, *Das Recht auf Faulheit*, Nürnberg 1980 (Erstausgabe 1848)

Lévinas 1998 • Emmanuel Lévinas, *Die Spur des Anderen*, 3. Aufl. Freiburg/München 1998

Lyotard 1977 • Jean-François Lyotard, *Patchwork der Minderheiten. Für eine herrenlose Politik*, Berlin 1977

Mann 1990 • Erika Mann, *Zehn Millionen Kinder*, 2. Aufl. München 1990

Marcuse 1967 • Herbert Marcuse, *Der eindimensionale Mensch*, 3. Aufl. Neuwied/Berlin 1967

Montaigne 1998 • Michel de Montaigne, *Essais*, übersetzt von Hans Stilett, Frankfurt a. M. 1998

Pasolini 1979 • Pier Paolo Pasolini, *Freibeuterschriften*, Berlin 1979

Platon 1959a • Platon, *Symposion*, in: Sämtliche Werke, Bd. 3, hg. von Ernesto Grassi, Hamburg 1959

Platon 1959b • Platon, *Menon*, in: *Sämtliche Werke*, Bd. 2, hg. von Ernesto Grassi, 2. Aufl. Hamburg 1959, S. 17 f. Verse 77 b–78 a

Revelli 2000 • Marco Revelli, in: A. Gorz a. a. O., S. 56f.

Ritter/Gründer 1995 • Joachim Ritter und Karlfried Gründer (Hg.), *Historisches Wörterbuch der Philosophie*, Bd. 9, Basel 1995

Rosenstock-Huessy 1963 • Eugen Rosenstock-Huessy, *Die Sprache des Menschengeschlechts*, Bd. 1, Heidelberg 1963

Russel 1983 • Bertrand Russel, *Philosophie des Abendlandes*, 4. Aufl. Wien 1983

Safranski 1994 • Rüdiger Safranski, *Ein Meister aus Deutschland. Heidegger und seine Zeit*, München 1994

Sennett 1998 • Richard Sennett, *Der flexible Mensch*, Berlin 1998

Sennett 2002 • Richard Sennett, *Respekt im Zeitalter der Ungleichheit*, Berlin 2002

Sloterdijk 1989 • Peter Sloterdijk, *Eurotaoismus*, Frankfurt 1989

Sloterdijk 1993 • Peter Sloterdijk, *Weltfremdheit*, Frankfurt a. M. 1993

Sontag 2004 • Susan Sontag, *Über Fotografie*, 16. Aufl. Frankfurt a. M. 2004

Spaemann 1979 • Robert Spaemann, „Technische Eingriffe in die Natur als Problem einer politischen Ethik“, in: *Scheidewege*, Heft 4, Jg. 9, 1979, S.476–498

Steiner 2003 • George Steiner, „Rede zur Verleihung des Ludwig Börne-Preises in der Frankfurter Paulskirche“, in: *Frankfurter Allgemeine Zeitung* vom 31. Mai 2003, S. 39

Steiner 2001 • George Steiner, *Grammatik der Schöpfung*, München 2001

Strauß 1984 • Botho Strauß, *Paare, Passanten*, München 1984

Thoreau 1973 • Henry David Thoreau, *Über die Pflicht zum Ungehorsam gegen den Staat*, Zürich 1973 (urspr. 1849)

Voß 2004 • Günter Voß, „Werden Arbeitskräfte zu Unternehmern ihrer selbst? Thesen zu Arbeit, Lebensführung und Gesellschaft im 21. Jahrhundert“, in: *Die Gesellschaft im 21. Jahrhundert. Perspektiven auf Arbeit, Leben, Politik*, 13. Darmstädter Gespräch, hg. von Gerhard Gamm, Frankfurt a. M./New York 2004, S. 135–155